AMÉRICA LATINA Y EL NUEVO ORDEN MUNDIAL

Clandestinos

Migración
México-Estados Unidos
en los albores del siglo XXI

Clandestinos
Migración
México-Estados Unidos
en los albores del siglo XXI

Jorge Durand
Douglas S. Massey

Para Raúl
compañero de varios
batallas...
Afectuosamente,
Jorge

MÉXICO   2003

Primera edición, octubre del año 2003

© 2003
  UNIVERSIDAD AUTÓNOMA DE ZACATECAS

© 2003
  Por características tipográficas y de edición
  MIGUEL ÁNGEL PORRÚA, librero-editor

  Derechos reservados conforme a la ley
  ISBN 970-701-403-2

IMPRESO EN MÉXICO PRINTED IN MEXICO

Amargura 4, San Ángel, Álvaro Obregón, 01000 México, D.F.

Introducción

EN LAS décadas de los setenta y ochenta el migrante indocumentado podía ser definido fácilmente. Con tres rasgos se podía delinear su perfil; se trataba de un migrante temporal, masculino e indocumentado. En su simplicidad radicaba su funcionalidad. Fue una época en que los estados y, por lo tanto, los políticos de ambos países prácticamente no intervinieron en el proceso y dejaron que las leyes del mercado regularan el flujo.

Hoy el perfil del fenómeno migratorio mexicano se ha vuelto mucho más complejo; ya no hay un prototipo del inmigrante mexicano en Estados Unidos. Las regiones y las localidades de origen se han diversificado; ha aumentado considerablemente la migración urbana; las mujeres se han sumado a la corriente migratoria, al igual que los indígenas; el migrante ha prolongado su estancia; se han verificado notables cambios en los índices de naturalización; finalmente, hubo un cambio radical en cuanto a la situación legal de los que fueron migrantes indocumentados.

El catalizador de este proceso de cambios fue la ley Immigration Reform and Control Act (IRCA), promulgada en 1986 y promovida por los legisladores Simpson y Rodino. A partir de esta ley, la migración mexicana cambió su curso tradicional y se convirtió en un torrente imprevisible. Al igual que la década de los veinte, la década de los noventa se convirtió en un momento cumbre en la historia de la migración mexicana a Estados Unidos. Aumentó de modo sustancial el volumen del flujo legal e indocumentado, se consolidó un proceso de dispersión geográfica y cambió por completo el patrón migratorio tradicional. Al igual que en los años veinte, la migración internacional afectó de manera directa y rotunda a la sociedad mexicana en su conjunto.

Otro cambio fundamental aconteció en la franja fronteriza. Lo que era una línea imaginaria, o a lo más una malla de alambre, se convirtió en un muro infranqueable y, como suele suceder con los obstáculos, la gente empezó a rodearlo. El cruce subrepticio de la frontera, que era relativamente fácil, barato y seguro, se convirtió en una pesadilla, con un alto costo mo-

netario para los esmirriados bolsillos de los migrantes y un inaceptable costo en vidas humanas.

En efecto, el patrón migratorio de comienzos de los ochenta ha cambiado de manera radical. Consecuentemente, las conclusiones a las que
arribamos en trabajos anteriores (*Return to Aztlán*, 1987,[1] y *Más allá de la línea*, 1994) han pasado a formar parte de la historia de la migración. De ahí
la pertinencia de este trabajo que pretende responder nuevamente a las
preguntas clásicas: quiénes son los migrantes, por qué se van, de dónde salen, a dónde van, en qué trabajan, por qué regresan. Lo que no ha variado
es el enfoque. Ayer, como ahora, nuestra investigación se sustenta en el trabajo colectivo y en la orientación multidisciplinaria.

El libro que aquí se presenta, consta de una introducción general, seis
capítulos de fondo, conclusiones y una extensa bibliografía a la que se hace referencia en el texto. El primer capítulo, siguiendo una tradición acuñada en los años setenta, empieza con lo que se llamaba un "marco teórico", con la salvedad de que para entender el fenómeno migratorio se
requieren, no de uno, sino de múltiples enfoques y perspectivas de análisis.
En nuestro caso, la opción por la complementariedad teórica no se relaciona con una opción filosófica por el eclecticismo o el posmodernismo, sino
con la prosaica realidad. Después de estudiar durante 2 décadas el fenómeno migratorio entre México y Estados Unidos, reiteramos nuestra apuesta
inicial de carácter multidisciplinario y reconfirmamos nuestra opción por
una perspectiva de análisis basada en la diversidad y complementariedad
de enfoques.

El capítulo teórico pretende dar una visión de conjunto de los distintos
planteamientos y abordajes que se han hecho hasta el momento en el campo de los estudios migratorios: la perspectiva neoclásica, en sus esferas macro y micro; la perspectiva de la nueva economía de la migración; la teoría
del mercado de trabajo segmentado; la teoría del sistema global o histórico estructural; la teoría del capital social, y el planteamiento de la causalidad acumulativa.

El segundo capítulo se refiere a lo que consideramos el núcleo fundamental que explica la migración mexicana y que la distingue de otros flujos
que también se dirigen a Estados Unidos. Tres factores son cruciales a este
respecto: historicidad, masividad y vecindad. El fenómeno migratorio mexicano se distingue por ser un proceso que tiene sus raíces a finales del siglo
XIX, que se perpetuó y desarrolló de manera constante a lo largo del siglo XX

---

[1] La versión en español de *Return to Aztlán* se tituló *Los ausentes*, y fue publicada por Alianza
Editorial en 1991.

y se proyecta pujante en el siglo XXI. En segundo término, se trata de un proceso masivo, que involucra a millones de personas y a millones de familias, y que tiene un impacto permanente y cotidiano en la vida, economía, cultura y política, mexicana. Finalmente, se trata de un proceso que se materializa entre países vecinos, que comparten más de 3,000 kilómetros de frontera, que hoy es considerada la franja fronteriza más activa y dinámica del mundo.

El capítulo tercero responde a la pregunta clásica del lugar de origen de los migrantes. Una pregunta clave, sencilla, clara, pero de difícil solución. Al tratarse de un proceso históricamente clandestino, la migración indocumentada ha dejado pocas huellas. Sin embargo, el mejor momento y lugar en donde se podía investigar de manera eficiente era cuando se producía el retorno obligado de los migrantes que habían sido capturados por "la migra". En efecto, se trata de una muestra significativa, pero también parcial; de ahí que el capítulo contemple el análisis de otras fuentes directas e indirectas para obtener un panorama más claro y ajustado a la realidad. A partir de esta información se propone un examen regional basado en datos históricos, demográficos y antropológicos. Cada región es analizada en su especificidad y comparada con la lógica migratoria observada en cada una de las otras regiones. Esta información se complementa con los datos del censo mexicano de 2000, que por primera vez ofrecen información sobre el fenómeno migratorio internacional.

El capítulo cuarto responde también a una pregunta básica: a dónde se dirigen los migrantes. En este caso, la fuente más completa y confiable para describir y explicar este tema es el censo estadounidense. Dada la historicidad y magnitud de la migración mexicana, la distribución de la población migrante en Estados Unidos ha conformado un verdadero sistema geográfico, donde se articulan regiones a partir de procesos de concentración y dispersión de la población migrante. Para entender y explicar en su complejidad esta peculiar dinámica socioespacial, el capítulo se propone superar los términos de "comunidades migrantes", "comunidades transnacionales" o "enclaves étnicos" y ver en conjunto cómo se articulan y jerarquizan ciudades, pueblos, localidades y poblaciones dispersas, de acuerdo con su propia lógica socioespacial. El capítulo incluye un análisis particularizado de cada una de las cuatro regiones consideradas, dos de ellas plenamente consolidadas, una en proceso de reconversión y otra en proceso de formación.

Por su parte, el capítulo quinto aborda uno de los aspectos más tradicionales y consistentes de la migración mexicana: su participación en el trabajo agrícola. Si bien los capítulos anteriores enfatizan el cambio, este último enfatiza la continuidad. Los migrantes mexicanos siguen siendo una pieza fundamental en la maquinaria agrícola estadounidense, a pesar del proceso de mecanización despiadado y persistente que parece haber llegado a su límite. Como quiera, el trabajador agrícola en Estados Unidos se ha mexicanizado. Cerca de 80 por ciento de la mano de obra agrícola es nacida en México, lo cual puede entenderse como una dependencia casi total de la agricultura estadounidense de la mano de obra agrícola mexicana. Por otra parte, se percibe también un proceso de indigenización, una participación cada vez mayor de indígenas mexicanos en el trabajo agrícola; fenómeno que ya se percibía en México hace varias décadas en la agricultura de exportación y que hoy se ha trasladado a Estados Unidos.

El capítulo sexto va más allá de los cambios socioespaciales del lugar de origen y destino y del estudio de caso de un nicho laboral en particular; se adentra en lo que se ha llamado la nueva era de la migración mexicana a Estados Unidos. A partir de 1987, con la expedición de la Immigration Reform and Control Act (IRCA), sufrió un cambio radical el proceso migratorio mexicano de carácter temporal, masculino e indocumentado. Casi todos los indicadores socioeconómicos y sociodemográficos experimentaron modificaciones significativas, lo que permite hablar de una nueva fase migratoria completamente distinta a la anterior. Cierran el libro las conclusiones generales y la bibliografía.

Detrás de cada una de las páginas de este libro y de cada dato está el soporte de un gran equipo de investigadores, asistentes, encuestadores, capturistas y estudiantes que participaron y participan en el Proyecto Migración Mexicana, más conocido como Mexican Migration Project o simplemente MMP, que llevan a cabo de manera conjunta las universidades de Guadalajara y Pennsylvania.[2]

A lo largo de casi 20 años, el trabajo del MMP se ha concentrado en la recolección de información sobre el proceso migratorio en las comunidades de origen y lugares de destino de los migrantes. En la actualidad se han obtenido muestras representativas en más de 90 localidades de origen, distribuidas en las regiones histórica, fronteriza y central, en un total de 16 estados.[3] Este conjunto de información forma parte de una base pública de datos, que puede ser consultada por Internet en la dirección http://www.pop.upenn.edu/mexmig/. En este trabajo sólo haremos referencia a 71 comunidades, dado que los datos sobre las otras están todavía en proceso de captura o revisión.

[2]La fuente fundamental de financiamiento proviene del National Institute of Child and Health Development y la Fundación William and Flora Hewlett.
[3]Los estados donde ha trabajado el MMP hasta 2001 son: Jalisco, Michoacán, Guanajuato, Colima, Nayarit, Aguascalientes, Zacatecas, San Luis Potosí, Durango, Puebla, Oaxaca, Guerrero, Sinaloa, Baja California, Chihuahua y Nuevo León.

El libro fue escrito a lo largo de varios periodos, en los años que van de 1999 a 2002. El último compás de espera se debió a la demora en la obtención de los datos sobre la población mexicana en el censo estadounidense de 2000 y la actualización de la base de datos del MMP71. Sin embargo, todo esfuerzo por actualizar la información siempre es relativo. Los libros que tratan la migración salen a la luz cuando el fenómeno ya ha resentido cambios muy significativos. Como quiera, este libro ha pretendido estar actualizado en cuanto a los últimos cambios del fenómeno migratorio y se sustenta en los últimos datos disponibles del MMP, bibliografía actualizada y análisis recientes.

En la hechura y conclusión de este trabajo colaboró un buen número de personas e instituciones a las que queremos agradecer. Las universidades de Guadalajara y Pennsylvania nos han apoyado desde hace muchos años y nos acogen en sus respectivos campus. La Russell Sage Foundation nos permitió trabajar de manera más cercana, uno en Nueva York y otro en Filadelfia, durante el ciclo escolar 1999-2000. El Mexican Migration Project, como ya se dijo, está en la base de toda esta investigación de largo aliento.

Más allá de las instituciones están los familiares, amigos, colegas y asistentes que nos apoyaron e hicieron posible este trabajo. En Guadalajara contamos con la colaboración generosa y profesional de Patricia Arias; con la asistencia y dedicación de Raquel Carvajal, Arturo Lizárraga, Verónica Lozano, Enrique Martínez, Óscar Mora y Emma Peña. En Filadelfia tuvimos el respaldo constante y cuidadoso de Nadia Flores, Nolan Malone, Elisa Muñoz, Emilio Parrado, Mariano Sana y Chiara Capoferro. En Nueva York queremos agradecer a Jaime Gray, Auristela Martínez, Madeline Spitaleri, Michael McKowen y Eric Wanner. En Zacatecas respaldaron la publicación de este trabajo los compañeros del grupo de Migración y Desarrollo, en especial Raúl Delgado Wise, Rodolfo García Zamora y Miguel Moctezuma. En Los Ángeles, en el campus de UCLA, donde se revisó la versión final de este trabajo nos brindaron su amistad César Ayala, Rubén Hernández y Roger Waldinger. Al apoyo de tantos colegas y amigos se debe buena parte y la parte buena de este libro. La parte restante, correspondiente a errores y omisiones, es responsabilidad nuestra.

Capítulo 1

Los enfoques teóricos: una síntesis*

LA HISTORIA moderna de la migración internacional puede dividirse, a grandes rasgos, en cuatro periodos. Durante el *periodo mercantil*, entre 1500 y 1800, los flujos migratorios fueron dominados por Europa, como resultado de los procesos de colonización y crecimiento económico. A lo largo de 300 años, los europeos colonizaron y habitaron grandes extensiones de las Américas, África, Asia y Oceanía y, aunque se desconoce el número exacto de emigrantes, el flujo fue lo suficientemente grande como para asegurar el dominio de Europa sobre amplias regiones del mundo.

Durante este periodo, los emigrantes pertenecían básicamente a tres grandes grupos: un número considerable de colonos agrícolas, uno más pequeño de administradores y de artesanos, y otro más pequeño aún de empresarios que fundaron plantaciones en las que se producían materias primas destinadas a servir las prósperas economías mercantiles europeas. En el caso mexicano se repitió este esquema, pero con variantes; hubo un grupo de colonos, otro de administradores y un tercero de soldados y religiosos encargados de la conquista militar y espiritual. Este último grupo se convertiría en el empresariado colonial: dueños de haciendas, minas y plantaciones.

Aunque fue pequeño el número de europeos comprometidos con la producción agrícola, este sector tuvo un impacto profundo en el tamaño y composición de la población. En aquella fase, la riqueza estaba circunscrita a la capacidad para disponer de mano de obra. Donde existía población indígena ésta se encargaba del trabajo agrícola, pero en muchas zonas había escasez de mano de obra, por lo que fue necesario importar trabajadores. Y la fuente más importante de mano de obra fue la migración forzada de esclavos procedentes de África. Durante 3 siglos, casi 10 millones de africanos fueron importados a las Américas, lo que, unido a la colonización europea, transformó radicalmente su composición social y demográfica.

*Una versión anterior y más extensa puede consultarse en Massey *et al.*, 1998.

El segundo periodo de emigración, el *periodo industrial*, inició a principios del siglo XIX, y tuvo sus raíces en el desarrollo económico de Europa y la paulatina industrialización de las antiguas colonias del Nuevo Mundo. Entre 1800 y 1925, más de 48 millones de personas dejaron los países industrializados de Europa en busca de una nueva vida en las Américas y en Oceanía. De estos emigrantes, 85 por ciento se desplazó hacia los cinco destinos siguientes: Argentina, Australia, Canadá, Nueva Zelanda y Estados Unidos (este último recibió 60 por ciento). Los emigrantes salieron principalmente de Gran Bretaña, Italia, Noruega, Portugal, España y Suecia, países que exportaron una proporción considerable de su población durante el periodo de industrialización. Aunque los migrantes internacionales no procedían exclusivamente de Europa, una sorprendente mayoría era originaria de ese continente. De la totalidad de inmigrantes que llegaron a Estados Unidos entre 1820 y 1920, por ejemplo, 88 por ciento procedía de Europa, 3 por ciento de Asia, y 8 por ciento de otros países de América.

Por su parte, México, durante este periodo, era considerado el cuerno de la abundancia, que sólo requería de colonos para empezar a producir. Se llevaron a cabo diversos programas que fomentaron la inmigración europea, pero las corrientes de migrantes nunca llegaron a ser muy numerosas. Por el contrario, a finales del siglo XIX ya había iniciado la corriente emigratoria de campesinos mexicanos hacia Estados Unidos.

El periodo de emigración a gran escala procedente de Europa se interrumpió debido al estallido de la Primera Guerra Mundial que implicó una considerable disminución de la emigración mundial. Aunque la emigración se reactivó, en cierta medida, a principios de los años veinte, para esta época muchos de los países receptores (principalmente Estados Unidos) ya habían puesto en efecto leyes restrictivas para la inmigración. La Gran Depresión frenó prácticamente cualquier desplazamiento internacional en 1929. Por el contrario, en el caso de México la migración de retorno fue considerable; se calcula en medio millón el número de migrantes mexicanos deportados de Estados Unidos (Guzmán, 1979).

Consecuentemente, durante la década de los treinta, la migración fue casi nula. En Estados Unidos, la migración fue restringida también durante los cuarenta debido a la Segunda Guerra Mundial. La movilidad durante estos años estuvo representada por refugiados y desplazados, y no estuvo relacionada de manera significativa con los ritmos del crecimiento económico y el desarrollo. Este patrón se mantuvo en la siguiente década. Sin embargo, en el caso mexicano, que parece operar a contracorriente, la Segunda Guerra Mundial dio inicio al Programa Bracero, que fue el detonante fundamental del proceso migratorio contemporáneo. A lo largo de los 22 años de aplicación del programa se movilizaron más de 10 millones de trabajadores.

El periodo de *migración posindustrial* inició en la década de los sesenta, y constituyó una ruptura bastante clara con el pasado. En lugar de verse dominada por el flujo desde Europa hacia un número determinado de antiguas colonias, la inmigración se convirtió en un fenómeno realmente global, puesto que aumentó el número y la variedad tanto de países de origen como de países receptores. El suministro global de inmigrantes en este periodo se desplazó de los países en vías de desarrollo hacia Europa. Si bien la migración durante la era industrial atrajo habitantes de zonas densamente pobladas y áreas en proceso de acelerada industrialización hacia naciones escasamente pobladas y en proceso rápido de industrialización, la migración en la era posindustrial atrajo habitantes de países densamente poblados –en sus primeras etapas de industrialización– hacia regiones posindustriales densamente pobladas y económicamente desarrolladas.

Antes de 1925, 85 por ciento de la migración internacional se originaba en Europa; pero a partir de 1960 Europa ha contribuido con un muy pequeño número de emigrantes a los flujos mundiales, mientras que los flujos provenientes de África, Asia y Latinoamérica han aumentado considerablemente. El número y la variedad de destinos también han aumentado. Además de las naciones que tradicionalmente recibían inmigrantes, como Canadá, Estados Unidos, Australia, Nueva Zelanda y Argentina, todos los países de Europa occidental atraen actualmente un número elevado de inmigrantes, y entre los países de destino destacan Alemania, Francia, Bélgica, Suiza, Suecia y los Países Bajos. A finales de los setenta, países en los que se originó durante muchos años un gran flujo emigratorio, como Italia, España y Portugal, empezaron a recibir inmigrantes de Medio Oriente, África y Sudamérica. Por otra parte, después de un rápido ascenso de los precios del petróleo en 1973, muchas naciones menos desarrolladas, pero con un gran acervo de capital, en la región del golfo Pérsico también empezaron a patrocinar una actividad migratoria de carácter masivo. Hacia la década de los ochenta, la migración internacional se había extendido hacia Asia, no sólo a Japón, sino también a países recién industrializados como Corea, Taiwán, Hong Kong, Singapur, Malasia y Tailandia.

Hacia 1990, por tanto, la migración internacional se había convertido en un verdadero fenómeno global. Esta nueva tendencia motivó a científicos sociales de variadas disciplinas a tratar de formular nuevas teorías migratorias para complementar las desarrolladas durante la anterior era industrial. Como los esfuerzos precedentes, estas teorías han intentado explicar por qué se originó la inmigración internacional y cómo ha persistido a través del espacio y del tiempo. De hecho, se ha intentado explicar un régimen migratorio complejo que involucra flujos de población de economías en proceso de industrialización hacia economías maduras, una diversidad de orígenes y de destinos, con costos de traslado considerablemente reducidos, comunicaciones más rápidas y menos costosas, intervención gubernamental más activa y mayor circulación de flujos.

La economía neoclásica

La teoría sobre la migración internacional más antigua y mejor conocida tiene sus raíces en los modelos desarrollados originalmente para explicar la migración laboral interna en el proceso de desarrollo económico (Lewis, 1954; Ranis y Fei, 1961). De acuerdo con esta teoría y con sus extensiones, la migración internacional, así como su contraparte interna, está causada por diferencias geográficas –disparidades regionales– en la oferta y demanda de trabajo (Todaro y Maruszko, 1987). Un país con una gran reserva laboral respecto al capital se caracteriza por un salario bajo; mientras que un país con una limitada reserva laboral respecto al capital se caracteriza por un salario alto. Los diferenciales salariales resultantes hacen que los trabajadores de los países con salarios bajos, o con exceso de oferta laboral, se muevan hacia los países con salarios altos o con escasez de oferta laboral. Como resultado de este movimiento, la oferta laboral decrece y los salarios eventualmente se incrementan en los países pobres en capital, mientras que en los países ricos en capital la oferta laboral aumenta y los salarios caen.

De manera simultánea al flujo de trabajadores de países con exceso de oferta laboral hacia países con escasez de oferta laboral, hay un flujo de capitales –inversiones– de los países ricos en capital a los países pobres. La escasez relativa de capital en los países pobres arroja una tasa de ganancias relativamente alta respecto a los estándares internacionales; por lo tanto, atrae inversiones. El movimiento de capital incluye la migración de capital humano, trabajadores altamente calificados que van de países ricos en capital a países pobres, porque su nivel de preparación les asegura ingresos muy elevados en lugares con escasez de capital humano; esto abre paso a un movimiento paralelo de personal calificado: gerentes, técnicos, especialistas. El flujo internacional de mano de obra no calificada, por tanto, debe mantenerse conceptualmente en un parámetro diferente al flujo internacional de capital humano. Aun en los modelos económicos macro agregados, la heterogeneidad en los niveles de preparación de los inmigrantes debe ser claramente reconocida, aunque no siempre es fácil trazar una línea divisoria entre trabajadores preparados y no calificados.

Asociado con esta teoría macroeconómica para explicar las migraciones, existe un modelo microeconómico que se caracteriza por la decisión
individual (Borjas, 1989; Todaro, 1969, 1976, 1989). En este esquema, los
actores, como seres racionales e individuales, deciden migrar debido a un
cálculo de costo-beneficio que los lleva a esperar ingresos netos positivos,
por lo general monetarios, como resultado de la opción migratoria. La migración internacional es conceptualizada como un modo de inversión en
capital humano (Sjaastad, 1962). Las personas deciden trasladarse hacia
donde piensan que pueden ser más productivas, debido a sus habilidades;
pero antes de obtener los ingresos más altos relacionados con una mayor
productividad laboral tienen que hacer ciertas inversiones que incluyen los
costos materiales del viaje, la manutención durante el desplazamiento, la
búsqueda de trabajo; el esfuerzo que implica aprender un nuevo idioma, in-
sertarse en una nueva cultura, superar las dificultades de adaptación a un
nuevo mercado de trabajo, y los costos psicológicos resultantes de cortar con
viejos lazos y establecer nuevas relaciones (Todaro y Marusko, 1987).

Los migrantes potenciales estiman los costos y los beneficios del traslado a lugares internacionales, y emigran hacia donde hay esperanza de
obtener ingresos netos superiores (Borjas, 1989, 1990). En teoría, un migrante potencial se traslada a cualquier zona en la que se espera que los
rendimientos netos de la migración sean mayores.

La nueva economía de la migración

En los últimos años se ha desarrollado una "nueva teoría económica de la
migración laboral" que cuestiona muchos de los presupuestos y conclusiones de la teoría neoclásica (Stark y Bloom, 1985). Una clave en el análisis
de esta aproximación es que las decisiones migratorias no obedecen exclusivamente a la voluntad de actores individuales, sino que se insertan en uni-
dades más amplias de grupos humanos –familias o grupos familiares, en
ocasiones comunidades enteras–, en las que se actúa colectivamente para
maximizar no sólo la esperanza de obtener nuevos ingresos, sino también
para minimizar los riesgos económicos. Por añadidura se puede incrementar el estatus social dentro de la jerarquía local, al superar una variedad de
posibles fracasos en el medio local (Stark, 1991; Taylor, 1986, 1987).

En la mayoría de los países desarrollados existen mecanismos institucionales para enfrentar los riesgos a los que están sometidos los ingresos familiares. Hay programas de seguro agrícola que protegen al agricultor de
las variaciones del mercado, le dan cierta cobertura frente a los desastres
naturales y lo protegen de las fluctuaciones de los precios. Hay seguros de

desempleo y subsidios gubernamentales para proteger a los trabajadores contra las eventualidades de los ciclos financieros y los cambios económicos estructurales. Hay programas de retiro, privados o gubernamentales, que protegen a los ciudadanos en la vejez, a los que se accede por medio de aportes regulares o con el pago de impuestos. En esencia se trata de extender, en el tiempo, los ingresos personales.

La ausencia de estos mecanismos en los países pobres se compensa mediante la diversificación de los ingresos familiares, lo que sitúa a las familias en una mejor posición para controlar los riesgos que ponen en peligro su bienestar o subsistencia. La migración interna e internacional desempeña un papel fundamental en este esquema.

Las familias pueden diversificar sus fuentes de ingreso al ubicar a los diferentes miembros en distintos mercados de trabajo; algunos pueden trabajar en la economía local, otros en diferentes lugares del mismo país y otros en el exterior. En caso de que las condiciones económicas en casa se deterioren y las actividades productivas allí no logren generar ingresos suficientes, el grupo familiar puede contar con las remesas de los migrantes para su sustento.

Los mercados de crédito y de capital también tienden a articularse y a funcionar de manera eficiente en los países desarrollados porque proporcionan a la mayoría de las familias medios para obtener préstamos para un consumo razonable o para realizar inversiones. En ausencia de un sistema bancario sano y eficiente, la migración internacional se hace atractiva como estrategia para acumular fondos que pueden utilizarse en lugar de los préstamos. Los grupos familiares simplemente envían uno o más trabajadores al exterior para que hagan ahorros o manden remesas a casa. Aunque la mayoría de los ahorros de los migrantes y las remesas que envían se utilizan para el consumo cotidiano, algunos de estos fondos inevitablemente se canalizan como inversión productiva (Durand, 1986).

Una propuesta clave de la nueva teoría económica de la migración es que la renta no es un bien homogéneo, como se asumía en la economía neoclásica. Las fuentes de ingresos son realmente importantes, y los grupos familiares tienen incentivos significativos para invertir los escasos recursos familiares en actividades y proyectos que dan acceso a nuevas fuentes de ingreso, aun si estas actividades no aumentan el ingreso total. La nueva economía de la migración también cuestiona la presunción de que la renta tiene un efecto constante sobre las utilidades en los grupos socioeconómicos –es decir que un aumento real de 100 dólares en los ingresos significa lo mismo para una persona, sin tener en cuenta las condiciones de la comunidad, independientemente de su posición en la distribución de los ingresos locales.

Los teóricos de la nueva economía argumentan que los grupos familiares envían trabajadores al extranjero no sólo para mejorar sus ingresos en términos absolutos, sino también para mejorarlos relativamente respecto a otros grupos familiares y, en consecuencia, para reducir su desventaja relativa comparada con algún grupo de referencia (Stark y Taylor, 1989, 1991; Stark, 1991). El sentido de privación de un grupo familiar depende de los ingresos carentes en la distribución del ingreso del grupo de referencia.

La sensación de carencia de un grupo familiar depende de los ingresos de los que se ve privado dentro de su grupo de referencia. A modo de ilustración, tómese en cuenta un aumento de ingresos en los sectores más acomodados del grupo de referencia; si los ingresos familiares de los más pobres no se modifican, aumenta su privación relativa.

En este contexto, el envío de algún miembro de la familia al exterior da esperanzas de obtener alguna ganancia *relativa* respecto a la comunidad. Por otra parte, los problemas en el mercado de trabajo local, que limitan las oportunidades de las familias pobres, pueden también aumentar el atractivo de la migración, en cuanto constituyen una posibilidad de obtener algunas ganancias en términos relativos.

La teoría de los mercados laborales segmentados

Aunque la teoría neoclásica y la nueva economía de la migración conducen a conclusiones divergentes relacionadas con los orígenes y la naturaleza de la migración internacional, ambas son esencialmente modelos de toma de decisiones en escalas micro. Se diferencian, en primer lugar, por el tipo de unidad que toma la decisión –el individuo o el grupo familiar–; en segundo término, por el factor o entidad que se maximiza o que se minimiza –ingreso o riesgo–; un tercer aspecto se relaciona con el contexto económico de la toma de decisiones –mercados maduros y en buen funcionamiento *versus* mercados deficientes o imperfectos–, y finalmente por el grado en el cual la decisión migratoria se contextualiza socialmente –si la renta se evalúa en términos absolutos o relativos frente a algún grupo de referencia. Tomando una distancia clara ante estos modelos de decisión racional, la teoría de los mercados laborales segmentados descarta las decisiones tomadas por los individuos o los grupos familiares, y plantea que la migración internacional se genera por la demanda de fuerza de trabajo intrínseca a las sociedades industriales modernas.

Michael Piore (1979), el más elocuente y consistente propugnador de este punto de vista teórico, plantea que la migración internacional es el producto de una permanente demanda laboral inherente a la estructura económica de las naciones desarrolladas. Según Piore, la inmigración no es el resultado de fuerzas que impulsan, desde dentro hacia fuera, en los países de origen (bajos salarios o elevado desempleo), sino que obedece a factores de atracción ejercidos por los países receptores (una necesidad crónica e inevitable de mano de obra barata).

La demanda incorporada de fuerza de trabajo barata y flexible obedece a cuatro rasgos fundamentales de las sociedades industriales desarrolladas y sus economías. El primero es una *inflación estructural*. Los salarios no sólo reflejan las condiciones de oferta y demanda, sino que confieren estatus y prestigio. Características sociales que son inherentes a los trabajos y sus respectivos salarios. En general, se cree que los salarios deberían reflejar un estatus social, y se tienen nociones relativamente rígidas acerca de la correlación entre salario y estatus ocupacional. Como resultado, los salarios ofrecidos por los empleadores no son totalmente independientes de los cambios en la oferta de trabajadores. Una variedad de expectativas sociales informales y de mecanismos formales institucionales (como son los contratos sindicales, las prestaciones sociales, las regulaciones burocráticas y las categorías laborales) se asegura de que los salarios correspondan a las jerarquías de prestigio y estatus que la gente percibe y espera.

Si los empleadores buscan atraer trabajadores para oficios no calificados, en el nivel más bajo de una jerarquía ocupacional, simplemente no pueden subir los salarios. Subir los salarios en la base de la escala social podría alterar las relaciones social y culturalmente definidas entre estatus y remuneración. Si se aumentan los salarios de la base, se ejercerá una presión muy fuerte para obtener aumentos proporcionales en los otros niveles. Si los salarios de los ayudantes de meseros –garroteros– se incrementan para responder a una escasez de trabajadores en este nivel, es posible que dichos salarios se superpongan a los de los meseros, lo que amenazaría su estatus y podría socavar la estructura social vigente. Los meseros, por su parte, pueden exigir un aumento equivalente de salarios, amenazando así la posición de los cocineros, quienes a su vez presionarían por un incremento. Incluso es posible que, en una situación semejante, los trabajadores cuenten con el apoyo de sus representantes en los sindicatos, o existan cláusulas que los defiendan en sus respectivos contratos.

Así, el costo que tendría para los empleadores un aumento de salarios destinado a atraer trabajadores del nivel bajo sería superior al costo representado por este aumento. Se parte del supuesto de que los salarios deben ser incrementados proporcionalmente en toda la jerarquía, con el fin de respetar las expectativas sociales; este problema ha sido definido como *inflación estructural*. De este modo, atraer trabajadores nativos aumentando salarios durante las épocas de escasez de fuerza de trabajo es costoso y perjudicial, lo que genera en los empleadores un incentivo muy fuerte para buscar soluciones fáciles y baratas, como son la importación de trabajadores inmigrantes dispuestos a aceptar los salarios bajos.

La demanda de fuerza de trabajo barata y flexible aumenta también debido a las restricciones y prejuicios sociales arraigados en el interior de la escala ocupacional. La gente trabaja no sólo para generar ingresos, sino también para adquirir estatus social. De hecho, surgen problemas muy serios en la franja inferior de cualquier jerarquía laboral porque no hay estatus que defender y las posibilidades de movilidad social están cerradas. Éste es un problema ineludible y estructural porque es casi imposible eliminar esta franja de los mercados laborales. La mecanización, concebida como medio para eliminar los trabajos menos remunerados y menos deseables, simplemente creará una nueva escala inferior compuesta por trabajos que solían estar en el nivel inmediato superior. Lo que teóricamente necesitarían los empleadores son trabajadores que consideren estos trabajos como medios para ganar dinero, que miren el trabajo solamente como una fuente de ingreso, sin implicación alguna de estatus o prestigio.

Por una variedad de razones, los inmigrantes satisfacen esta necesidad, al menos al inicio de su carrera migratoria. La mayoría de los migrantes se inician como posibles asalariados que buscan ganar dinero para un objetivo específico que les permita mejorar su situación o bienestar en su localidad de origen –construir una casa, pagar la escuela, comprar tierra, adquirir bienes de consumo. Por otra parte, la diferencia entre los estándares de vida entre las sociedades desarrolladas y las sociedades en desarrollo implica que aún un salario bajo en el exterior sea aparentemente abundante comparado con los estándares de la comunidad de origen; aunque un inmigrante sea consciente de que un trabajo en el extranjero es de bajo nivel –lavar platos o limpiar baños–, él no se considera a sí mismo como parte de la sociedad que lo recibe. Más bien se ve como un miembro de su comunidad de origen, en la cual los que trabajan en el exterior y envían remesas tienen un prestigio considerable.

La demanda de fuerza de trabajo inmigrante también surge de la dualidad inherente al trabajo y al capital. La inversión de capital es un factor fijo de la producción que puede ser frenado, como consecuencia de una baja en la demanda, pero no puede ser eliminado. Por el contrario, la fuerza de trabajo es un factor variable de la producción que puede ser dejado de lado cuando la demanda cae; en este caso, son los trabajadores quienes se ven obligados a soportar los costos de su desempleo. Por tanto, siempre que sea posible, los capitalistas cuidarán la porción permanente y estable de la producción y la reservan para el empleo de equipo y de capital invertido. Mientras que la porción variable de la demanda se satisface añadiendo nueva fuerza de trabajo. Así, los métodos intensivos en capital se utilizan para satisfacer la demanda básica, y los métodos que requieren mucha mano de obra se reservan para el componente temporal, fluctuante, estacional. Este dualismo establece distinciones entre los trabajadores y da pie a una segmentación de la fuerza de trabajo.[4]

Los trabajadores en el sector primario, intensivo en capital, consiguen trabajos estables y calificados, además cuentan con los mejores equipos y herramientas. Los empleadores están obligados a invertir en estos trabajadores proporcionándoles entrenamiento especializado y educación. Sus funciones requieren conocimientos y experiencia considerables, por lo que se acumula capital humano específico y estable. Los trabajadores del sector primario tienden a estar sindicalizados o altamente profesionalizados. Sus contratos exigen que los empleadores asuman una participación considerable en los costos de su posible incapacidad o retiro (cesantías y beneficios de desempleo). Debido al nivel de salarios y prestaciones, los costos de despido son muy altos, por lo que pasan a ser algo similar al capital.

En el sector secundario, que requiere mucha mano de obra, sin embargo, los trabajadores tienen trabajos inestables, no calificados. Pueden ser despedidos en cualquier momento, con costos muy bajos, o sin costo alguno, para el empleador, más aún en el caso de inmigrantes indocumentados. Es evidente que el empleador, por lo general, pierde dinero al retener trabajadores durante periodos de baja producción. El primer paso que dan los empleadores del sector secundario, durante los ciclos bajos, es efectuar recortes en sus nóminas. Como resultado de esto, los empleadores obligan a los trabajadores de este sector a asumir los costos de su desempleo. Permanecen como un factor variable de la producción y, por tanto, son prescindibles.

Así, la dualidad entre capital y trabajo se extiende a la fuerza de trabajo y toma la forma de un mercado laboral segmentado. Los salarios bajos, las condiciones inestables y la falta de posibilidades de movilidad razonables en el sector secundario impiden o dificultan la atracción y contratación de trabajadores nativos. Éstos más bien son atraídos por el sector primario, intensivo en capital, en el que los salarios son más altos, hay estabilidad laboral y existe la posibilidad de mejoras ocupacionales. Los empleadores

---

[4]La distinción entre sector primario y secundario se refiere al mercado de trabajo segmentado, no a los sectores de la economía.

vuelven, entonces, sus miradas hacia los inmigrantes para satisfacer el déficit de trabajadores dentro del sector secundario.

En su análisis del proceso de incorporación de los inmigrantes cubanos a Estados Unidos, Alejandro Portes y Robert Bach (1985) pusieron en evidencia la existencia de un tercer sector que mezcla elementos de los mercados de trabajo del sector primario y del secundario, que también genera una demanda estructural de fuerza de trabajo migrante. Del mismo modo que el sector secundario, los *enclaves étnicos* tienen trabajos de bajo estatus caracterizados por salarios bajos, inestabilidad crónica y condiciones de trabajo desagradables; estos trabajos, por lo general, son rechazados por los nativos. A diferencia del sector secundario, sin embargo, el enclave proporciona a los inmigrantes ingresos económicos significativos relacionados con la educación, con la experiencia y con posibilidades reales de ascenso socioeconómico, con lo que se reproducen, en cierta medida, algunos rasgos del sector primario.

Sin embargo, no todas las inmigraciones llegan a generar enclaves étnicos y hay estudios que sugieren que éstos son relativamente difíciles de crear (Logan Alba, y McNulty, 1994). De hecho, los enclaves étnicos identificados hasta este momento se han formado en circunstancias poco comunes, debido a concentraciones geográficas e inmigraciones claramente definidas en el tiempo y en términos de clase (Portes y Stepick, 1993; Wilson y Martin, 1982). Por lo general, una economía de enclave emerge cuando una ola inicial de inmigrantes de élite poseedores de considerables sumas de capital tanto financiero como humano, social y cultural se concentran de modo desproporcionado en un área urbana y, después de establecerse allí y fundar empresas y negocios, empiezan a contratar olas sucesivas de trabajadores de bajo nivel, del mismo país de origen, pero con aspiraciones de movilidad social.

La concentración significativa de personas de un mismo grupo étnico crea una demanda de productos culturales especializados y servicios que sólo pueden ser satisfechos por empresarios inmigrantes calificados. Además, su acceso privilegiado a un grupo cada vez mayor de inmigrantes de bajos ingresos los coloca en una posición ventajosa frente a otras empresas de la competencia que están fuera del enclave. Los inmigrantes que trabajan dentro del enclave aceptan salarios bajos y una disciplina estricta ante la posibilidad de un progreso e independencia posterior (Portes y Bach, 1985). El contrato implícito entre empleadores y trabajadores surge de una norma de solidaridad étnica (una forma de capital cultural) que impregna y sostiene el enclave (Portes y Manning, 1986; Portes y Rumbaut, 1990). Al mismo tiempo, las redes sociales y las relaciones personales entre los distintos empresarios (una forma de capital social) atraen nuevos inmigrantes con profesiones independientes para iniciar pequeños negocios y se espera que, una vez establecidos, estos empresarios ayuden y promuevan la llegada de nuevos inmigrantes (generando un nuevo capital cultural). Las posibilidades de formación de un enclave son mayores si los primeros inmigrantes son educados y poseen habilidades en el campo de la organización o los negocios (capital humano), o si tienen ahorros disponibles, facilidades de crédito o asistencia gubernamental (capital financiero).

Aunque un enclave étnico puede iniciarse con la inmigración de empresarios, para que efectivamente funcione requiere un flujo permanente de nuevos trabajadores deseosos de intercambiar salarios bajos iniciales por la posibilidad de una posterior movilidad; así se origina una fuente estructural independiente de demanda de fuerza de trabajo inmigrante, que se complementa con la emanada del sector secundario. Cuando llegan empresarios inmigrantes se concentran geográficamente y establecen nuevas empresas que necesitan trabajadores inmigrantes para su supervivencia; de este modo, la inmigración puede, casi literalmente, generar su propia demanda.

Los problemas de motivación y de inflación estructural inherentes a las jerarquías ocupacionales modernas, junto con el dualismo intrínseco a las economías de mercado, crean una demanda permanente de trabajadores dispuestos a laborar en condiciones poco favorables, con salarios bajos, gran inestabilidad y pocas esperanzas de progreso. En el pasado esta demanda fue servida parcialmente por tres grupos de personas con un nivel social y características acordes con este tipo de trabajos: las mujeres, los adolescentes y los inmigrantes rural-urbanos.

Históricamente las mujeres han tendido a participar en la fuerza de trabajo hasta el nacimiento de su primer hijo y, en menor grado, después de que sus hijos hayan crecido. Han buscado la forma de generar ingresos suplementarios tanto para ellas como para sus familias. El sostenimiento básico de la familia no dependía de ellas, y su primera obligación social era la de ser hermanas, esposas o madres. Estaban dispuestas a aceptar bajos salarios e inestabilidad porque consideraban el trabajo como algo transitorio, y las ganancias obtenidas como un aporte, una ayuda complementaria. Las posiciones que ocupaban no significaban amenaza alguna para su estatus social principal, cuyo cimiento fundamental era la familia.

Del mismo modo, los adolescentes se han movido históricamente hacia dentro y hacia fuera del mercado de trabajo, generalmente para ganar algún dinero extra, para adquirir experiencia y para ensayar distintas funciones ocupacionales. No consideran problemáticos los trabajos temporales porque aspiran a tener mejores ocupaciones en el futuro, después de terminar los estudios, adquirir experiencia o haberse establecido. Además, la condición social de los adolescentes deriva de la de sus padres y de las orientaciones familiares, no de sus trabajos. Para ellos el trabajo es algo instrumental, un medio para ganar el dinero necesario para sus gastos. El dinero y las cosas que con él se compran mejoran su estatus entre sus pares (ropa, carro, música, etcétera). El trabajo es sólo un medio para conseguir algo extra.

Por último, las zonas rurales de las naciones desarrolladas durante muchos años suministraron de modo permanente trabajadores de bajo rango a las ciudades industriales. Desplazarse de un lugar cultural y económicamente atrasado hacia el dinamismo y la excitación de la ciudad daba la sensación de una movilidad ascendente y de un progreso personal, a pesar de las modestas circunstancias en las que se encontrara después del movimiento. Incluso trabajos de ínfima categoría en las ciudades les proporcionaba acceso a vivienda, a comida y a un consumo de bienes que significaban un paso ascendente. Mientras existieron grandes reservas de población rural, las naciones industriales podían mirar hacia dentro para satisfacer la creciente demanda de trabajo no calificado y mal remunerado.

Sin embargo, en las sociedades industriales avanzadas estas fuentes de mano de obra han disminuido con el tiempo debido a cuatro tendencias sociodemográficas fundamentales: el aumento de la participación de la mujer en la fuerza de trabajo, que ha transformado el trabajo de la mujer en una carrera asumida para obtener mejor estatus social y mayores ingresos; el incremento en las tasas de divorcios, que ha transformado el trabajo de la mujer de ser un complemento a ser proveedora fundamental de la familia; la disminución de las tasas de natalidad y la extensión de la educación formal, que ha significado la entrada de muy pocos adolescentes en las filas de la fuerza de trabajo. También está la urbanización de la sociedad que ha hecho que las granjas y las comunidades rurales dejen de ser fuentes potenciales de inmigrantes hacia las ciudades. El desequilibrio entre la demanda estructural de trabajadores en el nivel más bajo y la limitada oferta de dichos trabajadores en el nivel doméstico ha generado una demanda permanente y cada vez mayor de inmigrantes en los países desarrollados.

La teoría de los mercados laborales segmentados no afirma, ni niega, que los actores tomen decisiones racionales a partir de intereses personales, como se postula en los modelos microeconómicos. Las cualidades negativas atribuidas por las personas de los países industrializados a los trabajos de bajo nivel salarial, por ejemplo, pueden abrir oportunidades de empleo a trabajadores extranjeros.

Estas oportunidades se hacen visibles por medio de las campañas de reclutamiento realizadas por los empleadores, que proporcionan información y otorgan ciertas facilidades al movimiento internacional de mano de obra; de este modo aumentan el valor de la migración como una estrategia para generar ingresos para la familia o diversificar el riesgo.

La teoría de los sistemas mundiales

Un nuevo enfoque surgió durante los años cincuenta en respuesta a las teorías funcionalistas de cambio social y desarrollo que plantean que los países se desarrollan económicamente por medio del progreso, en un proceso ordenado de estadios de evolución que culminan en la modernización y la industrialización. En contraposición, los teóricos histórico-estructurales, con fuerte influencia teórica del marxismo, postulan que, debido a la desigual distribución del poder político en las naciones, la expansión del capitalismo global lleva a la perpetuación de las desigualdades y al reforzamiento de un orden económico estratificado. En lugar de experimentar un progreso inexorable hacia el desarrollo y la modernización, los países pobres están atrapados en una situación de desventaja dentro de una estructura geopolítica desigual que perpetúa su pobreza.

La teoría histórico-estructural ejerció su mayor influencia durante las décadas de 1960 y 1970 y tuvo gran popularidad entre los científicos sociales latinoamericanos. Teóricos como Celso Furtado (1965, 1970), Fernando Cardoso y Enzo Faletto (1969, 1979) observaron un deterioro en las condiciones del comercio entre los países capitalistas ricos y las naciones pobres en los años que siguieron a la Segunda Guerra Mundial, y concluyeron que las naciones en desarrollo estaban siendo forzadas a la dependencia por condiciones estructurales impuestas por los países capitalistas poderosos. Según Andre Gunder Frank (1969), las fuerzas del capitalismo global actuaban para "desarrollar el subdesarrollo" en el Tercer Mundo. Esta línea de pensamiento histórico-estructural se conoció como *la teoría de la dependencia*, y fue asumida por un grupo variado de académicos que se inspiraron en el trabajo de Paul Baran (1973, 1975) y su conceptualización de las ideas de Marx y Lenin.

Una segunda vertiente de la teoría histórico-estructural surgió algunos años después, y se fundamentó en el trabajo de los teóricos de la dependencia, así como en el historiador social francés Fernand Braudel (1981, 1982). Su exponente más sobresaliente fue Immanuel Wallerstein (1974, 1980), quien realizó un análisis exhaustivo de la expansión global del sistema capitalista a partir del siglo XVI. Wallerstein intentó reconstruir el proceso histórico a través del cual se formaron y expandieron en el mundo estructuras políticas y económicas desiguales, y los mecanismos mediante los cuales regiones no capitalistas y precapitalistas fueron incorporadas en la economía global de mercado. Clasificó los países de acuerdo con su nivel de dependencia de los poderes capitalistas dominantes, de los países centrales. Los que estaban en la "periferia" eran los más dependientes, y los que se encontraban en la "semiperiferia" tenían una relativa independencia dentro del mercado global. Las naciones en la "arena externa" permanecieron aisladas y muy alejadas del sistema capitalista global. Dado el alcance de este trabajo y su amplia visión de un capitalismo global en expansión, esta línea de pensamiento se conoció generalmente como "teoría de los sistemas mundiales" (Simmons, 1989).

Inicialmente ni los teóricos de los sistemas mundiales ni los teóricos de la dependencia se interesaron mucho en la migración internacional. Durante los sesenta y los setenta su atención se centró en la migración campo-ciudad y su inserción en la economía informal urbana. A diferencia de los teóricos de la economía, como Michael Todaro (1969, 1976), y los teóricos de la sociología, como Everett Lee (1966), quienes abordaban la migración como un cálculo racional hecho por individuos interesados en concretar un progreso material, los teóricos histórico-estructurales relacionaron la migración a la macroorganización de las relaciones socioeconómicas, la división geográfica del trabajo y los mecanismos políticos del poder y de la dominación (véase Singer, 1971, 1975; Stern, 1988).

Solamente después de las recesiones económicas de mediados de los setenta, los observadores empezaron a comprender que los flujos internacionales no constituían una simple aberración "temporal" y que la migración internacional también podía relacionarse con los cambios estructurales que acompañaban la inserción de una nación en el mercado global. Cuando la absorción de extranjeros surgió como una cuestión política en el mundo desarrollado, los académicos empezaron a aplicar los postulados de la teoría histórico-estructural para analizar los flujos de fuerza de trabajo, que empezaron a ser observados con una nueva mirada. Como sus antecesores intelectuales, teóricos como Alejandro Portes y John Walton (1981), Elizabeth Petras (1981), Saskia Sassen (1988) y Ewa Morawska (1990) intentaron explicar la migración internacional no como el resultado de una decisión individual o de grupos familiares, sino como una consecuencia estructural de la expansión de los mercados en la jerarquía política global. Aunque sus planteamientos no han logrado dar forma a una teoría coherente, constituyen una aproximación general al estudio de la migración internacional. De este modo, las explicaciones histórico-estructurales se sintetizan generalmente bajo la rúbrica de "teoría de los sistemas mundiales".

Esta teoría afirma que la penetración de las relaciones económicas capitalistas en las sociedades no capitalistas o precapitalistas da origen a una población móvil propensa a emigrar. Movidos por el deseo de obtener ganancias mayores y mayor bienestar, los dueños y los gerentes de las firmas capitalistas en los países centrales entran en las naciones más pobres, ubicadas en la periferia de la economía mundial, en búsqueda de tierras, materias primas, fuerza de trabajo y nuevos mercados. En el pasado, la penetración y el control de los mercados era parte de la manera de operar de los regímenes coloniales, que administraban las regiones pobres para beneficio propio. En la actualidad, esta posibilidad es ofrecida por los gobiernos neocoloniales y las firmas multinacionales que perpetúan el poder de las élites nacionales que participan en la economía mundial como capitalistas o que ofrecen los recursos de sus naciones a las firmas transnacionales.

Los teóricos de los sistemas mundiales afirman que la migración internacional surge como respuesta a las disrupciones y dislocaciones que inevitablemente ocurren en el proceso del desarrollo capitalista. Como el capitalismo se ha expandido hacia fuera desde su núcleo en Europa occidental, Norteamérica, Oceanía y Japón, zonas cada vez mayores del globo y proporciones crecientes de población se han incorporado a la economía de mercado. Para explicar la manera en que se generan los flujos migratorios, algunos de éstos al exterior, los teóricos han analizado cómo se ejerce la influencia de los mercados globales sobre la tierra, las materias primas y la fuerza de trabajo en el interior de las regiones periféricas (Massey, 1988).

Con el fin de obtener mayores ganancias de los recursos agrarios existentes y para competir en los mercados globales de materias primas, los agricultores capitalistas en las áreas periféricas tratan de consolidar la tenencia de tierras, mecanizar la producción, introducir cultivos comerciales y utilizar insumos producidos industrialmente, como son los fertilizantes, insecticidas y semillas mejoradas. El acaparamiento de la tierra destruye los sistemas tradicionales de tenencia, basados en la herencia y los derechos comunales. La mecanización disminuye la necesidad de mano de obra y hace que muchos trabajadores agrícolas no sean necesarios para la producción. La sustitución de cultivos básicos por cultivos comerciales socava las relaciones sociales y económicas tradicionales basadas en la subsistencia (Chayanov, 1966), y la utilización de insumos modernos reduce los precios unitarios, de tal modo que los pequeños agricultores y campesinos son expulsados de los mercados locales. Todas estas fuerzas contribuyen a la generación de una fuerza de trabajo móvil, desligada de la tierra y con vínculos cada vez más débiles con las comunidades agrarias.

La extracción de materia prima que se comercializa en el mercado internacional requiere métodos industriales cuya aplicación necesita mano de obra asalariada. La oferta de salarios a los campesinos debilita las formas tradicionales de organización social y económica basadas en sistemas de reciprocidad (Murra, 1980) y genera mercados de fuerza de trabajo incipientes basados en nuevas concepciones de individualismo, ganancia particular y cambio social. Estas tendencias también promueven la movilidad social de los trabajadores en las regiones en desarrollo, a menudo hacia el exterior.

Las empresas de los países capitalistas centrales penetran en los países en desarrollo para establecer plantas ensambladoras y maquiladoras que se aprovechan de los salarios locales y de las opciones ofrecidas por los gobiernos obsesionados con la falacia de la exportación a toda costa. La demanda de trabajadores para las fábricas y maquiladoras fortalece los mercados locales de mano de obra y debilita las relaciones tradicionales de producción (Arias, 1993). Mucha de la fuerza de trabajo requerida es femenina, y la consiguiente feminización de la fuerza de trabajo limita las oportunidades laborales de los hombres. Como el nuevo trabajo fabril es muy exigente y mal pagado, las mujeres tienden a trabajar solamente unos pocos años, sobre todo cuando están solteras. La inserción de fábricas y maquiladoras de propietarios extranjeros en las regiones periféricas debilita la economía local porque produce bienes que compiten con los fabricados localmente; feminiza la fuerza de trabajo sin proporcionar oportunidades de empleo para los varones; socializa a las mujeres en el trabajo industrial y el consumo moderno, pero no les asegura un ingreso a largo plazo que les permita satisfacer esas necesidades. El resultado es la formación de una población social y económicamente desenraizada y predispuesta a la migración. En el caso mexicano, donde la maquila se ha desarrollado ampliamente en la frontera norte, se han generado intensos procesos migratorios internos que luego originan migración internacional.

Los mismos procesos económicos capitalistas que impulsan la emigración en las regiones periféricas los atraen simultáneamente hacia los países desarrollados. Aunque algunos de los desplazados por el proceso de la penetración del mercado se van hacia las ciudades, dando paso a la urbanización de las sociedades en desarrollo, inevitablemente muchos se trasladan hacia el exterior porque la globalización crea lazos materiales, militares e ideológicos con los lugares en que se origina el capital. La inversión extranjera que conduce hacia la globalización económica es manejada desde un pequeño número de ciudades globales, cuyas características estructurales dan pie a una fuerte demanda de fuerza de trabajo migrante.

Con el fin de enviar mercancías, entregar maquinaria, extraer y exportar materias primas, coordinar operaciones mercantiles y administrar plantas ensambladoras y maquiladoras, los inversionistas construyen y expanden los medios de transporte y comunicación con los países periféricos en los que han invertido. Estos medios no sólo facilitan el tránsito de mercancías, productos, información y capital, sino que promueven el movimiento de poblaciones, en un verdadero circuito migratorio (Durand, 1986), reduciendo los costos de traslado en determinadas rutas internacionales. Como la inversión y la globalización están inexorablemente ligadas a la construcción de una infraestructura de comunicaciones y transporte, el movimiento laboral internacional sigue al de mercancías y capital, pero en la dirección opuesta.

La creación y perpetuación de un régimen comercial globalizado requiere un sistema básico de seguridad internacional. Los países centrales tienen tanto intereses económicos, en el orden geopolítico, como medios militares para protegerlos; la mayoría de los regímenes más poderosos cuentan con una reserva armada que se puede desplegar, en caso de necesidad, para proteger la integridad del sistema capitalista global. Las amenazas a dicho sistema, con frecuencia, son controladas por fuerzas militares enviadas por uno o más de los países centrales. Después de 1945, por ejemplo, la inminente expansión comunista en Europa amenazaba de tal forma al capitalismo que Gran Bretaña, Francia y Estados Unidos ubicaron sus tropas permanentemente en diversas bases en el continente. También realizaron envíos periódicos de tropas a puntos conflictivos en África, Medio Oriente, Asia y América Latina durante los 40 años de guerra fría con la Unión Soviética. El problema de la seguridad del sistema capitalista y la solución militar amenaza convertirse en un problema capital del siglo XXI.

Como principal potencia económica y política en el mundo capitalista de la posguerra, Estados Unidos desempeñó un importante papel defendiendo sus intereses y su seguridad durante la Guerra Fría. Su poderío militar se desplazó con frecuencia para controlar la insurgencia izquierdista, detener el expansionismo comunista y acallar brotes de violencia que pudieran poner en peligro el orden capitalista. Desde 1945 Estados Unidos ha intervenido, abierta o solapadamente, en al menos una decena de países latinoamericanos: Guatemala, Nicaragua, El Salvador, Panamá, Cuba, República Dominicana, Haití, Granada y Chile. En el resto del mundo es conocida su participación en Corea, Vietnam, Camboya, Somalia e Irán. En fechas más recientes dirigió una fuerza multinacional para restaurar el orden (y la salida del petróleo) en Kuwait, y más recientemente se ha embarcado en la lucha antiterrorista en Afganistán.

Cada base militar e intervención armada, sin embargo, crea una variedad de conexiones sociales y políticas que dan pie a nuevos procesos migratorios. Los soldados jóvenes se casan, con frecuencia, con mujeres nativas, quienes quieren acompañarlos de regreso a su país al finalizar su misión. Y en Estados Unidos (como en muchos otros países), éstas gozan de privilegios especiales para solicitar su admisión al país por razón de su matrimonio. Las esposas, a su vez, tratan de buscar la forma de patrocinar la inmigración de sus hermanos, hermanas, madres, padres e hijos menores. Todas estas personas están en posición de solicitar su admisión debido a su parentesco con residentes legales y, en caso de la nacionalización de la esposa, por su parentesco con un ciudadano.

Las operaciones militares, a gran escala, también implican la contratación de un numeroso personal de apoyo entre la población civil local, con lo cual se crean relaciones personales, deudas políticas y obligaciones morales que pueden ser invocadas para obtener visas de inmigrantes, cuando las fuerzas militares salen del lugar. También se sirven de estas relaciones para buscar el estatus de refugiados cuando el gobierno amigo colapsa. Por otra parte, cuando la presencia militar es a largo plazo, varios establecimientos comerciales y de servicios se desarrollan alrededor de la base, con lo cual se hace aún más grande la gama de relaciones interpersonales y deudas sociales. También se comunican nuevos códigos lingüísticos y convenciones culturales a la población local. Un contacto intenso con las tropas no sólo aumenta la proporción de matrimonios, sino también permite un mayor conocimiento de la cultura, que abre más expectativas sobre las ventajas potenciales de emigrar y aumenta las motivaciones para hacerlo. Por estas razones, desplazamientos militares significativos han sido acompañados por flujos migratorios considerables (Donato, 1991; Jasso y Rosenzweig, 1990; Schmeidl, 1997). Los casos de Vietnam, Nicaragua, El Salvador y tantos otros son ilustrativos.

Por último, la globalización económica crea lazos ideológicos y culturales entre los países centrales y sus periferias a través de modos diferentes a la intervención militar. En muchos casos, estos lazos culturales son fuertes y duraderos, reflejan un pasado colonial en el que los países centrales establecieron sistemas administrativos y educacionales semejantes a los suyos con el fin de gobernar y explotar las regiones periféricas. Los ciudadanos de Senegal, por ejemplo, aprenden francés, estudian en los liceos y su moneda está directamente atada al franco francés. Del mismo modo, los hindúes y los pakistaníes aprenden inglés, obtienen títulos británicos y están relacionados con otros a través de una unión transnacional conocida como la Commonwealth británica. Aun cuando no hay un pasado colonial, la influencia ejercida por la penetración económica puede ser muy profunda: cada día hay más mexicanos que estudian en las universidades en Estados Unidos, hablan inglés y siguen muy de cerca los patrones de consumo estadounidenses.

Estas conexiones ideológicas y culturales son reforzadas por los medios de comunicación masiva y por las campañas publicitarias. Los programas de televisión en Estados Unidos, Francia, Gran Bretaña y Alemania transmiten información relacionada con los estilos y estándares de vida en el mundo occidental desarrollado, y los comerciales de las agencias de publicidad extranjeras inculcan patrones de consumo moderno a los habitantes de los países de la periferia. La difusión de los idiomas de los países centrales, los patrones culturales y la generalización de prácticas de consumo modernas interactúa con la emergencia de una infraestructura de transporte y de comunicación diseñada para canalizar el flujo migratorio hacia determinados países centrales.

La economía mundial es manejada desde un número relativamente pequeño de centros urbanos en los que la banca, las finanzas, la administración, los servicios profesionales y la producción de alta tecnología tienden a concentrarse (Castells, 1989; Sassen, 1991). En Estados Unidos las ciudades globales son Nueva York, Chicago y Los Ángeles; en Europa, Londres, París, Frankfurt y Milán, y en el Pacífico, Tokio, Osaka y Sydney pueden considerarse como tales. En estas ciudades globales se concentra una muy considerable riqueza y fuerza de trabajo altamente calificada, lo que origina una elevada demanda de empleos para ser asumidos por trabajadores no calificados (garroteros, jardineros, camareros, trabajadores en hoteles, empleados del servicio doméstico). Al mismo tiempo, el desplazamiento de la producción industrial hacia el exterior; el crecimiento de la alta tecnología electrónica, computacional y de telecomunicaciones; la expansión de los sectores de servicios, como son los de salud y educación, crean una estructura bifurcada en el mercado laboral con una fuerte demanda de trabajadores en los niveles más altos y en los más bajos, pero relativamente débil en los sectores medios.

Los trabajadores nativos, poco calificados, oponen grandes resistencias para aceptar trabajos mal pagados en la franja inferior de la escala ocupacional, lo que da paso a una alta demanda de inmigrantes. Entre tanto, los nativos bien preparados y los expertos extranjeros controlan los mejores puestos de la escala ocupacional, y la concentración de riquezas entre ellos contribuye a alimentar la demanda de un tipo de servicios que los inmigrantes están muy dispuestos a satisfacer. En ese contexto, los trabajadores nativos con relativa preparación se aferran a los trabajos en las declinantes franjas medias, emigran de las ciudades globales o buscan el apoyo de los programas de seguridad social.

La teoría del capital social

El economista Glenn Loury (1977) introdujo el concepto "capital social" para denominar un conjunto de recursos intangibles en las familias y en las comunidades que ayudan a promover el desarrollo social entre los jóvenes; pero fue Pierre Bourdieu (1986) quien señaló su relevancia para la sociedad en general. Según Bourdieu y Loic Wacquant (1992: 119), "el capital social es la suma de recursos reales o virtuales que corresponden a un individuo o grupo en virtud de su pertenencia a una red duradera de relaciones más o menos institucionalizada de conocimiento y reconocimiento mutuo".

La característica fundamental del capital social es su convertibilidad: puede traducirse en otras formas de capital, principalmente financiero –éste sería el caso de los ingresos en el extranjero y las remesas que generan (Harker, Mahar y Wilkes, 1990). La gente accede al capital social por su vinculación a redes e instituciones sociales que luego se convierten en otras formas de capital para mejorar o mantener su posición en la sociedad (Bourdieu, 1986; Coleman, 1990). Aunque Alejandro Portes y Julia Sensenbrenner (1993) señalan que el capital social puede tener consecuencias tanto negativas como positivas para el individuo, los teóricos suelen enfatizar el papel positivo que desempeña en la adquisición y acumulación de otras formas de capital (véase Coleman, 1988, 1990). Este tema ha sido particularmente desarrollado por investigadores que analizan las redes migratorias.

Las redes migratorias son conjuntos de lazos interpersonales que conectan a los migrantes con otros migrantes que los precedieron y con no migrantes en las zonas de origen y destino mediante nexos de parentesco, amistad y paisanaje. Estos nexos incrementan la posibilidad de movimiento internacional porque bajan los costos y los riesgos del desplazamiento y aumentan los ingresos netos de la migración. Las conexiones dentro de la red constituyen una forma de capital social del que las personas pueden beneficiarse para acceder a diversas formas de capital financiero: empleo en el extranjero, pago de coyotes, salarios más altos y la posibilidad de hacer ahorros y enviar remesas.

A principios de la década de 1920 los sociólogos reconocieron la importancia de las redes para promover los desplazamientos internacionales (véanse Gamio, 1930; Thomas y Znaniecki, 1918-1920). Al recurrir a los lazos sociales con parientes y amigos que llegaron antes, los migrantes lograron acceso al conocimiento, a la asistencia y a otros recursos que facilitaron su movimiento (Choldin, 1973). Charles Tilly y Charles H. Brown (1967) califican estos lazos como "auspiciadores" de la migración; otros los han denominado "cadenas migratorias" (MacDonald y MacDonald, 1974), y Mildred Levy y Walter Wadycki (1973) los han llamado "el efecto familia y amigos". Edward Taylor (1986, 1987) los caracteriza como una forma de "capital migratorio" económico. Parece que fue en *Return To Aztlán* (Massey, Alarcón, Durand y González, 1987: 170) donde se identificó por primera vez a las redes migratorias como una forma de capital social.

Siguiendo a Coleman (1990: 304), quien afirmó que "el capital social […] se crea cuando las relaciones entre las personas cambian en formas que facilitan la acción", en un trabajo anterior (Massey, Alarcón, Durand y González, 1987) identificamos la migración como catalizador para este cambio en la naturaleza de las relaciones sociales. Las vinculaciones diarias de amistad y parentesco proporcionan pocas ventajas, en y por ellas mismas, para las personas que buscan emigrar al exterior. Pero, una vez que ha emigrado la persona que forma parte de una red, los vínculos se convierten en un recurso vital utilizable para acceder a un empleo en el extranjero y todo lo que esto conlleva. Cada evento migratorio crea capital social entre las personas con las que el nuevo emigrante se relaciona, potenciando así las posibilidades de la migración (Massey, Alarcón, Durand y González, 1987; Massey, Goldring y Durand, 1994).

Para los primeros emigrantes hacia un nuevo destino y sin lazos sociales a los cuales recurrir, la migración es costosa, particularmente si se trata de ingresar a otro país sin documentación. Después de la partida de los primeros migrantes, sin embargo, los costos potenciales de la migración se reducen sustancialmente para los amigos y parientes que se quedaron atrás. Debido a la naturaleza de las estructuras de parentesco y amistad, cada nuevo inmigrante forma un grupo de personas con lazos sociales en el lugar de destino. Los migrantes, inevitablemente, se relacionan con los no migrantes, y los últimos recurren a las obligaciones implícitas a las relaciones de parentesco, reciprocidad y amistad para tener acceso al empleo y asistencia en el lugar de destino.

Las redes hacen de la migración internacional algo enormemente atractivo como estrategia de diversificación de riesgos o de maximización de utilidades. Cuando las redes migratorias están bien desarrolladas, ponen al alcance de la mayoría de los miembros de la comunidad las posibilidades de obtener trabajo, y hacen de la emigración una fuente confiable y segura de ingresos. Se forman verdaderos "circuitos migratorios, por donde circulan personas, bienes, información y capitales" (Durand, 1986).

Así, el crecimiento de redes verificado a través de la reducción progresiva de los costos puede también explicarse teóricamente por la progresiva reducción de riesgos. Cada nuevo inmigrante expande la red y reduce los riesgos de movimiento para todos aquellos con quienes está relacionado, eventualmente pueden llegar a hacer que sus movimientos carezcan de riesgo y sea menos difícil diversificar la ubicación laboral de los miembros de la familia.

Una vez iniciada la migración internacional, instituciones privadas y organizaciones de voluntarios tienden a fundarse para satisfacer la demanda creada por un creciente desequilibrio entre el considerable número de personas que busca entrar a países ricos en capital y el limitado número de visas para inmigrantes que estos países suelen ofrecer. Este desequilibrio y las barreras que los países centrales erigen para impedir la entrada de nuevos migrantes crean un nicho económico muy lucrativo para agentes, instituciones y mafias dedicados a promover el movimiento internacional, y así se genera un mercado negro para la migración. Como este mercado clandestino crea condiciones que conducen a la explotación y la victimización, también surgen organizaciones humanitarias y voluntarias en los países desarrollados para hacer respetar los derechos y mejorar el trato que se les da a los migrantes tanto legales como indocumentados (Hagan y González Baker, 1993).

Jon Goss y Bruce Lindquist (1995) se refieren a las instituciones para inmigrantes como un complemento estructural de las redes de migrantes, pues los lazos interpersonales no son el único medio para perpetuar el movimiento internacional. Con base en ideas de Anthony Giddens (1990, 1995), sostienen que la migración internacional puede analizarse mejor no como resultado de motivaciones individuales y determinaciones estructurales, aunque esto debe formar parte de cualquier explicación, sino como la articulación de agentes con intereses particulares que desempeñan papeles específicos dentro de un entorno institucional, y que manejan de modo adecuado los conjuntos de reglas y regulaciones con el fin de aumentar el acceso a los recursos.

Las organizaciones con ánimo de lucro, las mafias y los empresarios particulares proporcionan servicios a los migrantes cuyos costos se determinan en el mercado clandestino: contrabando a través de la frontera; transporte clandestino a destinos en el interior; contratos de trabajo; visas y documentos falsos, matrimonios arreglados entre inmigrantes y residentes legales en los países de destino; alojamiento, créditos y otros servicios en el país de destino (Prothero, 1990). Los grupos humanitarios ayudan a los migrantes proporcionándoles asesoría, servicios sociales, albergue, orientación legal relacionada con la obtención de documentación e incluso protección frente a las autoridades encargadas del cumplimento de las leyes migratorias (Christiansen, 1996). Con el tiempo, los individuos, las empresas y las organizaciones llegan a ser bien conocidos por los inmigrantes y alcanzan estabilidad institucional, lo que constituye una nueva forma de capital social del que disponen los inmigrantes para acceder a los mercados laborales en el extranjero. Los agentes reclutadores, en ocasiones, pueden ser muy exitosos en la creación de nuevos flujos y rutas migratorias desde zonas con excedente de fuerza laboral hacia zonas con escasez de fuerza laboral.

El reconocimiento de un aumento gradual de instituciones, organizaciones y empresarios dedicados a organizar la entrada de migrantes, legales o ilegales, da cabida a las hipótesis que, una vez más, se diferencian claramente de aquellas que emanan de los modelos de decisión en la esfera micro. La teoría del capital social acepta la visión de la migración individual como una decisión individual o de grupo familiar, pero afirma que los actos migratorios, en un momento dado, alteran sistemáticamente el contexto dentro del cual se harán las decisiones migratorias futuras aumentando así considerablemente la posibilidad de nuevas decisiones migratorias.

La teoría de la causalidad acumulada

La propuesta teórica de la *causalidad acumulada* plantea que con el tiempo la migración internacional tiende a mantenerse a sí misma, de forma tal que posibilita movimientos adicionales. Este proceso fue identificado inicialmente por Gunnar Myrdal (1957) y retomado por Massey (1990). La causalidad es acumulada en el sentido de que cada acto migratorio altera el contexto social dentro del cual se toman las decisiones migratorias posteriores, particularmente porque posibilitan movimientos adicionales. Hasta ahora, los científicos sociales han abordado ocho modalidades en las que la migración se ve afectada dentro de esta causalidad acumulada: la expansión de las redes, la distribución de la ganancia, la distribución de la tierra, la organización de la agricultura, la cultura, la distribución regional del capital humano, el sentido social del trabajo y la estructura de la producción. La retroalimentación a través de otras variables es también posible, pero no ha sido estudiada en forma sistemática.

Como venimos diciendo, cuando el número de redes, en las zonas de origen, llega a su nivel de madurez, la migración tiende a autoperpetuarse porque cada acto de migración crea la estructura social necesaria para sostenerlo. Cada nuevo inmigrante reduce los costos y los riesgos de migraciones posteriores de parientes, amigos y paisanos, lo que los atrae a emigrar, y así se expande aún más el grupo de personas relacionadas entre sí y establecidas en el exterior. De este modo se reducen los costos del nuevo grupo de personas propensas a emigrar y así sucesivamente. Con el tiempo, el comportamiento migratorio se extiende para abarcar segmentos más amplios de la sociedad de origen (Hugo, 1981; Massey, 1990; Massey, Goldring y Durand, 1994; Taylor, 1986).

La nueva economía de la migración sostiene que cuando la sensación de privación relativa de un grupo familiar aumenta, también lo hace la motivación para emigrar. Después de que uno o dos grupos familiares han empezado a formar parte de la fuerza de trabajo internacional, las remesas aumentan sus ingresos considerablemente. Dados los costos y los riesgos asociados con el movimiento internacional, por otra parte, los primeros grupos familiares que emigraron tienden a ser ubicados en los niveles medios o más altos de la jerarquía local de ingresos (Massey, Goldring y Durand, 1994). Al ver que, gracias a la migración, algunas familias aumentaron considerablemente sus ingresos, otras familias, en los niveles más bajos, se sienten en desventaja relativa, lo que puede inducirlas a emigrar, con lo que la desigualdad de los ingresos se hace cada vez más evidente y la sensación de desventaja relativa entre los no migrantes aumenta provocando la emigración de más familias, y así sucesivamente (Stark, 1991; Stark y Taylor, 1989; Taylor, 1992).

Una meta de muchos emigrantes, especialmente los de origen rural, es la compra de tierra. Pero la tierra suele ser comprada por los migrantes más por prestigio, o como fuente de ingresos para cuando se retiren, que como una inversión productiva. Los migrantes pueden invertir sus ahorros en la compra de tierras en su lugar de origen, pero también son más propensos que los no migrantes a dejar la tierra sin cultivar, puesto que el trabajo remunerado en el extranjero suele ser más lucrativo que la producción agraria local. Este patrón de uso de la tierra reduce la demanda local de trabajadores en el campo, y aumenta la presión para emigrar al exterior. Cuanta más emigración hacia el exterior haya, mayor es el número de personas con acceso a los fondos disponibles para la compra de tierra, lo cual hace que los migrantes compren más tierra y haya más tierra improductiva, lo cual da paso a la escasez de tierra y a la inflación de precios, lo que implica mayor presión para emigrar hacia el exterior (Mines, 1984; Reichert, 1981; Rhoades, 1978; Wiest, 1984).

Por otra parte, cuando las familias de migrantes cultivan la tierra están más predispuestos que las familias de no migrantes a utilizar métodos intensivos en capital (maquinaria, herbicidas, irrigación, fertilizantes y semillas mejoradas), puesto que tienen acceso al capital que les permite financiar estos insumos. De esta manera, las familias de migrantes necesitan menos fuerza de trabajo por unidad de producción que los grupos no migrantes, con lo cual desplazan a los trabajadores locales de las tareas tradicionales; con esto aumentan aún más las presiones para un movimiento hacia el exterior (Massey, Alarcón, Durand y González, 1987). A más movimiento migratorio, mayor capitalización de la agricultura, y a más desplazamiento de mano de obra campesina, mayores presiones para migrar. Finalmente, esta tendencia general se compensa, en parte, cuando los migrantes prestan la tierra o la rentan a precios muy cómodos a parientes o amigos, quienes de éste modo pueden tener acceso a mayores recursos.

Cuando el movimiento migratorio predomina dentro de una comunidad o nación, éste modifica los valores y las percepciones culturales de forma tal que aumentan las posibilidades de emigrar en el futuro. Según Piore (1979), la experiencia de trabajo en una economía industrial cambia los gustos y motivaciones de los migrantes. Aunque la meta inicial de los migrantes sea la obtención de mejores salarios y su objetivo inmediato sea limitado, adquieren un concepto de movilidad social y un gusto por el consumo y estilos de vida que son difíciles de lograr por medio de un trabajo local. Una vez que alguien ha emigrado, por tanto, es más propenso a emigrar de nuevo, y las posibilidades de que realice un viaje adicional se incrementan con el número de viajes ya realizados (Massey, 1986; Massey, Alarcón, Durand y González, 1987).

En la comunidad, la idea de la emigración se arraiga fuertemente dentro del repertorio de comportamientos de grupo, y los valores asociados con la migración se hacen parte de los valores de la comunidad. Para los varones jóvenes, y en muchos casos para las mujeres jóvenes, la migración se convierte en "rito de pasaje", y quienes no intentan elevar su estatus por este medio son calificados de perezosos, no emprendedores y fracasados (Reichert, 1982). Con el tiempo, la información relativa a los lugares de destino en el extranjero y a la oferta laboral se difunde ampliamente, y los valores, sentimientos y comportamientos característicos de la sociedad central se extienden ampliamente en la región de origen (Alarcón, 1992; Brettell, 1979; Goldring, 1996; Massey, Alarcón, Durand y González, 1987).

La migración es un proceso selectivo que con frecuencia tiende, al menos en sus etapas iniciales, a atraer personas bien educadas, calificadas, productivas y motivadas, aunque, como se mencionó antes, con el paso del tiempo propende a ser menos selectiva, porque los costos y los riesgos se reducen debido a la formación de redes. Además, esta selectividad inicial depende básicamente de las características de los mercados de trabajo migrante (Taylor, 1987). Una migración sostenida puede llevar a la reducción del capital humano en las regiones de origen y a su acumulación en las regiones receptoras, con lo cual se potencia la producción en las últimas y se disminuye en las primeras. Con el tiempo, por tanto, la acumulación de capital humano refuerza el crecimiento económico en las zonas receptoras, mientras que en las regiones de origen puede exacerbar su estancamiento, con lo que aumentan las condiciones propicias para una mayor emigración (Greenwood, 1981, 1985; Greenwood, Hunt y McDowell, 1987; Myrdal, 1957). Los programas de construcción de escuelas y de expansión educativa, en las regiones de origen, refuerzan este proceso de migración acumulativa, porque al aumentar los niveles educativos en las áreas rurales periféricas se incrementan las posibilidades de migrar y se ofrecen mayores incentivos para trasladarse hacia destinos urbanos locales e internacionales.

Al interior de las sociedades que reciben el flujo migratorio, generalmente en un sector del mercado de trabajo, estas actividades son etiquetadas culturalmente como "trabajos para migrantes", y los nativos se rehúsan a ocupar estos puestos, con lo cual se refuerza la demanda estructural de migrantes. La inmigración cambia la definición social del trabajo porque genera cierto tipo de empleos que son estigmatizados y vistos como culturalmente inadecuados para los trabajadores nativos (Böhning, 1972, 1984; Piore, 1979). El estigma surge de la presencia de migrantes, no de las características del trabajo. En la mayoría de los países europeos, por ejemplo, los empleos en las empresas manufactureras de autos llegaron a ser considerados empleos para migrantes; mientras que en Estados Unidos, para los nativos. Se trata de un proceso dinámico, en el que cada vez se incorporan nuevos puestos o funciones.

En ningún caso los procesos de causalidad acumulativa pueden continuar *ad infinitum*. Si la inmigración ocurre por un tiempo suficientemente largo, las redes llegan a un punto de saturación. Más y más miembros de la comunidad residen en diferentes lugares en el exterior, y casi todos los que se quedaron en casa están relacionados con alguien que vive en el exterior o que tiene una considerable experiencia internacional. Cuando las redes alcanzan un nivel tal de madurez, los costos de la emigración no disminuyen tan radicalmente con cada nuevo migrante y la emigración pierde dinamismo. La prevalencia de la migración en la comunidad se acerca a un límite, y la experiencia migratoria se hace tan difusa que el número de nuevos emigrantes potenciales se reduce y está representado cada vez más por mujeres, niños y personas mayores.

Si la migración se prolonga por un tiempo suficiente, la escasez de fuerza de trabajo local y el aumento de los salarios en los países de origen pueden hacer disminuir las presiones para la emigración (Gregory, 1986), de tal modo que el índice de ingreso en el mercado de trabajo internacional se detiene (Hatton y Williamson, 1994a). En el ámbito nacional, esta tendencia puede ser difícil de detectar, porque las nuevas comunidades se incorporan continuamente en el flujo migratorio. Como el índice de emigración se desacelera en lugares con una larga historia migratoria, nuevas zonas son atraídas por los circuitos transnacionales, y sus tasas de emigración empiezan a acelerarse. Como resultado de esto, el flujo total de la nación en conjunto puede continuar porque el movimiento migratorio se extiende de un lugar a otro. Es el caso, en México, de la región histórica de tradición centenaria en contraposición con las nuevas regiones migratorias que tienen una o dos décadas de antigüedad (Durand, 1998).

No obstante, la experiencia migratoria puede llegar a hacerse muy difusa, aun entre las comunidades de alta tradición migratoria, por lo que los observadores han identificado la emergencia histórica de una "curva migratoria" característica en las poblaciones nacionales que han hecho la transición de la emigración a la inmigración. Según Sune Ackerman (1976), esta curva se inicia en niveles bajos y llega a un punto muy elevado antes de volver a declinar, generando lo que Philp Martin y Edward Taylor (1996) han llamado una "joroba migratoria" –migratory hump–, que los países experimentan en el transcurso del desarrollo económico. Timothy Hatton y Jeffrey Williamson (1994b: 9-10) observan que

> el movimiento ascendente del ciclo migratorio usualmente coincide con la industrialización y con un incremento en los salarios reales en el país de origen porque las fuerzas demográficas, la industrialización y el *stock* creciente de anteriores migrantes generan un incremento en la tasa de emigración [...] como estas fuerzas se debilitan (históricamente), la brecha entre los salarios del país de origen y el país de destino comienzan a decrecer y la emigración se desacelera.

La teoría migratoria reconsiderada

Todas las teorías desempeñan algún papel en la explicación de los patrones contemporáneos y en los procesos de migración internacional, aunque cada perspectiva puede tener mayor relevancia para explicar flujos migratorios particulares, y las diferentes explicaciones tienen un peso específico diferente en función de las distintas regiones del mundo, dependiendo de circunstancias históricas, políticas y geográficas locales.

Haciendo una síntesis que retome todas las teorías, se puede concluir que una explicación teórica satisfactoria de la migración internacional tiene que contener al menos cuatro elementos:

a) un tratamiento de las fuerzas estructurales que promueven la emigración desde los países en desarrollo;
b) una caracterización de las fuerzas estructurales que atraen migrantes hacia las naciones desarrolladas;
c) tomar en cuenta las motivaciones, objetivos y aspiraciones de quienes responden a estas fuerzas estructurales, y
d) considerar las estructuras sociales, económicas y culturales que surgen para conectar las áreas de origen y destino de la migración.

Cualquier explicación teórica que se apoye en uno solo de estos elementos necesariamente será incompleta y engañosa, y proporcionará bases equivocadas para la comprensión de la migración internacional y las políticas de desarrollo que la acojan.

Cada una de las teorías expuestas hasta el momento se centra en sólo uno o dos de estos cuatro elementos; por tanto, todas son necesarias para lograr una comprensión de conjunto e integral de la migración internacional en el siglo XXI. La teoría más importante de las fuerzas que promueven la emigración desde los países subdesarrollados es la teoría de los sistemas mundiales. De manera conjunta, la teoría de los sistemas mundiales, la teoría de los mercados laborales segmentados y la macroeconomía neoclásica explican por qué los países desarrollados atraen inmigrantes. La teoría del capital social y la teoría de los sistemas mundiales explican cómo emergen los lazos estructurales para conectar las áreas de origen y destino. La economía neoclásica y la nueva economía de la migración laboral abordan las motivaciones de las personas y sus grupos de pertenencia, y la teoría de la causalidad acumulativa describe cómo la migración internacional promueve cambios en las motivaciones personales, en el origen y en el destino y en las estructuras que intervienen para dar a la inmigración un carácter duradero y dinámico.

En este recuento teórico, aparentemente completo, de las fuerzas que producen y dan forma a la migración internacional; sin embargo y lastimosamente, se han dejado de lado varios aspectos cuya mención es necesaria. Una ausencia notable se refiere al papel que desempeña el Estado.

Aunque los gobiernos pueden no estar en capacidad de controlar totalmente las poderosas fuerzas que promueven y mantienen la migración internacional, las políticas de Estado claramente ejercen influencia para determinar el tamaño, la composición y la orientación de los flujos. Por ello es sorprendente que en las teorías que hemos analizado, se haya puesto muy poca atención a las naciones-Estado o a sus gobiernos como agentes activos cuyo comportamiento da forma, si no es que controla, los movimientos internacionales de población. La teoría de los mercados laborales segmentados afirma que el Estado es relevante solamente en cuanto actúa en nombre de los empleadores para establecer los programas de reclutamiento. La teoría de los sistemas mundiales considera al Estado esencialmente como un agente al servicio de los intereses capitalistas que proyecta el poder militar y político para expandir los mercados, adquirir materias primas y garantizar el libre comercio. La teoría del capital social menciona el Estado solamente en la medida en que su utilización de criterios de reunificación familiar en la admisión de inmigrantes refuerza la operación de las redes migratorias. Los otros paradigmas teóricos –economía neoclásica, la nueva economía de la migración laboral y la teoría de la causalidad acumulativa– definitivamente no consideran el tema del Estado.

En general, por tanto, las teorías contemporáneas de migración internacional no consideran al Estado como un actor independiente significativo capaz de dar forma a la migración internacional para sus propios propósitos, o para los de los políticos y los burócratas que lo administran. Cuando se aborda el tema del Estado, sin embargo, la atención se ha centrado principalmente en las naciones receptoras de inmigrantes; muy poco se ha dicho de los intereses y el comportamiento de los políticos en las regiones de origen. Por tanto, el papel que desempeña el Estado en la iniciación y promoción (o control y prevención) de la migración internacional ha sido notablemente olvidado por los teóricos; de hecho, se le ha dedicado muy poca atención al estudio en este campo.

Aunque hay académicos que han revisado políticas nacionales para la inmigración (véanse Cornelius, Marin y Hollifield, 1994; Dib, 1988; Kubat, 1979; Papademetrious, 1996), han realizado estudios de caso de algunas agencias estatales específicas (Calavita, 1992a), y se han compilado historias legislativas de leyes de inmigración en países específicos (Hutchinson, 1981), con la excepción reciente del trabajo de Eytan Meyers (1995), ninguno de ellos ha intentado hacer teoría sobre el comportamiento de los gobiernos o las acciones de los políticos mismos. La falta de hipótesis acerca de los intereses, papel y comportamiento del Estado es un eslabón que falta en las teorías de migración internacional.

El resurgimiento de una migración masiva global a finales siglo XX y comienzos del XXI, plantea retos muy importantes a los científicos sociales, a los diseñadores de políticas y a la sociedad. El desafío para los teóricos radica en descubrir un modelo del comportamiento de las naciones-Estado y de los actores políticos para llenar así un vacío en la teoría general de la migración internacional. Aunque el campo parecería estar al borde de desarrollar un buen modelo teórico de las fuerzas estructurales que promueven la migración desde los países en desarrollo hacia las naciones desarrolladas, así como una comprensión conceptual sólida de las estructuras transnacionales que sostienen este movimiento y de las motivaciones personales de los emigrantes que responden a estas dinámicas estructurales, de lo que carecen los teóricos en este punto es de una explicación adecuada de las motivaciones, intereses y comportamientos de los actores políticos que utilizan el poder del Estado para influir en estos procesos y de cómo afectan sus intervenciones los resultados en los niveles individuales y agregados.

Para los investigadores empíricos el desafío más importante es quizás diseñar estudios más estrechamente relacionados con la teoría. En el estudio de la investigación empírica realizada en el mundo entero, el rasgo más sobresaliente es su alto grado de desconexión, no sólo de una teoría en particular, sino de cualquier teoría en general. Si queremos que nuestro conocimiento de la migración internacional avance, es imperativo que los investigadores se esfuercen aún más por familiarizarse con las principales teorías contemporáneas de migración internacional y formulen diseños de investigación capaces de poner a prueba sus principales planteamientos. Lo que es más necesario en esta coyuntura son estudios que pongan a prueba simultáneamente las propuestas de varias teorías para que la eficacia relativa de las diferentes explicaciones pueda ser comparada y contrastada directamente. Dada la situación actual la "verdad" de una teoría es menos importante que su posible confrontación con otras teorías explicativas de la migración internacional. Hay solamente unos pocos estudios que ponen a prueba más de dos teorías a la vez, no hablemos de todos los paradigmas teóricos analizados aquí; en este momento la literatura académica está demasiado restringida geográficamente para ofrecer bases satisfactorias de generalización. La mayoría de los análisis teóricos rigurosos realizados hasta el momento se han basado en ejemplos de zonas rurales mexicanas; sin embargo, las diferencias entre emigrantes rurales y urbanos pueden ser importantes, al mismo tiempo que las diferencias regionales. El patrón migratorio fronterizo, por ejemplo, puede diferir sustancialmente del manifestado en la región histórica del centro occidente. Igualmente, las nuevas regiones que se incorporan al proceso manifiestan peculiaridades y rasgos diferentes.

Quizá el desafío más importante de todos va a ser enfrentado por los ciudadanos y por los diseñadores de políticas en los países origen y en los de destino. En los países de acogida se tendrá que superar la negación psicológica que caracteriza su aproximación a la política de inmigración. Es imperativo que se desarrollen políticas que reconozcan la inevitabilidad de los flujos de fuerza de trabajo al interior de una economía globalizada, apoyada por redes regionales de comercio, producción, inversión y comunicaciones bien establecidas. Los intentos para contener los flujos de población no han tenido mucho éxito, pero sí representarán una seria amenaza a los derechos humanos, las libertades civiles y la dignidad humana.

En las sociedades de origen de la migración, los ciudadanos y los encargados de trazar las políticas enfrentan problemas diferentes pero igualmente incómodos. En lugar de aceptar pasivamente la emigración y disponerse a esperar que las remesas lleguen a raudales, los países en desarrollo deben poner en marcha políticas que les permitan beneficiarse de lo que constituye una fuente potencial de crecimiento económico. Las consecuencias para el desarrollo interno pueden ser desastrosas, si no se dan pasos concretos para prevenir la pérdida de capital humano y para atraer las divisas generadas por la migración (remesas y ahorros de los emigrantes) en las mejores condiciones posibles, respetando la voluntad de los migrantes, pero al mismo tiempo ofreciendo vías factibles de inversión productiva. Hasta el momento, los gobiernos han hecho muy poco para evitar las pérdidas millonarias producidas por los servicios privados de transferencia (20 por ciento en promedio) y para evitar la corrupción y robo sistemático del dinero que envían o traen los migrantes por mafias organizadas, policías de distinto cuño y funcionarios de cuello blanco.

Por último, la globalización de los mercados laborales y de capital y la internacionalización de la producción plantean enormes desafíos al concepto mismo de nación-Estado y a la idea de soberanía nacional. Se requieren líderes políticos y ciudadanos que, tanto en las naciones de origen como en las de destino, den un paso adelante y superen las concepciones decimonónicas de territorio y ciudadanía para acoger los espacios transnacionales que se están formando en el mundo como resultado de la migración circular masiva. Estos cambios son particularmente intimidatorios porque ocurren cuando las fuerzas de la globalización también están ejerciendo una presión que impulsa la baja de salarios e ingresos abriendo paso a una mayor desigualdad en el mundo.

Son desafíos formidables que deben ser enfrentados, puesto que la migración internacional seguirá ocurriendo. Salvo el caso de una catástrofe internacional, de proporciones sin precedentes, la migración tiende a expandirse y a crecer dado que no se observa modificación alguna de las fuerzas que la originan. Los trágicos sucesos del 11 de septiembre, en Nueva

York, han puesto a prueba esta afirmación. Todavía es muy pronto para evaluar su impacto, pero ya se perciben cambios importantes en la política migratoria. Se han aplicado mayores y nuevas restricciones a la migración legal y la expedición de visas, se espera una modificación notable en el tratamiento a los migrantes que abusan de su visa y prolongan su estancia, se han incrementado las medidas de control fronterizo y se espera una represión severa a quienes utilizan documentos fraudulentos. En el caso mexicano, las negociaciones sobre un amplio acuerdo migratorio fueron pospuestas después del 11 de septiembre, pero hoy más que nunca se debe lograr un acuerdo que legalice el flujo. La única manera de controlar el terrorismo internacional, que se esconde en la migración legal e ilegal, es regularizando los procesos de ingreso y obteniendo información cruzada de la ubicación, movimientos y tiempo de estancia de quienes ingresan y salen del país.

Como quiera, a pesar del 11 de septiembre, la economía de mercado sigue extendiéndose para llegar a los lugares más recónditos del globo, los mercados de trabajo en los países desarrollados tienden más al crecimiento que a la segmentación, la migración internacional y las redes comerciales son cada vez más grandes, se están formando grandes reservas de capital social y humano relacionados con el movimiento migratorio en los países de origen, y el poder del Estado-nación parece resquebrajarse frente a este sacudón transnacional. El siglo XXI será el siglo de la globalización en el que la migración internacional indudablemente desempeñará un papel preponderante.

Capítulo 2

El núcleo básico de la migración México-Estados Unidos. Premisas para entender y explicar el proceso

EL PROCESO migratorio entre México y Estados Unidos es un fenómeno social de tradición centenaria, que involucra a una decena de millones de personas y se materializa entre países vecinos. Estas tres características: historicidad, masividad y vecindad son, en esencia, lo que puede distinguir a la migración de origen mexicano, de otras tantas que se dirigen y se han dirigido a Estados Unidos.

Ninguna otra corriente migratoria a Estados Unidos procedente de un solo país ha durado más de cien años, salvo el caso mexicano; no existe un flujo migratorio mayor que aquel que el proveniente de México, y sólo la migración de México y la muy secundaria de Canadá pueden considerarse un fenómeno verificado entre países vecinos.[5]

En este capítulo se pretende desentrañar la esencia de la migración México Estados Unidos, aquello que lo distingue de otros procesos y, por tanto, lo define como un fenómeno social particular y diferente.

Historicidad

La migración entre México y Estados Unidos es un fenómeno centenario y muy probablemente es el flujo migratorio contemporáneo con mayor antigüedad en el ámbito mundial. Por lo general las migraciones se presentan en forma de oleadas y responden a inducciones por la demanda o a situaciones muy concretas en los países de origen: crisis económica, guerra, hambruna, sequía. Según Saskia Sassen (1999), los ciclos migratorios suelen durar una veintena de años, como lo comprueban sus datos sobre la migración entre países vecinos en Europa. El caso mexicano parece ser la excepción que confirma esta regla. Sin embargo, coincidimos en que los ciclos del movimiento pendular de la migración mexicana suceden en lapsos de veinte años.

---

[5]Las migraciones del Caribe, en especial las de Puerto Rico, país "libre asociado", Cuba, a escasas noventa millas, y Dominicana, a tiro de piedra de Puerto Rico, tienen algunas características similares a las de países vecinos.

Cuando se trata de dinámicas centenarias, de países vecinos y de fronteras móviles, no tiene mucho sentido determinar el momento en que se inició el proceso. A los chicanos de hoy les gusta remontarse al tiempo mítico de Aztlán; los mexicanos prefieren rememorar la escasa veintena de años en que, como país independiente, controlaron política y culturalmente ese inmenso territorio; para los americanos de hoy, fueron sus ancestros, muchos de ellos inmigrantes, quienes colonizaron un territorio abierto: el salvaje oeste. Desde cualquier punto de vista, la historia desempeña un papel importante en el proceso de conquista del territorio, la delimitación de nuevas fronteras, la fundación de ciudades y los flujos migratorios.

En efecto, algunas ciudades fronterizas se dividieron en dos una vez que la frontera fue demarcada y simplemente una parte de la población se pasó al otro lado del río o de la "línea", según optara por pertenecer a uno u otro país. El Paso del Norte, el viejo nombre mutilado, se quedó del lado americano, y la población de la orilla derecha pasó a denominarse, en 1888, Ciudad Juárez, en honor al benemérito, donde tuvo su último e irreductible refugio la República antes de ser restaurada. En otros casos, la población se quedó con el mismo nombre, pero se le agregó un adjetivo para distinguirla: Laredo y Nuevo Laredo, que eran el mismo pueblo, aun llegaron a celebrar fiestas de manera conjunta y se tuvieron que hacer esfuerzos, de ambas partes, por crearse una identidad propia que los distinguiera y los separara (Ceballos, 1999). De igual manera, la famosa villa de Columbus tiene su contraparte en el poblado de Palomas, ambos forman parte de un mismo espejismo, están perdidos en la historia y en el desértico paisaje. En el caso de Nogales, en los estados de Arizona y Sonora, no hubo cambio ni adición, simplemente ambas poblaciones conservaron su nombre original. Al fin y al cabo allí no hay río que las divida... Finalmente, en casos más recientes se ha preferido hacer explícita la pertenencia a dos partes, como en Mexicali, y considerar un reflejo a la ciudad vecina, Calexico.

Es difícil hablar de migración en este contexto fronterizo, en proceso de separación y autodefinición. De ahí que cuando se habla de migración, uno se refiere, sobre todo, a la que llega del interior del país. Proceso migratorio que empezó al mediar el siglo XIX (González Quiroga, 1993) y que tuvo como detonante masivo el desarrollo tecnológico del ferrocarril, cuando la estación Paso del Norte, Chihuahua, recibió al primer tren del Ferrocarril Central Mexicano, que estrenó la conexión entre la ciudad de México y la frontera norte, allí donde los vagones podían engancharse a los ferrocarriles de la Atchinson-Topeka-Santa Fe, Southern Pacific, Texas-Pacific y Galveston-Harrisburg-San Antonio.

Durante el siglo xx, se pueden distinguir cinco etapas o fases de la emigración mexicana a Estados Unidos, con una duración aproximada de 20 a 22 años cada una. La primera se conoce como la fase del "enganche" (1900-1920) que arrancó con el siglo, en pleno esplendor del régimen porfiriano, y se caracterizó por la combinación de tres fuerzas que impulsaron y desarrollaron el proceso:

- el sistema de contratación de mano de obra privado y semiforzado, conocido como el enganche;
- la Revolución mexicana y su secuela de decenas de miles de "refugiados", y
- el ingreso de Estados Unidos en la Primera Guerra Mundial, que limitó la llegada de nuevos inmigrantes europeos y demandó, de manera perentoria, mano de obra barata, joven y trabajadora, proveniente de México.

La segunda fase, conocida como de las "deportaciones", se caracterizó por tres ciclos de retorno masivo y uno de deportaciones cotidianas llevado a cabo por la entonces recién creada Patrulla Fronteriza (1924). Las deportaciones masivas fueron justificadas con el argumento de crisis económicas recurrentes. La primera deportación masiva se realizó en 1921, pero fue sólo coyuntural; el flujo se recuperó muy rápido y llegó a un nivel sin precedentes en 1926 (Gamio, 1930; Taylor, 1930). La segunda gran deportación fue de mayor impacto y duración (1929-1932), y alteró significativamente las redes y circuitos migratorios. La última deportación masiva sucedió en 1939, y fue amortiguada por los proyectos de colonización agrícola implementados durante la administración del general Cárdenas.

La tercera fase se la conoce como el periodo "bracero", que inició en 1942 y concluyó en 1964. Como se sabe, esta fase inició por la urgencia que tenía Estados Unidos de contar con trabajadores, dado su ingreso en la Segunda Guerra Mundial. Luego el Programa se prolongó por dos décadas más debido al auge económico de la posguerra. La época bracera se caracteriza por haber delineado un nuevo tipo de migrante, en la que sólo fueron contratados hombres, es decir, se aplicó una selectividad genérica estricta; los contratos debían ser temporales, en otras palabras, eran migrantes de ida y vuelta, y finalmente debían tener como lugar de origen el medio rural y como lugar de destino el medio agrícola.

El cuarto periodo se conoce como la era de los "indocumentados" (1965-1986), cuando de manera unilateral Estados Unidos decidió dar por terminados los convenios braceros y optó por controlar el flujo migratorio con tres tipos de medidas complementarias: la legalización de un sector de la población trabajadora, bajo el sistema de cuotas por país; la institucionalización de la frontera para dificultar el paso y limitar el libre tránsito, y la deportación sistemática de los trabajadores migrantes que no tuvieran sus documentos en regla.

La última y quinta fase de este siglo inició en 1987 con la puesta en marcha de la Immigration Reform and Control Act (IRCA), y la hemos calificado como la etapa de la legalización y la *migración clandestina*. El modelo migratorio impuesto anteriormente –de migración de ida y vuelta de carácter temporal– cambió de modo radical a partir de un proceso de amnistía bastante amplio (LAW) y el programa de trabajadores agrícolas especiales (SAW), que en conjunto permitió la legalización y el establecimiento de más de 2.3 millones de mexicanos indocumentados. No obstante, el proceso de legalización generó un proceso paralelo de migración clandestina, que no se había podido favorecer con la amnistía, pero que tenía que sujetarse a los nuevos requerimientos legales que exigían algún de tipo de documentación. Por lo tanto, ya no se trataba de migrantes indocumentados como en la fase anterior, en este momento tienen documentos, no importaba que fueran falsos y que se consiguieran en cualquier lado.

Estas cinco fases (Durand, 1994), con una duración aproximada de 20 a 22 años cada una, ponen en evidencia un movimiento pendular, de apertura de la frontera y reclutamiento de trabajadores, por una parte, y cierre parcial de la frontera, control fronterizo y deportación, por otra.

El movimiento pendular, la duración y el ritmo de éste, lo ha marcado siempre la política migratoria estadounidense, que de manera unilateral abre o cierra la puerta, de acuerdo con el contexto internacional (guerras), el momento económico (auge o crisis), el ambiente político nacional (presiones de grupos, lobby, elecciones y xenofobia) y los requerimientos de mano de obra en el mercado de trabajo secundario.

A pesar de la regularidad y la secuencia del movimiento pendular de la migración mexicana, no hay una lógica interna de largo o de mediano plazos en las políticas migratorias estadounidenses. Los cambios se dieron como respuesta a presiones, urgencias o coyunturas políticas específicas. Esta manera de regular el flujo, por medio de decretos y disposiciones legales, operó con éxito en el caso de la prohibición de la inmigración oriental, china y japonesa, a finales del siglo XIX. También fue muy exitosa la medida de incentivar la migración europea a mediados del siglo XIX y comienzos del XX, para luego frenarla súbitamente. Asimismo, ha resultado positiva la apertura coyuntural a la migración de personas o grupos provenientes de países aliados, como los casos de la migración portorriqueña, filipina, coreana, vietnamita, y a grupos de refugiados, como podrían ser los judíos, húngaros, rusos, cubanos, entre muchos otros.

Pero este sistema, de respuesta coyuntural y de política migratoria general, no funciona en el caso mexicano. Las relaciones sociales establecidas por generaciones entre ambos países hacen imposible detener la migración con medidas de control fronterizo, por más sofisticadas que éstas sean, menos aún con decretos. Esta situación hace de México un caso especial, de ahí que varias leyes migratorias hayan tenido que señalar excepciones para el caso de los migrantes mexicanos (Cardoso, 1980). A esta particularidad del caso mexicano se refería el presidente Gerald Ford cuando recomendó el incremento de la cuota de visas a mexicanos. Para lo cual utilizó un argumento obvio: "the very special and historic relationship with our neighbor to the south" (Reimers, 1985).

En efecto, existe una relación de carácter histórico estructural entre ambos países que se materializa en un mercado de trabajo binacional, en que a los migrantes mexicanos les toca la función de operar como ejército industrial de reserva del capitalismo estadounidense. Las migraciones europeas llegaron a Estados Unidos a poblar, la mexicana a trabajar, a laborar en un mercado de trabajo secundario, estacional y flexible, que se puede ampliar o achicar de acuerdo con sus necesidades o ritmos estacionales, y que no repercute en los índices nacionales de desempleo. A los migrantes mexicanos nunca se les ofreció tierra, más bien se la quitaron a aquellos que la poseían desde tiempos ancestrales (McWilliams, 1972). Las migraciones actuales de Sudamérica, Asia y Europa hacia Estados Unidos se insertan sólo de manera temporal en el mercado de trabajo secundario, porque provienen, en su mayoría, de sectores medios y profesionales.[6] La migración de origen mexicano es fundamentalmente de origen popular: campesino y proletario, y se inserta de lleno en el mercado secundario. En la agricultura, por ejemplo, 85 por ciento de la mano de obra es mexicana. Incluso en la costa este, los caribeños están abandonando la agricultura y le están dejando el campo a los nuevos migrantes mexicanos.

Esta situación estructural que responde a un contexto geopolítico ha posibilitado el desenvolvimiento de un proceso migratorio centenario, único en el ámbito mundial. Hace más de un siglo que los empleadores estadounidenses miraron al sur de la frontera, y lo siguen haciendo, en busca

[6]Los indicadores de pobreza proporcionados por la Oficina del Censo, en el reporte "Profile of the Foreign-Born Population of the United States, 1997", ponen de manifiesto una gran diferencia entre la migración latinoamericana y la mexicana. Todos los indicadores señalan que los mexicanos están en una situación precaria y desventajosa respecto a otros migrantes latinoamericanos (Schmidley y Costanzo, 1999).

de trabajadores jóvenes, baratos y capaces de desempeñarse en trabajos rudos. El desarrollo económico en el sudoeste estadounidense se sustentó en la premisa de que existían amplias reservas de mano de obra barata. Ha habido, obviamente, fluctuaciones, altas y bajas, pero el flujo de ida y vuelta nunca se ha detenido.

La continuidad del fenómeno sólo se explica por la persistencia de una relación salarial asimétrica, en un contexto de vecindad. La asimetría en un contexto de lejanía geográfica no necesariamente genera migración de mano de obra barata. Estados Unidos, al ser el país más grande y poderoso del mundo, mantiene relaciones asimétricas con todas las naciones, pero no por eso genera migraciones permanentes y, si se llegaran a generar, éstas serían más fáciles de controlar. Por más barreras que se levanten en la frontera México-Estados Unidos, no se puede negar una historia de siglos compartida, menos aún un contexto de vecindad.

Vecindad

México, al sur, y Canadá, al norte, son los únicos países que tienen frontera con Estados Unidos. En términos migratorios, la diferencia entre ambos países radica precisamente en que Canadá es un país de inmigrantes, que aún los recibe en grandes cantidades, y México es un país de emigrantes, que todavía los envía en números crecientes.

Hay diferencias en el pasado y en el presente que marcan una relación distinta entre México y Estados Unidos, por una parte, y entre Canadá y Estados Unidos, por otra. La relación con México siempre ha sido conflictiva y asimétrica; en cambio con Canadá ha tendido a ser igualitaria, y en muchas ocasiones han operado y operan como aliados. La brecha económica y la distancia cultural entre Canadá y Estados Unidos es mucho menor que la que hay entre éste y México.[7]

Pero lo que marcó la verdadera diferencia fue la guerra de 1849 y la pérdida de la mitad del territorio mexicano. Canadá nunca tuvo una guerra con Estados Unidos, ni llegó a consumarse la anexión o independencia de la provincia occidental de British Columbia.

Durante el siglo XIX, la expansión territorial de Estados Unidos se dirigió a los cuatro puntos cardinales. Al este, la expansión se dirigió hacia la

---

[7]La brecha económica es bastante obvia; en cuanto a la distancia cultural, el asunto es más complejo. En Estados Unidos hay mayor empatía con el Canadá inglés que con el francés, que, al igual que el mexicano, se esfuerza por marcar las diferencias. Sin embargo, franceses, ingleses y españoles forman hoy parte de Europa y comparten la cultura occidental. La distancia cultural entre México y Estados Unidos no es para nada comparable a la que se da en las migraciones que se dirigen a Europa, ni la que existe entre occidente y el Islam, por ejemplo.

Louisiana francesa y la Florida española, y el diferendo se solucionó por la vía de la compra. Luego se verificó la expansión hacia el Caribe, donde se logró la "asociación" de Puerto Rico, la incorporación de las Islas Vírgenes, el pretendido control de Cuba y el resultado final de la base militar en Guantánamo. Hacia el oeste, se logró la anexión de Hawai y el control, vía la modalidad colonial, de Filipinas. Por el suroeste se anexó California, Arizona, Nevada, Utha, Nuevo México y partes de Colorado, Wyoming, además se integró Texas. Posteriormente vendría el control del canal de Panamá, por casi un siglo. Finalmente, en el norte, se adquirieron los territorios de Alaska.

El "destino manifiesto" de la Unión Americana era crecer, pero sus gentes, desde hacía tiempo, habían rebasado sus propias fronteras. Para la década de 1830 los flujos migratorios ya se dirigían hacia Texas, California, Nuevo México y Oregon. En 1844 el empresario Asa Whitney ya había publicado su *Memorial* con una propuesta para la construcción del ferrocarril hacia el Pacífico, una de las rutas de éste llegaría a San Francisco, California, y la otra a Portland, Oregon (Bain, 1999). Antes de que se declarara la guerra con México, ya se discutía en el Congreso estadounidense la propuesta de Whitney, y había llegado la noticia de la existencia de grandes yacimientos de oro en California. La fiebre del oro, la obsesión por llegar al Pacífico y el desarrollo del sistema ferroviario coincidieron con el periodo presidencial de James Polk, quien hizo del expansionismo una política oficial.

La única forma de controlar los nuevos territorios conquistados era por medio de colonos, y éstos tenían que llegar de fuera e integrarse a un país en formación. De ahí la urgencia de abrir las puertas a la inmigración de personas provenientes de los más diversos lugares, incluido el oriente. Obviamente, en esta corriente también participaron los mexicanos que conocían el territorio, eran expertos mineros y además eran vecinos.

Pero la carencia de población era generalizada, y fue la razón por la cual Arizona y Nuevo México fueron considerados "territorios" hasta 1912. Por su parte, México tuvo que hacer otro tanto para colonizar y defender lo que le quedaba de su frontera norte, que también estaba despoblada. Durante la segunda parte del siglo XIX, México aceptó la llegada de personas y grupos que eran rechazados de Estados Unidos y, por tanto, posibles aliados. Fomentó la llegada de mexicanos repatriados que se habían quedado en los territorios anexados. Acogió a negros que huían de la esclavitud; a pieles rojas que escapaban de la guerra y el exterminio; a blancos, irlandeses, que se veían presionados por el predominio protestante. Muchos de ellos recibieron tierras a cambio de quedarse a vivir y colonizar la región fronteriza (Durand, 1994).

La tarea del poblamiento, no obstante, casi duró un siglo. Durante el último cuarto del siglo XIX y comienzos del XX, el contrabando ayudó a mantener con vida los poblados y a marcar la frontera. Los abigeos de uno y otro lado hacían efectiva la línea divisoria al impedir el cruce de sus perseguidores (Cerrutti y González Quiroga, 1993; Durand, 1994). Luego la revolución hizo lo propio, al convertir los poblados fronterizos en lugares privilegiados para el abastecimiento de armas y, por tanto, en escenarios de cruentas batallas. La ley seca, en Estados Unidos, terminó por darle un sesgo negativo a la frontera o, si se quiere, pecaminoso, pues fomentaba la prostitución, el contrabando y la producción de bebidas alcohólicas. Finalmente, los proyectos de irrigación y la política cardenista de otorgar ejidos en la franja fronteriza, durante la década de los treinta, permitieron la creación de una infraestructura física y de redes sociales que hicieron posible la migración interna.

Como quiera, la "construcción social" de la frontera como algo inmutable, objetivo, evidente y necesario es relativamente nueva (Rodríguez, 1997). La expresión mexicana "la línea" tenía sentido porque se trataba de una línea imaginaria, y la expresión "el otro lado" tiene que ver con el otro lado del río Bravo. Se podría decir que la frontera empezó a ser algo más que simbólica a partir de 1924, con la creación de la Patrulla Fronteriza y cuando se empezaron a aplicar medidas coercitivas, no sólo administrativas, de control fronterizo.

En la actualidad, la franja fronteriza entre México y Estados Unidos es una zona habitada (Zúñiga, 1998). México tiene como vecinos a cuatro estados estadounidenses: California, Arizona, Nuevo México y Texas. Por su parte, Estados Unidos colinda con seis estados mexicanos, Baja California y Sonora, en el oeste, Chihuahua y Coahuila, en el centro, y Nuevo León y Tamaulipas, por el este (véase mapa 1).

En un nivel administrativo menor, pero de permanente roce cotidiano, colindan 25 condados estadounidenses y 35 municipios mexicanos. Esta región es considerada una de las más dinámicas en el mundo: integra 12 ciudades gemelas y tres zonas de influencia donde habitan cerca de 30 millones de personas (Ganster, 1999). A finales del siglo XX había 26 puertos fronterizos, la mayoría de ellos abiertos las 24 horas del día. En 1987 se contabilizaron 196 millones de cruces fronterizos, lo que convierte a la frontera entre México y Estados Unidos en la más transitada del mundo (Arreola y Curtis, 1993).

MAPA 1

LA FRONTERA NORTE DE MÉXICO, POR ESTADOS Y CONDADOS

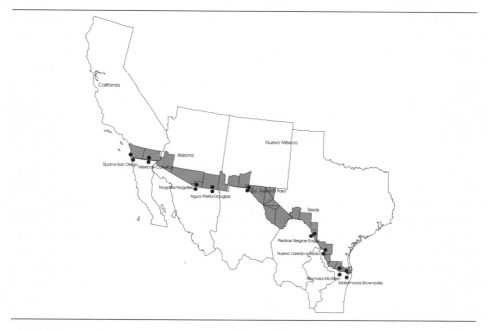

A su vez, la frontera conecta por el oeste el condado de San Diego, una de las zonas más ricas de Estados Unidos, con Tijuana, ciudad nueva, en proceso de formación, sin alcurnia, símbolo y realidad del presente industrial mexicano de corte maquilador.[8] Sin embargo, por el este conecta una de las regiones más pobres de Estados Unidos, los poblados fronterizos del sur de Texas, con el área de influencia de Monterrey, ciudad de vieja alcurnia y dinamismo industrial centenario.

En la actualidad, la frontera del lado mexicano se ha convertido en el punto de destino preferido de las migraciones internas. Por el lado oeste, la ciudad de Tijuana tenía 25,000 habitantes en la década de los cuarenta y en la de los noventa se acercó al millón. En el mismo estado de Baja California, la ciudad fronteriza de Mexicali tenía 45,000 habitantes en 1940, y en 1995 se contaron cerca de 700,000. Otro tanto sucedió en la región central de la franja fronteriza, con Ciudad Juárez, que en 1940 tenía 55,000 habitantes, y a finales de siglo sobrepasó el millón. En el lado este de la

---

[8]En 1990 había 1564 maquiladoras en las ciudades fronterizas, 530 en Tijuana, 320 en Ciudad Juárez y las demás repartidas en 14 ciudades fronterizas (Arreola y Curtis, 1993).

frontera, la capital regional es Monterrey, pero el trío de ciudades fronterizas tamaulipecas, Nuevo Laredo, Reynosa y Matamoros, en conjunto, tenían cerca de un millón de habitantes en 1990.

A pesar del crecimiento, los contrastes siguen siendo muy marcados, sobre todo en la costa oeste. La tasa de crecimiento de Tijuana en la década de los ochenta fue el doble que la de San Diego; pero el producto interno bruto de San Diego en 1996 fue de 70 billones de dólares, mientras que el de Tijuana fue de tan sólo tres billones (Ganster, 1999).

Como quiera, la frontera es un nuevo espacio en que día a día se recrea la relación entre ambos países y se empiezan a establecer relaciones políticas y económicas, propiamente fronterizas, mediante las cuales poco a poco se va ganando la batalla contra el centralismo de ambos países.

El dinamismo y el tráfico de mercancías en la frontera son de tal magnitud que hoy en día se considera a México como el segundo socio comercial de Estados Unidos, después de Canadá. Lo que confirma la importancia del factor geopolítico en la constitución de nuevos bloques económicos. El nuevo modelo de desarrollo económico de corte neoliberal y exportador ha resituado la importancia de México en el bloque norteamericano y ha hecho posible un Acuerdo de Libre Comercio. Un tratado en que no se pudo asumir ni debatir la problemática del libre tránsito de mano de obra, pero ya ha quedado planteada tímidamente en acuerdos paralelos.[9]

Las cosas parecen haber cambiado con el gobierno del presidente Fox (2000-2006), quien ha puesto sobre la mesa de debate el tema del libre tránsito de personas, sabiendo que está muy lejos de concretarse, pero que es necesario empezar a hablar sobre el asunto.

La vecindad con Estados Unidos explica otras dos características básicas del fenómeno migratorio mexicano, la temporalidad y la unidireccionalidad. Desde finales del siglo pasado Estados Unidos definió una política migratoria diferente entre México, su vecino del sur, y el resto del mundo.

La migración mexicana debía ser de ida y vuelta, es decir temporal; de carácter estacional, en otros términos, especializada en el trabajo agrícola, no en el industrial y, finalmente, masculina, lo que en realidad significa que tenían pocas posibilidades de establecerse de manera definitiva. En la práctica, las cosas fueron diferentes: muchos empleadores querían conservar a sus trabajadores por todo el año; se desarrollaron los inevitables procesos de establecimiento definitivo y se abrió un nuevo sector demandante de mano de obra barata, el sector servicios, que ha preferido mano de obra femenina.

[9]El TLC contempla la posibilidad de visas para profesionales BI, que antes no estaban contempladas.

Como quiera que haya sido, el modelo de migración de ida y vuelta funcionó hasta que explotó en los ochenta, con el cambio de modelo migratorio impuesto por IRCA. En el preciso momento en que la migración estaba en el punto más alto, lo que coincidía con una transformación en el modelo de desarrollo económico, cambió el modelo migratorio, que a fin de cuentas vino a dinamizar aún más el proceso (Durand, Massey y Parrado, 1999).

A pesar de todo, México es el único país del mundo que recibe un importante número de migrantes de retorno provenientes de Estados Unidos. Rodolfo Corona, con base en datos de la ENADID, afirma que la migración de retorno en 1997 superó el millón y medio de personas, y que la migración laboral de ida y vuelta, en las mismas fechas, superó los 2 millones y medio de personas (1999).

El otro rasgo característico de la migración mexicana a Estados Unidos es su unidireccionalidad. De la emigración mexicana 98 por ciento se dirige hacia el país vecino (Encuesta IFE, 1998) (véase gráfica 1). En México, país de emigrantes, no hay experiencias migratorias a otros lugares del mundo. La segunda corriente emigratoria se dirige a Canadá, constituida apenas por 17,000 mexicanos, lo que representa 0.2 por ciento del flujo migratorio total hacia Estados Unidos. La unidireccionalidad nuevamente se explica por la vecindad, y ésta a su vez explica, en buena parte, por qué el flujo mexicano hacia Estados Unidos ha sido de carácter masivo.

GRÁFICA 1

DISTRIBUCIÓN MUNDIAL DE LA EMIGRACIÓN MEXICANA

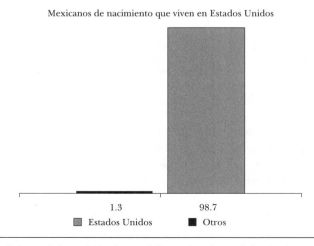

Mexicanos de nacimiento que viven en Estados Unidos

1.3   98.7

▨ Estados Unidos   ■ Otros

Fuente: IFE, Informe de la comisión de especialistas sobre el voto de los mexicanos en el exterior.

Masividad

En términos numéricos, el caso mexicano es uno de los fenómenos migratorios contemporáneos más grande del mundo. Según el censo estadounidense de 2000, la población migrante mexicana –nacidos en México– fue
de 9 millones (9'177,489).

Por otra parte, el censo de 2000 reportó que 20.6 millones se identificaron como hispanos o latinos de origen mexicano. Lo que constituye 58.5
por ciento de un total de 35.3 millones de hispanos en Estados Unidos. De
este modo, la población hispana pasó a ser la primera minoría, superando
por muy poco a los afroamericanos. Y los mexicanos refrendaron el primer
lugar entre la población latina, seguidos de lejos por los portorriqueños
(9.6 por ciento), los cubanos (3.5 por ciento) y los dominicanos (2.2 por
ciento) (Census Bureau, 2001). La comunidad mexicana representa 7.3
por ciento del total de la población de Estados Unidos.

Durante el periodo intercensal 1990-2000 la población hispana pasó de
22.4 a 35.3 millones, lo que significó un incremento de 57.9 por ciento, notable si se considera que la población total de Estados Unidos creció tan
sólo 13.2 por ciento. La población mexicana creció a un ritmo menor, pero muy significativo, 52.9 por ciento al pasar de 13.5 a 20.6 millones durante el mismo periodo.

CUADRO 1

DISTRIBUCIÓN DE LA POBLACIÓN HISPANA EN ESTADOS UNIDOS, 2000

País	Población	Porcentaje del total
México	20'640,711	58.5
Puerto Rico	3'406,178	9.6
Cuba	1'241,685	3.5
Centro América	1'686,937	4.8
Sudamérica	1'353,562	3.8

Fuente: US Census 2000 Brief, 2002.

Este crecimiento tan acelerado se debe a cuatro factores: en primer lugar, a los efectos colaterales del proceso de amnistía y el programa de trabajadores agrícolas especiales que benefició a 2.3 millones de mexicanos
(efecto IRCA); en segundo término, al incremento en los procesos de reunificación familiar, estimado en 1.6 millones de familiares beneficiados; en
tercer lugar, al incremento de la migración no autorizada y clandestina; finalmente, a las altas tasas de natalidad de la población de origen mexicano radicada en Estados Unidos (Bean, Corona, Tuirán y Woodrow-Lafield,

1998), a lo que habría que añadir la baja tasa de mortalidad, lo que ha sido denominado la "paradoja latina".

En 1995 México rebasó los 91 millones de habitantes, y el volumen total de la emigración a Estados Unidos representaba 7.7 por ciento de esa población total. En el año 2000 la población total alcanzó los 100 millones, pero se estima que 9 millones adicionales radicaban en Estados Unidos.

Si bien en términos numéricos hoy se destaca el volumen de la migración mexicana a Estados Unidos, ésta siempre ha sido importante en términos relativos.

Según las estimaciones realizadas en 1926 por el antropólogo mexicano Manuel Gamio, la población mexicana en Estados Unidos sobrepasaba ligeramente el millón (1'085,222), contando a los migrantes residentes censados, que ascendían a medio millón, y a otro tanto de temporales. La población total de México, en 1920, era de 14'234,790, lo cual significa que se hallaba fuera del país, en el tiempo de cosechas, 7.6 por ciento del total de la población (Gamio, 1930).

Si bien son escasos los datos sobre la emigración mexicana a comienzos de siglo, puede ser ilustrativo un acercamiento a casos particulares en que predominaba la población mexicana. En 1920 la población mexicana en el condado de Dimmitt constituía 34 por ciento de la población total, y en 1930 los mexicanos representaban 14 por ciento de la población total del condado de Nueces, ambos en Texas. De hecho, la emigración de mexicanos hacia esa zona, bastante despoblada, ascendió de manera consistente con el aumento de la población en general (Taylor, 1934).

Los trabajadores migrantes mexicanos se fueron incorporando a ciertos nichos del mercado de trabajo estadounidense, de manera progresiva y persistente, hasta convertirlo en un mercado de trabajo binacional. En 1923, más de 2,000 trabajadores laboraban en el mantenimiento de las vías del ferrocarril en la región de Chicago, lo que representaba 21.9 por ciento del total; pero en 1928 la cifra ascendió a cerca de 4,000 trabajadores, 42.9 por ciento del total.

Aunque en menor medida, también se hizo notar la presencia mexicana en el sector industrial en la región de Chicago y Calumet, donde en 15 plantas industriales, en especial fundidoras y empacadoras de carne, en 1925 trabajaban unos 6,000 mexicanos, lo que representaba 9.3 por ciento del total. Para 1928 el número de mexicanos había aumentado en 1,000, lo que equivalía a 10.7 por ciento del total de 65,000 trabajadores (Taylor, 1930).

En la agricultura era también muy significativa la presencia mexicana. En 1926-1927, en el Valle Imperial, California, la Oficina del Departamento de Trabajo tenía registrados a poco más de 6,000 mexicanos. En su mayoría se trataba de una migración familiar; sólo 214 (3.4 por ciento) del total estaban registrados como "solos", es decir, no tenían familia en el valle (Taylor, 1930).

A finales de la década de los veinte, el mercado de trabajo se contrajo, se desató la crisis económica y se dio una respuesta del mismo nivel: deportación masiva. Se calcula en más de medio millón el número global de mexicanos repatriados (Carreras, 1974). Lo curioso es que los únicos deportados fueron mexicanos, no los millones de inmigrantes europeos o de otros países que habían llegado en fechas similares que los mexicanos. Según Paul Taylor (1932), la deportación fue selectiva y mucho más intensa en el norte industrial. Se trataba de confinar a los mexicanos en la frontera, donde eran necesarios para las labores agrícolas, pero se pretendía separarlos del mundo industrial.

La fase de los braceros (1942-1964) fue, de nueva cuenta, una danza de millones de personas involucradas. Se estima en 5 millones el número total de personas contratadas mediante este programa, y en un número igual el flujo de migración indocumentada que lo acompañó. En su momento de mayor esplendor (1956), el sistema de contratación oficial llegó a movilizar a cerca de medio millón de trabajadores. Las deportaciones de la época también fueron memorables; durante la operación *wetback* (1954) fueron deportadas más de 1 millón de personas.

Acerca de la época de los indocumentados (1965-1986) sólo existen cifras de aprehensiones, y éstas son significativas. En 1986, el último año de esta fase, la patrulla fronteriza llegó a realizar cerca de 700,000 aprehensiones (Massey, Durand y Malone, 2002).

En la época de IRCA y la migración clandestina (1986-2001) se volvió a manifestar el carácter masivo de la emigración mexicana, que fue la principal beneficiaria de los programas de amnistía (LAW) y de trabajadores agrícolas especiales (SAW). Los migrantes mexicanos acapararon el programa, y en total fueron beneficiados cerca de 2 millones. Una ley migratoria de carácter general se convirtió, en la práctica, en una ley orientada, de manera casi específica, a la población mexicana; 70 por ciento de los beneficiados por la ley eran mexicanos (Durand, Massey y Parrado, 1999). Diversas investigaciones han comprobado que IRCA sirvió como un nuevo detonante de la migración clandestina, que se ha adaptado de manera irregular al requerimiento legal de documentación que avala su situación legal.

De acuerdo con el censo estadounidense de 2000, la mayor concentración de mexicanos está localizada en el condado de Los Ángeles (3 millones); en segundo término, en el condado de Harris (Houston, Texas)

(815,000); en tercer término, en el condado de Cook (Chicago, Illinois) (786,000). Por otra parte, los mexicanos se concentran en determinados barrios, como en el legendario East LA, donde viven 120,000 personas, de las cuales 96.8 por ciento se identificó como de origen mexicano. En el Paso y San Antonio, en Texas, también hay concentraciones muy altas de latinos, en especial mexicanos (76.6 y 58.7 por ciento, respectivamente) (Census, 2000 Breif).

Por su parte, otros indicadores relacionados con la problemática fronteriza dan cuenta del carácter masivo del fenómeno. Es el caso de la patrulla fronteriza. El número de miembros de la *border patrol* se ha multiplicado con los años; cuando se fundó la patrulla fronteriza, en 1924, 450 hombres fueron destinados al nuevo cuerpo, para cuidar las dos fronteras, norte y sur (Reimers, 1985). En 1993 se destinaron a la frontera sur 3,400 hombres, y en 1997 trabajaban cerca de 6,000, lo que significó que el presupuesto pasara de 1.5 billones a 3.1 billones. Y en 1999 la patrulla fronteriza llegó a tener 8,200 miembros (Andreas, 2000).

Las bardas fronterizas también se han multiplicado; entre 1994 y 1997 se había tendido un total de 31.7 millas de bardas, y se tiene planeado construir otro tanto. Obviamente, las dificultades para cruzar la frontera han repercutido también en el número de muertos, que en 1999 ascendió a uno por día, en promedio (Eschbach *et al.*, 1999). Un año después, la Secretaría de Relaciones Exteriores informó que durante 2000 se contabilizaron 492 defunciones ligadas al cruce fronterizo. Lo que hace de la línea divisoria entre México y Estados Unidos una de las fronteras más peligrosas del mundo y la más peligrosa en un contexto pacífico.

Por otra parte, es una de las fronteras más transitadas; cerca de 220,000 automóviles fluyen diariamente entre México y Estados Unidos. En 1997 se reportó el cruce de 1 millón de camiones de carga por Laredo, Texas, el punto de cruce más utilizado por este tipo de transporte (Andreas, 2000).

Al mismo tiempo, las visas de ingreso legal aumentan año con año. Las visas H2a para trabajadores temporales agrícolas pasaron de 28,560 a 30,300 entre 1999 y 2001. Pero el número de visas para trabajadores del sector servicios, conocidas como H2b, creció de manera notable de 30,648, en 1999, a 45,037, en 2001.

También han aumentado notablemente los casos de inmigrantes que utilizan a México como lugar de paso. Cerca de 100,000 inmigrantes ilegales provenientes de China y Asia utilizan la ruta centroamericana y mexicana (Andreas, 2000). De igual modo se ha incrementado el volumen de inmigrantes sudamericanos que ingresan por México utilizando todo tipo de vías y de rutas. Es muy conocido que los inmigrantes orientales utilizan la vía marítima para llegar a algún puerto mexicano y luego ser transportados por vía terrestre. Esta modalidad también está siendo utilizada por los sudamericanos. Según la Agencia EFE, en febrero de 2002 se detuvo en costas mexicanas a un barco que transportaba a 210 ecuatorianos (160 hombres y 50 mujeres) que iban rumbo a Estados Unidos.

Si bien nunca se sabrá con exactitud el volumen de la emigración mexicana y la que transita por México, porque siempre está cambiando y hasta el momento creciendo, sí se conoce su dimensión; se trata de un fenómeno masivo, que afecta todos los indicadores sociales, económicos y políticos, y éste es un factor que ha empezado a gravitar en la esfera de la gran política.

Conclusiones

Si se toma en cuenta que las tres premisas de historicidad, vecindad y masividad son el núcleo esencial y, hasta el momento, inmutable de la migración México-Estados Unidos, se puede concluir que la definición exacta y precisa de este flujo es la de un proceso social masivo y centenario en un contexto de vecindad asimétrica.

Si bien estos tres elementos están interconectados, por proceso entendemos que se trata de un fenómeno dinámico y cambiante, y que a la vez ha sido permanente, constante, histórico. El elemento social lo aporta el carácter comunitario de la experiencia, en que intervienen millones de individuos en ambos lados de la frontera, pero en el cual participan individuos, familia, comunidad y región. Y todos los niveles están interconectados en una compleja red de relaciones sociales, familiares y personales.

Pero además de ser social, como cualquier fenómeno migratorio, se trata de un proceso masivo, lo que le confiere otra dimensión y coloca al fenómeno en el campo de la política y las preocupaciones permanentes.[10] Finalmente, la dinámica de ambos pueblos y ambos países se establece en un contexto de vecindad, de territorios compartidos, de fronteras móviles, lo cual es una característica única del caso mexicano.

No es posible pensar en un corte abrupto ni detener el flujo migratorio de manera definitiva. Los intentos que se han hecho, a lo largo del siglo XX, han provocado un cambio en el patrón migratorio, pero el flujo no se ha detenido, y más bien parece haberse incrementado en números absolutos. El cambio se va a dar cuando el flujo baje su caudal. En ese momento la migración mexicana dejará de ser "problema" y será vista como un

[10]La migración y el narcotráfico son los dos temas álgidos de la política bilateral.

elemento más en el panorama general, como algo natural y necesario. En ese momento la imagen de la frontera, como construcción social, tendrá que cambiar, el control perderá su carácter coercitivo, se volverá a un control de tipo administrativo, y aun se podría pensar en un libre tránsito.

El flujo puede cambiar de calidad o de estatus, si el contexto de frontera institucionalizada cambia y se alienta o permite la libre circulación de personas, al igual que la de mercancías. Los cambios que se han producido en Europa avizoran la posibilidad de un nuevo *statu quo*, en que el libre tránsito de personas sea posible y la frontera pierda el carácter institucional que ahora tiene. Para que este proceso se inicie falta que México empiece a ver los frutos del nuevo modelo económico neoliberal que se impuso hace pocos años. Hasta el momento, los cambios en la estructura económica siguen generando migración, lo cual había sido previsto, pero lo importante radica en comprobar que en el mediano plazo se puede revertir el proceso.

Esta definición de la migración como un proceso social tiene, obviamente, implicaciones metodológicas. Se requiere un enfoque y una perspectiva históricos para entender el proceso. El fenómeno debe ser estudiado desde, por lo menos, dos grandes perspectivas, en la esfera macro, como flujo, donde predomina el análisis de tipo cuantitativo, y en la esfera micro, como proceso, donde predomina el análisis de tipo cualitativo. El carácter bilateral del fenómeno, obliga a su estudio en ambos países y que se asuman diferentes perspectivas. Finalmente, es necesario abordar el tema a partir de la complementariedad de enfoques y disciplinas.

Capítulo 3

Regiones de origen

LAS PREGUNTAS esenciales que interrogan de manera permanente al fenómeno migratorio son siempre las mismas: cuántos son, quiénes son, de dónde vienen, a dónde van, en qué trabajan. Las respuestas son muchas veces parciales e incompletas, y en ocasiones difieren entre sí dependiendo de autores, instituciones, nacionalidades y profesiones. Los estudios sobre la migración están llenos de contradicciones, medias verdades o varias verdades. Todo depende de la perspectiva, la metodología adoptada y el momento en el que se encuentra el investigador observando el fenómeno. De ahí que siempre sea necesario precisar las limitaciones y alcances propios de cada fuente.

En este capítulo trataremos de responder las cuestiones ligadas con el lugar de origen de los migrantes. Un tema que tiene que ver con el pasado y el presente, de ahí su carácter intrínsecamente diacrónico y procesual. Pero también está relacionado con la medición de los flujos, de ahí su carácter eminentemente sincrónico. La reconstrucción del pasado se tiene que hacer, necesariamente, a partir de diferentes fotografías –censos, encuestas, series estadísticas– tomadas en determinados momentos y a diferentes grupos de mexicanos caracterizados por ser o haber sido migrantes internacionales.

A pesar de su carácter descriptivo, la categoría *lugar de origen* está sujeta a interpretación. De hecho puede interpretarse de dos maneras: con referencia al lugar de nacimiento o al lugar de residencia, que no siempre son los mismos. La diferencia de matiz, en el caso de la migración internacional, hace alusión a etapas intermedias (migraciones internas) y a que se trata de un proceso social dinámico en que la migración internacional se articula con la migración interna a través de circuitos migratorios por donde fluyen personas, bienes, capitales e información (Durand, 1986).

Para la categoría *lugar de origen* de los migrantes se dispone de múltiples fuentes, pero suelen estar dispersas, incompletas y las más de las veces no son comparables entre sí. De ahí que una parte de este capítulo esté dedicada a la compilación y análisis crítico de las fuentes. Otra parte se aboca a trabajar el tema desde una perspectiva de análisis regional que permita sistematizar el cúmulo de información existente y a la vez detectar las diferentes dinámicas o "lógicas" migratorias de acuerdo con cada región de origen. Por último, se analizan los cambios recientes, se da cuenta de la situación actual y se reflexiona sobre el impacto de la migración legal en el fenómeno migratorio y en la dinámica demográfica de los pueblos y estados con altos índices migratorios.

Un problema de fuentes

Las fuentes disponibles para analizar la migración entre México y Estados Unidos, de acuerdo con el lugar de origen, se caracterizan, en primer lugar, por ser abundantes; se han identificado más de 20 series estadísticas realizadas en distintos momentos a lo largo del siglo XX; en segundo término, por ser limitadas: cada fuente tiene características propias y se refieren a un universo particular; y finalmente, por ser independientes, por no ser estrictamente comparables entre sí.

La abundancia de información y sus características permiten distinguir ocho tipos de fuentes diferentes, de acuerdo con el migrante entrevistado o con la información analizada. Por lo general, las fuentes suelen hacer referencia a la situación o a la condición en la que se encuentra el migrante en el momento en que se le entrevista. Las categorías, criterios o términos utilizados son los siguientes: admitido, contratado, legalizado, devuelto, asentado, en tránsito y retornado. En menor medida, se refieren a formas indirectas de recabar o deducir la información, como puede ser el envío de remesas.

Admitidos

La información sobre los migrantes que ingresan a Estados Unidos se recaba normalmente en los formularios de ingreso, donde se pregunta por el país de nacimiento y el lugar de residencia. Pero este tipo de información suele hacer referencia al país de origen y no al lugar de origen.

Un caso especial es el trabajo pionero de Robert Foerster (1925), quien pudo sistematizar la información de poco más de 10,000 extranjeros de "raza mexicana", admitidos legalmente en abril de 1924 en los distritos de San Antonio, El Paso y Los Ángeles. Su importancia radica en que fue el primer estudio que hace referencia a la distribución, por lugar de origen, para el caso mexicano.

Contratados

Este tipo de fuente se refiere específicamente al periodo bracero y a migrantes legales contratados durante la vigencia del programa (1942-1964). La fuente original son los Anuarios Estadísticos de los Estados Unidos Mexicanos de la época. Esta información ha sido retomada y analizada por varios autores: González Navarro (1974), Vargas y Campos (1964), Corona (1987). La principal virtud de la fuente original es el tamaño de la muestra; por ejemplo, la de 1964 se refiere a más 150,000 casos.

Una limitación de esta fuente es que sólo menciona el lugar de residencia y no el de origen, por lo que puede haber sesgos importantes. Por ejemplo, en 1944, esta fuente atribuyó al Distrito Federal una cuarta parte del total de braceros. Dado que el Programa Bracero estaba restringido a trabajadores agrícolas es difícil creer que una parte sustancial proviniera de la capital. Es posible que se tratara de campesinos que llegaban a la capital y que notificaban alguna dirección en el Distrito Federal como lugar de residencia.

Legalizados

Esta categoría hace referencia al estatus o condición migratoria, con una connotación positiva. Se trata de migrantes que obtuvieron la categoría de residentes o que fueron legalizados de acuerdo con un programa específico, como sería el caso de IRCA (1992). En este caso específico se dispone de información sobre lugar de origen y residencia de una muestra compuesta por 1,000 casos, realizada con base en los cuestionarios aplicados a más de 2 millones de mexicanos que postularon para los programas de legalización. Ésta es la fuente de información más confiable sobre lugar de origen y residencia de los migrantes legalizados a finales de los ochenta (The 1989 Legalized population survey (LPS1) http://www.pop.upenn.edu/mexmig/LPS/LPSpage.htm)

Devueltos

A diferencia de la anterior, esta categoría hace referencia al estatus migratorio con una connotación negativa. En esta categoría se agrupan diferentes denominaciones de migrantes que, a fin de cuentas, están en la misma situación: "detenidos" o "aprehendidos", de quienes se obtiene información por parte de la patrulla fronteriza o los centros de detención en Estados Unidos; y de los "devueltos", "regresados" o "expulsados" se puede obtener información en la frontera mexicana. El término "deportado" no suele utilizarse porque técnicamente debe mediar un juicio de deportación, lo cual rara vez sucede; sin embargo, es el que describe con justeza la realidad. En la práctica, el migrante deportado se confunde con las otras denominaciones. Este tipo de fuente se caracteriza por ser la más abundante, pero también por tener importantes sesgos y limitaciones. En total se dispone de más de diez estadísticas de migrantes deportados en lugares y tiempos diferentes y con denominaciones distintas.

Saunders y Leonard (1952) obtuvieron información sobre 154 "detenidos", en 1954, en los centros de detención especiales en Hidalgo y Mc Allen, Texas. Por su parte, Campbell (1972) recogió información sobre migrantes "aprehendidos" durante la época de los braceros, entre 1951-1964. Posteriormente, en 1969, Samora (1971) trabajó con información sobre el origen de mexicanos "detenidos" en campos especiales. Posteriormente, Dagodag[11] (1975) realizó una muestra de 3,204 casos con base en los formularios de "aprehendidos" en el sector de Chula Vista, California, en 1973. Durante 1974, la Comisión Intersecretarial para el Estudio del Problema de la Emigración Subrepticia de Trabajadores Mexicanos a los Estados Unidos de América realizó entrevistas a más de 1,000 trabajadores "regresados" en seis puestos fronterizos, y al año siguiente repitió la misma investigación en ocho puestos fronterizos (Corona, 1987). Un año después, en 1976, Bustamante (1979) se refiere a 401 trabajadores encuestados que habían sido "expulsados" de Estados Unidos en la frontera de Matamoros, Tamaulipas. En los años siguientes, 1977 y 1978, el Centro Nacional de Información y Estadística del Trabajo (CENIET) realizó encuestas a trabajadores "devueltos" por Estados Unidos en todos los puertos fronterizos de entrada a México (Corona, 1987).

Varios años después, en 1984, el Consejo Nacional de Población (CONAPO) (1986) realizó la Encuesta en la Frontera Norte a Trabajadores Indocumentados Devueltos por las Autoridades de Estados Unidos de América (ETIDEU) en 12 puestos fronterizos. En total se entrevistaron a más de 9,000 trabajadores "devueltos", de los cuales se conoce su lugar de origen y de residencia (CONAPO, 1986). Finalmente el CONAPO, el Colegio de la Frontera Norte y la Secretaría del Trabajo realizaron la Encuesta sobre Migración en la Frontera Norte de México (EMIF) que a finales de los noventa obtuvo mediciones sistemáticas de lo que ellos califican el "flujo de migrantes devueltos por la patrulla fronteriza" (EMIF, 1997).

---

[11]El artículo de Tim Dagodad es uno de los mejores ejemplos de cómo los prejuicios impiden ver la realidad que ofrecen los mismos datos.

Una limitación bastante conocida de este tipo de fuente es que registra "eventos" y no propiamente migrantes, como han señalado oportunamente Jorge Bustamante y otros autores (Dagodad, 1975). Es decir, durante el periodo de la encuesta, o el año o mes que se reporta, un migrante puede ser detenido y devuelto en varias ocasiones. Otra limitación tiene que ver con el tamaño de la muestra. Las primeras fuentes daban cuenta de universos muy reducidos, y realizaban su investigación en uno o dos lugares solamente. Posteriormente, las encuestas realizadas en la frontera mexicana se han esforzado por cubrir la mayor parte de los puntos de cruce fronterizo. Finalmente, una característica fundamental de este tipo de información es su universo limitado; se refiere únicamente a indocumentados, pero no considera a aquellos que cruzaron sin ser capturados por "la migra" y a los migrantes legales.

En tránsito

Las fuentes sobre migrantes en tránsito son relativamente nuevas, y pretenden capturar al migrante en el momento en que se dirige o está a punto de cruzar la frontera. El primer experimento para captar a los migrantes en tránsito se hizo con el Proyecto Cañón Zapata, donde, además de tomar fotografías para contar migrantes, se realizaban entrevistas y se les preguntaba a los presuntos migrantes por su estado de origen (Bustamante, 1987).

Posteriormente, la EMIF (1997) perfeccionó el método, lo amplió y recabó información sobre cuatro flujos diferentes: el procedente del sur, el procedente de la frontera norte de México, el procedente de Estados Unidos y el flujo ya mencionado de devueltos por la patrulla fronteriza. Siguiendo el principio del embudo, la EMIF trata de cubrir todos los puntos donde se congregan los migrantes en tránsito: terminales de autobuses, estaciones de trenes, aeropuertos y garitas carreteras. Se selecciona una muestra del total de transeúntes y se les realizan entrevistas. A pesar de su amplia cobertura, las muestras de la EMIF omiten a los migrantes de la propia frontera norte y a los migrantes en tránsito que viajan por avión en vuelos internacionales. La muestra de los que proceden del sur tiene un problema adicional, ya que capta "intenciones" de migrar, es decir, a presuntos migrantes que todavía no han cruzado la frontera, pero que dicen que piensan hacerlo.

Asentados

Este tipo de fuente da cuenta de la distribución geográfica de origen de los migrantes, en lugares específicos, sin tener en cuenta su situación migratoria. En su riqueza como información local radica precisamente su limitación en el nivel general. Como se sabe, las redes de relaciones sociales de los migrantes influyen de manera muy significativa en el destino que eligen, de ahí que haya grandes concentraciones de migrantes provenientes de un mismo lugar o estado de origen. Por ejemplo, los trabajadores del "hongo" en Kenneth Square, Pennsylvania, provienen fundamentalmente de Guanajuato, más específicamente de los municipios de Moroleón y Uriangato (Smith, 1993). En esta misma categoría podrían incluirse las distribuciones que manejan los consulados de México en Estados Unidos, que abarcan áreas de atención específicas, y que pueden obtenerse a partir de la base de datos de la matrícula consular. Como se sabe, son los trabajadores migrantes quienes solicitan la matrícula consular como medio de identificación ante las autoridades estadounidenses. El consulado de Nueva York, por ejemplo, atiende a mexicanos en general, pero su público es prioritariamente de la región de origen central, en especial del estado de Puebla.

Retornados.

Las fuentes sobre migrantes de retorno tienen la virtud de provenir de censos nacionales o ser una muestra muy grande de carácter nacional. La primera investigación de este tipo, la Encuesta Nacional de Emigración a la Frontera Norte del País y a los Estados Unidos (ENEFNEU) fue realizada por el CENIET, en diciembre de 1978 y enero de 1979, en 60,000 hogares elegidos muestralmente en la República Mexicana (Corona, 1987). Esta es la primera fuente de información representativa en el ámbito nacional que aportó información sobre el lugar de origen de los migrantes.

Posteriormente, Rodolfo Corona (1987) trabajó con el censo de población de 1980, y logró establecer una estimación sobre la distribución de acuerdo con el lugar de origen de los migrantes. No sólo eso, su metodología permitió, por primera vez, realizar un acercamiento más preciso en el ámbito municipal.

Por su parte, en 1992, el Instituto Nacional de Estadística, Geografía e Informática (INEGI) realizó la Encuesta Nacional sobre la Dinámica Demográfica (ENADID) con base en una muestra de carácter nacional, y aportó información sobre el lugar de origen y algunas características de los migrantes que se dirigen a Estados Unidos. La misma encuesta se replicó 5 años después, en 1997.[12]

---

[12]Lamentablemente la ENADID no resulta útil para analizar la migración desagregada a nivel de estado. La comparación entre la ENADID de 1992 y 1997 pone en evidencia este problema al darse diferencias sustantivas cuando se comparan ambas fuentes.

Finalmente, en 2000, el censo general de población incluyó un módulo especial en que se pregunta sobre la experiencia migratoria reciente de los entrevistados, y se elaboró una muestra de 10 millones de personas con distintos indicadores de tipo migratorio, entre ellos el retorno, la emigración y la recepción de remesas. Por primera vez el censo aporta esta información de los ámbitos estatal y municipal que puede ser analizada de manera confiable. Es, sin lugar a dudas, la fuente más relevante y confiable de que se dispone en la actualidad y que ayudará a despejar muchas dudas.

Fuentes indirectas

Este tipo de fuentes se basa en el análisis de la información proporcionada por fuentes ligadas indirectamente al tema, como pueden ser las remesas. La fuente más socorrida ha sido la que proporcionan los giros, cheques o transferencias que envían los migrantes a sus lugares de origen. En realidad se trata de una doble inferencia lógica, al identificar el lugar de destino de la remesa con el lugar de procedencia del migrante y al identificar el lugar de destino del migrante con el lugar desde donde se envía la remesa.

La información proveniente de las remesas ha sido utilizada en varias ocasiones, en 1926 fue utilizada por Gamio (1930b) en su estudio pionero sobre la migración mexicana; con menor alcance fue analizada en 1979 por Díez Canedo (1984), quien trabajó directamente con los *money orders* que envían los migrantes; por su parte, el Banco de México (1998) en los últimos años ha aportado datos que se consideran una fuente de información oficial. También existen bases de datos de empresas dedicadas al negocio de las transferencias, como Wenstern Union y Money Gram, pero tienen sesgos importantes debido a las coberturas regionales de cada empresa.

Un tema clave en los estudios migratorios como es el lugar de origen de los migrantes no tiene fácil solución. La fuente más socorrida, la de migrantes "devueltos" tiene demasiados sesgos y limitaciones. Por otra parte, la diferencia conceptual que se establece entre lugar de origen (nacimiento) y lugar de residencia crea problemas adicionales. En las encuestas donde se realizan ambas preguntas hay diferencias marcadas, generalmente a favor de las ciudades fronterizas. Por ejemplo, en la muestra del CENIET realizada en 1977 a migrantes "devueltos" se atribuye a Baja California 17 por ciento del total de migrantes de acuerdo con el lugar de residencia. La misma pregunta, al año siguiente y con una muestra mayor, le atribuye a Baja California 10.4 por ciento del total. La misma encuesta, ahora de

acuerdo con el lugar de nacimiento, le atribuye a Baja California 3.8 por ciento del total. Los cambios tan drásticos entre una y otra categoría ponen en evidencia la necesidad de realizar un análisis crítico y cuidadoso de las fuentes.

Por su parte, la EMIF (1997) atribuye al estado de Baja California 12.2
por ciento del total de los migrantes "devueltos" entre 1993-1994, de
acuerdo con el lugar de residencia, y al estado de Chihuahua 8.8 por ciento. Ambas cifras parecen inusuales, y posiblemente tengan sesgos importantes debido a dos hechos. Los migrantes fronterizos intentan cruzar la
frontera más veces que los otros, debido a la cercanía, o simplemente los
migrantes entrevistados adoptaron a Baja California o a Chihuahua como
su lugar de residencia, por conveniencia y para evitar otro tipo de compli-
caciones.[13] Con universos parciales, que no pueden ser generalizables, es
difícil llegar a conclusiones definitivas. Sin embargo, las diferentes fuentes
consultadas, se caracterizan por ser bastante semejantes. Con todo, es necesario tomar en cuenta que la categoría lugar de residencia presenta un
sesgo a favor de los estados fronterizos y el Distrito Federal, y que la categoría lugar o estado de origen oculta los cambios de residencia debidos a
migraciones internas. Una manera de solucionar parcialmente este problema es considerar conglomerados más amplios, a partir de agrupaciones estatales, que permitan hacer un análisis de tipo regional en que salgan a la
luz las diferentes lógicas migratorias de acuerdo con cada región.

Regiones migratorias

Las regionalizaciones que existen sobre la República Mexicana son muy
distintas y variadas. La más simple y referida a tiempos remotos divide al
país, propiamente a Norteamérica, en dos grandes espacios: Aridoaméri-
ca y Mesoamérica; los criterios utilizados en esta regionalización fueron de
tipo cultural y climático (Palerm, 1979). Acerca de épocas más recientes
existen muchos intentos de regionalización, pero tres propuestas han sido
bastante aceptadas en el medio académico, la del geógrafo mexicano Ángel Bassols (1992), la del sociólogo capitalino Luis Unikel (1978) y la del
geógrafo francés Claude Bataillon (1986). Sus principales diferencias radican en una manera distinta de resolver los problemas de siempre: la
articulación de los estados norteños en dirección norte-sur o en dirección
este-oeste y la definición y la limitación de lo que sería la región occidente

---

[13]En otros casos se ha detectado un sesgo a favor del Distrito Federal. Al parecer los migrantes
se sienten más seguros, diciendo que provienen del D.F. y no de una pequeña población. Al fin y al
cabo, saben que los provincianos son más vulnerables que los capitalinos.

respecto a la del centro. La coincidencia radica en la caracterización de la región sur o sureste y los estados que la conforman.

Los estudiosos de la migración también han clasificado y analizado su información de acuerdo con criterios regionales. La mayoría utiliza o adapta regionalizaciones ya establecidas (Escobar *et al.*, 1999); otros clasifican la información de acuerdo con sus propios criterios o intereses (Verduzco, 1998), otros utilizan criterios geográficos (Lozano, 2000), finalmente Durand (1998) propuso una regionalización en que articula criterios geográficos y migratorios, y subdivide el territorio mexicano en cuatro grandes regiones: histórica, fronteriza, central y sureste.[14]

MAPA 2

REGIONES MIGRATORIAS

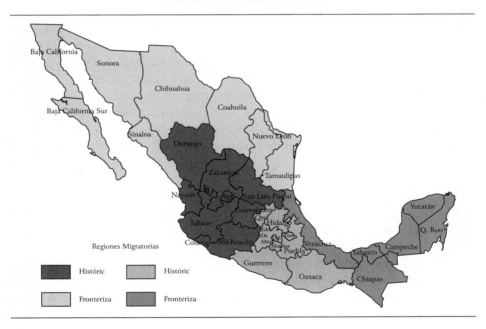

El punto de partida para conceptualizar las regiones migratorias fue delimitar la región histórica. Como se sabe, el occidente de México es la región tradicional de donde han salido los mayores contingentes de mano

---

[14]Rodolfo Corona (2000: 183) retoma la clasificación propuesta por Durand y sólo cambia los nombres de las regiones, a lo que llamamos región histórica le llama región tradicional y a lo que llamamos región fronteriza le llama región norte.

de obra migrante (Gamio, 1930a; Taylor, 1932; Massey, Alarcón, Durand y González 1987); no en vano era una de las regiones más pobladas de México a comienzos de siglo (Bataillon, 1986). Sin embargo, la noción geográfica y regional del occidente no coincidía con las zonas de desarrollo de la migración a comienzos del siglo XX, que no sólo incluía a Jalisco, Michoacán y Guanajuato, sino también a los estados vecinos del norte, de paisaje árido y tradición minera. En efecto, desde el primer estudio realizado sobre la migración mexicana se señala la importancia migratoria de los estados de Aguascalientes, Durango, Zacatecas y San Luis Potosí (Clark, 1908).

Región histórica

La región histórica agrupa a las entidades que tradicionalmente han sido aportadoras de mano de obra migrante. Está formada por los estados que geográficamente se identifican como parte del occidente y el altiplano central: Jalisco, Michoacán, Guanajuato, Zacatecas, Durango, San Luis Potosí y tres entidades menores en tamaño y en aporte migratorio, pero comprendidas geográficamente en la región: Aguascalientes, Nayarit y Colima (véase mapa 2). El caso de Durango puede ser discutible, muchos optarían por asociarlo con la región fronteriza, pero el criterio utilizado de antigüedad y continuidad migratoria lo sitúa dentro de la región histórica.

De los nueve estados que conforman la región histórica, cinco, que son los que tienen mayor población –Jalisco, Michoacán, Guanajuato, Durango y Zacatecas–, figuran en todas las estadísticas migratorias, es decir, son de los que se han reportado migrantes de manera permanente a lo largo de los últimos 100 años.

El territorio que comprende la región histórica corresponde a casi una cuarta parte del territorio nacional (22.7 por ciento), y en 2000 reunía una porción semejante de la población total del país (23.06 por ciento). La región histórica ocupa el segundo lugar nacional en cuanto a densidad de población (48.16), y se caracteriza por tener un nivel de marginación intermedio. Ninguna de las entidades de la región figura como de muy alta marginación y, al mismo tiempo, ninguna como de muy baja marginación.

En lo que respecta a su aporte migratorio, la región histórica ofrece un panorama que no concuerda con su aporte poblacional. Como se puede apreciar en las diferentes series estadísticas, el aporte migratorio de la región histórica es mucho mayor que su aporte poblacional. De acuerdo

CUADRO 2

REGIÓN HISTÓRICA. INFORMACIÓN DEMOGRÁFICA

Entidad	Población	Extensión	% Población	Densidad	Marginación Lugar	Grado
Aguascalientes	944,285	5,589.00	0.97	168.95	28	baja
Colima	542,627	5,455.00	0.56	99.47	22	baja
Durango	1'448,661	119,648.00	1.49	12.11	17	medio
Guanajuato	4'663,032	30,589.00	4.78	152.44	13	alta
Jalisco	6'322,002	80,137.00	6.49	78.89	25	baja
Michoacán	3'985,667	59,864.00	4.09	66.58	10	baja
Nayarit	9'201,85	27,621.00	0.94	33.31	14	baja
San Luis Potosí	2'299,360	62,848.00	2.36	19.22	6	baja
Zacatecas	1'353,610	75,040.00	1.39	18.04	12	baja
Total	22'479,429	466,791.00	23.06	48.16		

Fuente: INEGI. XII Censo General de Población y Vivienda, 2000.
CONAPO. Grados de marginación, 2000.

con cualquiera de las fuentes y estimaciones realizadas a lo largo del siglo XX, la región histórica concentra más de la mitad del total de migrantes mexicanos. Por lo tanto, su aporte migratorio duplica su aporte poblacional.

Al analizar los cambios verificados a lo largo de siglo y medio en la distribución de la emigración mexicana según su lugar de origen, se tiene que concluir que no hubo relevos en los tres primeros lugares. Según el censo de 2000, Jalisco, Michoacán y Guanajuato siguen siendo los principales estados de origen de la migración mexicana. Uno de cada tres migrantes mexicanos proviene de alguno de estos tres estados (33.21 por ciento en total). A pesar de la diversidad de fuentes de información y universos entrevistados, se mantiene constante la preponderancia y persistencia de la región histórica, en especial su núcleo fundante.

Este panorama general quedó delineado desde muy temprano, en 1908, con el estudio de Clark. Luego, en la década de los veinte, Foerster (1925) y Gamio (1930a y b) elaboraron las primeras distribuciones de la migración mexicana de acuerdo con su lugar de origen, y esa tendencia se ha mantenido a lo largo de todo el siglo XX, con ligeras variantes. Durante la época de los braceros y a pesar de las quejas de algunos gobernadores, como el de Guanajuato, que consideraban que la migración afectaba seriamente el mercado de trabajo local (Durand, 1994) la región histórica aportó, en promedio, 62.21 por ciento del total del flujo (Vargas y Campos, 1964).

CUADRO 3

REGIÓN HISTÓRICA. ESTADÍSTICAS MIGRATORIAS, 1925-1980

	Foerster (1925)	Gamio (1926)	Braceros (1962)	Com. Int. (1974)	CENIET (1978)	CONAPO (1984)	Censo (1980)
Región	66.58	71.00	62.21	67.20	63.00	52.50	73.20
Aguascalientes	2.58	1.90	1.71	1.10	1.00	1.16	1.64
Colima	0.20	0.20	0.31		1.00	0.92	0.57
Durango	5.74	5.90	9.42	11.30	4.90	5.94	5.01
Guanajuato	10.78	19.60	13.69	18.50	10.80	8.87	14.82
Jalisco	19.90	14.70	11.21	8.70	14.50	11.75	21.61
Michoacán	14.46	20.00	10.61	7.40	17.60	13.08	14.86
Nayarit	0.67	0.20	0.79	0.40	2.30	2.42	1.63
San Luis Potosí	3.27	3.70	5.12	10.10	3.90	2.62	4.77
Zacatecas	8.99	4.80	9.35	9.70	7.00	5.74	8.29

Nota: Véanse referencias en la bibliografía. *Idem*, para el caso de las otras regiones.

Durante la época de los indocumentados, el caudal de migrantes de región histórica siguió por encima de 50 por ciento, y con el programa de legalización (IRCA) la región confirmó el alto grado de madurez que

CUADRO 4

REGIÓN HISTÓRICA. ESTADÍSTICAS MIGRATORIAS, 1987-2000

	IRCA		EMIF		ENADID	Remesas	Remesas	Censo
	1	2	1	2				
	1987		1994	1994	1993	1995	2000	2000
Región	63.30	55.20	51.10	57.46	56.66	53.00	44.69	50.35
Aguascalientes	1.10	1.20	1.46	1.33	4.10	3.10	1.21	1.68
Colima	0.90	0.80	0.71	1.17	7.12	0.70	1.17	0.81
Durango	5.80	5.00	5.33	5.66	7.41	2.10	3.37	3.12
Guanajuato	7.40	6.50	12.93	17.87	5.81	10.20	7.40	11.77
Jalisco	20.00	18.80	8.00	6.87	5.23	12.70	12.02	10.51
Michoacán	14.30	11.50	10.78	10.88	8.63	16.20	9.83	10.93
Nayarit	2.5	2.3	1.31	1.80	5.43	1.6	2.37	1.91
San Luis Potosí	3.30	2.80	3.54	7.36	3.19	3.30	3.84	4.79
Zacatecas	8.00	6.30	7.04	4.52	9.74	3.10	3.48	4.83

IRCA: 1. estado de origen.
2 residencia.
Emif: 2. Migrantes procedentes del norte por entidad federativa de residencia, según lugar de procedencia.
ENADID: Según lugar de origen en la migración internacional.
Fuente: Emif. Encuesta sobre Migración en la Frontera Norte de México. 1993-1994. El Colegio de la Frontera Norte. México, 1997.
Remesas familiares. Ingresos por remesas familiares en 1995. Banco de México
Censo 2000 y Remesas 2000: Tabulado basico de la muestra censal.
Nota: Estas referencias son válidas para las otras regiones.

habían logrado sus redes de relaciones sociales, al ser beneficiados con el proceso de amnistía más de un millón de migrantes provenientes de esta región. Finalmente, a pesar de que en 2000 se registró el ascenso de otras regiones y otros estados, la región histórica siguió ocupando el primer lugar.[15]

La persistencia de la región histórica como origen primordial del flujo migratorio se explica por dos principios fundamentales: la migración suele iniciarse con una intervención externa que pone en marcha el reclutamiento y luego, si persiste la demanda y la zona de expulsión tiene mano de obra que ofertar, el proceso se sostiene por sí mismo, mediante un complejo sistema de redes de relaciones sociales (Massey *et al.*, 1997; Massey, 1999).

En efecto, fue en el occidente de México, en especial en los estados de Jalisco, Michoacán y Guanajuato, donde se empezó a reclutar trabajadores con el sistema de enganche a finales del siglo XIX (Durand, 1998). Luego, las casas de enganche y contratación se instalaron en la frontera, y los trabajadores llegaban por su propia cuenta, por medio del ferrocarril. Finalmente se volvían a recontratar en centros de "reenganche" ubicados principalmente en Kansas City y San Antonio (Durand y Arias, 2000). Por su parte, durante el periodo bracero varias ciudades de la región se convirtieron en centros de contratación, como Iraupuato, Tlaquepaque y San Luis Potosí. Durante la fase de los indocumentados, los flujos siguieron su propia inercia, y fueron los mismos migrantes quienes se encargaban de reclutar gente de su familia, o su pueblo, para las empresas en que trabajaban. Pero desde la década de los noventa se ha recrudecido el fenómeno del reclutamiento por medio de contratistas que buscan trabajadores que se acogen a los programas de visas H2A y H2B.[16] En otros casos, el reclutamiento se hacía por radio o periódico, simplemente indicando que se requerían trabajadores en tal parte para tal periodo –así se reclutan trabajadores para Alaska, por ejemplo–, con los cuales se firma un contrato en México, pero el trabajador elige la manera de ingresar a los Estados Unidos. De este modo, las empresas fomentan la emigración ilegal y la utilización de visas de turista para in-

[15]En este caso utilizamos como referencia el criterio conjunto de "remesas y emigrantes", diseñado por Rodolfo Corona, con base en la muestra del censo a la que se aplicó el módulo de preguntas sobre migración.
[16]El programa de visas H2A es únicamente para trabajadores agrícolas. Éste tuvo amplio desarrollo en el área caribeña en los años setenta y ochenta, y más recientemente ha sido desarrollado en México, llegándose a contratar a cerca de 30,000 trabajadores en 2001. El Programa H2B es para el área de servicios,y se calcula que en 2001 se habían enrolado 4537 trabajadores.

gresar a Estados Unidos y llegar a Alaska, pero, finalmente, ni siquiera tienen que lavarse las manos, porque no se las manchan.

De este modo, la migración a Estados Unidos forma parte de la vida cotidiana de la región. La cultura migratoria pervade a la sociedad entera. Después de más de un siglo de ver llegar y salir gente que va y viene del "otro lado", la migración forma parte del entramado cultural de la región (Durand, 1994; Massey y Kendal, 1999).

Todos los días salen y llegan aviones que van y vienen de Estados Unidos y que aterrizan y despegan en los cinco aeropuertos internacionales que operan en la región histórica, sin contar Vallarta y Manzanillo, que tienen muchos vuelos turísticos. En 2002, de Guadalajara salían 198 vuelos semanales con destino a diferentes ciudades de Estados Unidos, y 119 vuelos a la frontera (Tijuana y Ciudad Juárez); del aeropuerto del Bajío (Guanajuato), siete vuelos semanales a Houston y otros siete a Dallas; del aeropuerto de Morelia, siete vuelos semanales a Los Ángeles, dos a San Francisco y siete a Tijuana; del aeropuerto de Zacatecas, dos vuelos semanales a Oakland y siete a Tijuana, y del aeropuerto potosino, 14 vuelos semanales a Houston. En total se realizaban 237 vuelos entre la región histórica y Estados Unidos, y 133 a la frontera.[17]

Por su parte, de Guadalajara salían todos los días más de 200 autobuses hacia algún destino fronterizo, en especial Tijuana, Tecate y Mexicali. Todos los días llegaban cientos de miles de migradólares a la región en forma de remesas que enviaban a sus familias los migrantes que trabajan en el norte.

Por obvias razones, la región histórica ha sido la más estudiada, desde el trabajo pionero de Taylor (1933), en Arandas, Jalisco, que fue el primer estudio de caso sobre la migración mexicana a Estados Unidos (Durand, 2000), hasta los trabajos más recientes en Zacatecas: el de Mines (1981) en las Ánimas y los de Delgado Wise (2000), García Zamora (2000), Moctezuma (2000) sobre remesas, desarrollo y redes sociales; el estudio de Cornelius en la región alteña (1990); el análisis comparativo de dos comunidades de migrantes, una en Zacatecas y la otra en Michoacán, realizado por Mines y Massey (1985); el trabajo, también comparativo, de Massey, Alarcón, Durand y González (1987), que demuestra la utilidad de las etnoencuestas en cuatro comunidades, dos urbanas y dos rurales, en los estados de Jalisco y Michoacán; el estudio de caso hecho por López Castro (1986) sobre una comunidad michoacana; la investigación de Miguel Hernández (2000) acerca de los procesos de conversión

---

[17]La mayoría son vuelos directos, otros son con conexión y escalas.

religiosa entre los migrantes; los trabajos de Donato sobre migración y salud en el estado de San Luis Potosí (1993; www.mexmah.com); el compendio histórico de la migración potosina realizado por Monroy (1999); el trabajo en torno de la inversión exitosa de remesas en San Juanico, Michoacán, de Valeria Galleto (1999); el trabajo reciente de Martínez (2003) sobre los matrimonios mixtos en Ameca, la investigación de Zahniser en un pueblo de Colima (1999); los trabajos de Patricia Arias (1995, 1999), Katharine Donato (1993), Gail Mummert (1986), Ofelia Woo (2000) y Jennifer Hirsch (2001) sobre la migración femenina, y otros tantos autores y temas (Arroyo, 2002; Nerman, 1988; Wiest, 1983; Espinosa, 1998; Alarcón, 1984; Escobar y De la Rocha, 1990; Fonseca y Moreno, 1984; Jáuregui, 1981; Reichert, 1981; Rionda, 1992; Rodríguez, 1989).[18]

La región histórica se caracteriza por tres rasgos fundamentales: antigüedad, dimensión y condición legal. La experiencia migratoria en las comunidades migrantes de la región histórica se remonta a finales del siglo XIX; desde siempre ha sido una migración de carácter masivo y ha contribuido con más de la mitad del flujo migratorio. Finalmente, los migrantes de esta región tienen los mayores índices de legalidad. La región histórica logró más de la mitad de las tarjetas verdes otorgadas por IRCA, 63.3 por ciento de acuerdo con el estado de origen, y 55.2 por ciento de acuerdo con el último lugar de residencia (véase cuadro 4).

Estos tres rasgos otorgan madurez a sus redes sociales; complejidad a sus circuitos y rutas migratorias, y permiten hablar de una "cultura migratoria", acuñada y moldeada a lo largo de más de un siglo de historia migratoria ininterrumpida. Por otra parte, el aporte de la región a las remesas que llegan al país (44.69 por ciento, según el censo de 2000) es ligeramente menor que su participación migratoria y su grado de legalización. Lo cual se explica por el hecho de que a mayor grado de legalización hay mayor grado de definitividad en la opción migratoria, por lo que se envían menos remesas.

El gran número de investigaciones sobre la región histórica pone en evidencia que la región tiene peculiaridades que no se pueden aplicar mecánicamente a otros contextos, como a la región central, que se caracteriza precisamente por su incorporación reciente, que no histórica, ni a la región fronteriza, que sigue pautas propias marcadas por su contexto de vecindad.

---

[18]A pesar de que la región histórica es una de las mejor estudiadas, quedan todavía vacíos notables. Hay muy pocos trabajos sobre la migración en Durango, un estado de amplia y antigua tradición migratoria, y son contados los trabajos sobre Nayarit, Aguascalientes y Colima.

Región fronteriza

La región fronteriza comprende los seis estados del norte que tienen frontera con Estados Unidos, que de oriente a poniente son: Tamaulipas, Nuevo León, Coahuila, Chihuahua, Sonora y Baja California. A esta región pertenecen dos entidades no fronterizas, pero que están, migratoria y geográficamente, relacionadas con las anteriores, como son Baja California Sur y Sinaloa (véase mapa 2).

La región fronteriza se caracteriza por la amplitud de su territorio, casi la mitad del espacio nacional (47.2 por ciento); sin embargo, la densidad de la población es de tan sólo 21 personas por kilómetro cuadrado, lo que se explica por su gran proporción de territorio desértico. A pesar de ser una región árida y despoblada, que empezó a crecer en los últimos 50 años, en la actualidad aporta una quinta parte (20.11 por ciento) de la población nacional.

CUADRO 5

REGIÓN FRONTERIZA. INFORMACIÓN DEMOGRÁFICA

Entidad	Población	Extensión	% Población	Densidad	Marginación Lugar	Grado
Baja California[1]	12'911,408	143,790.00	2.98	20.24	30	M. Baja
Coahuila	2'298,070	151,571.00	2.36	15.16	29	M. Baja
Chihuahua	3,052,907	247,087.00	3.13	12.36	26	Baja
Nuevo León	3,834,141	64,555.00	3.93	59.39	31	M. Baja
Sinaloa	2,536,844	58,092.00	2.60	43.67	15	Media
Sonora	2'216,969	184,934.00	2.27	11.99	24	Baja
Tamaulipas	2'753,222	79,829.00	2.82	34.49	23	Baja
Total	19,603,570	929,858.00	20.11	21.08		

[1] Incluye Baja California Sur.
Fuente: INEGI. XII Censo General de Población y Vivienda, 2000.
CONAPO. Grados de marginación, 2000.

Quizá el rasgo más importante de la región sea su nivel de bienestar; las únicas dos entidades que tienen índices de marginación muy bajos, salvo el Distrito Federal, pertenecen a la región fronteriza (Baja California y Nuevo León). Esta característica puede apreciarse al analizar la posición que guardan las entidades fronterizas respecto al índice de marginación. De acuerdo con Fussell (2002), las buenas condiciones socioeconómicas de Tijuana inhiben la emigración de muchos de sus habitantes al país vecino.

En términos migratorios, se puede apreciar en la región una cuádruple dinámica. En primer lugar, la región atrae población del interior del país, y durante los últimos 50 años ha sido uno de los polos más importantes de atracción de la migración interna (Bassols, 1999; Zenteno, 1993). Por ejemplo, en 1930 el municipio de Tijuana tenía 11 mil habitantes, mientras que en 2000 superó 1,100,000.

En segundo término, las ciudades y pueblos fronterizos operan como trampolín, escala técnica o cabeza de puente, para la migración internacional (Durand, 1994); por lo tanto, acogen siempre a una población flotante, que en ocasiones resulta excesiva y genera un sinnúmero de problemas a los municipios y pobladores estables de la región, como bien lo ha señalado Gabarrot (1998).

En tercer lugar, la región fronteriza recibe inmigración de rebote, de gente que fue a trabajar a Estados Unidos y fue deportada o que regresa al país para quedarse a vivir en la franja fronteriza. En otros casos se trata de migrantes intencionales, que fueron a la frontera con la intención de pasar al otro lado, pero que optaron por quedarse a vivir en alguna ciudad fronteriza.

Finalmente, la región fronteriza también es el punto de partida de flujos emigratorios. Sin embargo, evaluar su participación en el flujo general del país es complicado, dada la población flotante y los flujos continuos de migrantes internos y la modalidad de migración diaria o semanal. En cierto modo, lo más aconsejable para el estudio de la región fronteriza sería tomar como unidad de análisis a los migrantes según lugar de residencia, más que según lugar de origen, pero no todas las fuentes hacen esta distinción.

Por lo pronto habría que distinguir en la región fronteriza dos lógicas migratorias diferentes: la de las ciudades fronterizas como Tijuana, Ciudad Juárez, Nuevo Laredo, y la de las ciudades y pueblos del interior. En el estado de Chihuahua, por ejemplo, hay una añeja tradición migratoria radicada en el interior, que fue reforzada por el Programa Bracero (Roberts, 1982) y que tiene una dinámica similar a la del occidente de México, muy diferente de lo que sucede en Ciudad Juárez.

Los orígenes de la región como abastecedora de mano de obra para Estados Unidos se remontan a mediados del siglo xix. Así lo manifestaba el gobernador de Sonora al quejarse de que la población de la entidad había disminuido de 133,000 habitantes en 1861 a 108,000 en 1870. Y su explicación era contundente: "no menos de 16,000 hombres habían emigrado a los territorios vecinos de California y Arizona" (Cosío Villegas, 1955).

El problema persistía a comienzos de siglo. Así parece confirmarlo el gobernador de Baja California en 1916, cuando se opuso a que se trajeran más trabajadores extranjeros –chinos, japoneses e hindúes– para trabajar en el valle de Mexicali. Según Taylor (1928), el gobernador llegó al acuerdo de que por cada chino importado se debía traer un mexicano, pero los cultivadores de Caléxico, California, sabían que esos mexicanos muy posiblemente se iban a pasar al lado norte de la frontera. La colonización de la región fronteriza siempre tuvo esa doble dimensión: abastecer mano de obra a un mercado binacional.

Las primeras fuentes estadísticas ofrecen un panorama errático sobre la participación de las diferentes entidades fronterizas. Algunos estados, como Coahuila y Nuevo León, parecen ser importantes según las primeras fuentes, y luego dejan de serlo. El único estado sobre el cual existe consistencia en la información es Chihuahua, que ocupa el primer lugar en todas las estadísticas.

No fue hasta la década de los cincuenta cuando la región se empezó a consolidar demográficamente y comenzó a crecer. De tal manera que ya no le afecta la población que emigra desde su territorio a Estados Unidos.

CUADRO 6

REGIÓN FRONTERIZA. ESTADÍSTICAS MIGRATORIAS, 1925-1980

	Foerster (1925)	Gamio (1926)	Braceros (1962)	Com. Int. (1974)	CENIET (1978)	CONAPO (1984)	Censo (1980)
Región	28.73	22.00	23.93	21.30	26.10	28.10	15.11
Baja California[1]	0.84	0.50	0.54		3.80	3.59	1.43
Coahuila	9.18	3.80	4.70	6.50	2.60	3.46	1.70
Chihuahua	4.64	4.40	10.74	10.60	11.20	11.94	4.99
Nuevo León	5.68	8.00	4.59	1.50	1.20	1.52	3.96
Sinaloa	2.45	2.00	0.97	0.60	3.50	3.90	1.41
Sonora	4.05	1.20	1.00	0.40	2.70	2.62	0.75
Tamaulipas	1.89	2.10	1.39	1.70	1.10	1.07	0.87

[1] Incluye Baja California Norte y Sur.

En el caso de Nuevo León es preciso señalar que durante la primera mitad del siglo XX tuvo una participación significativa en los flujos migratorios, pero después dejó de tenerla. Esto se debe principalmente a que la capital, Monterrey, y sus municipios conurbados son, desde los años cincuenta, un polo de atracción muy importante para la migración interna, en especial la que llega del interior del mismo estado y los estados vecinos como San Luis Potosí, Coahuila y Tamaulipas (Balán et al., 1973). Por su parte, son las poblaciones medias y rurales de Nuevo León, sobre todo las más cercanas a la frontera, las que están integradas al proceso migratorio internacional.

En las últimas décadas del siglo XX la región aportaba aproximadamente una cuarta parte del flujo migratorio, entre 20 y 25 por ciento. Pero las estadísticas sobre la región fronteriza suelen tener sesgos o características muy peculiares. El aporte de las remesas, por ejemplo, según el censo de 2000, era de 21.87 por ciento; sin embargo, en 1986 el Banco de México estimó dicho aporte en tan sólo 10.6 por ciento. Las diferencias tan marcadas ponen en evidencia los problemas para medir estos flujos. El aporte migratorio de la región, en 2000, según el indicador de remesas y emigración, fue de tan sólo 10.83 por ciento, pero si se toman otros criterios, se incrementa de manera notable. Por último, aunque los fronterizos lograron un índice importante de legalizaciones con IRCA (20.5 por ciento, de acuerdo con lugar de origen, y 26.5 por ciento, de acuerdo con lugar de residencia) habría que añadir a todos los que tienen pasaportes fronterizos o "micas" que les permiten entrar y trabajar en los pueblos fronterizos de Estados Unidos. El concepto de madurez migratoria, tomando como eje la antigüedad y grado de legalización, no tiene el mismo sentido cuando se analiza el caso fronterizo. La región fronteriza, por sus propios rasgos, es la que presenta mayores diferencias y dificultades en la medición.

CUADRO 7

REGIÓN FRONTERIZA. ESTADÍSTICAS MIGRATORIAS, 1987-2000

	IRCA 1 1987	2	EMIF 1 1994	2 1994	ENADID 1993	Remesas 1995	Remesas 2000	Censo 2000
Región	20.50	26.50	29.57	21.27	19.51	10.50	21.87	10.83
Baja California[1]	3.80	9.40	0.67	0.32	3.07	0.80	3.60	1.27
Coahuila	1.20	0.80	5.37	6.32	2.29	1.80	2.37	1.26
Chihuahua	8.00	8.10	9.58	5.22	3.33	1.80	4.10	2.36
Nuevo León	1.00	1.40	2.38	3.25	3.30	1.00	2.97	1.43
Sinaloa	2.30	1.60	4.70	2.48	2.77	3.00	3.38	1.84
Sonora	1.30	1.60	2.82	1.14	1.77	0.80	2.43	0.77
Tamaulipas	2.90	3.60	4.05	2.54	2.98	1.30	3.03	1.89

[1] Incluye Baja California Sur.

Por otra parte, cada estado tiene su propia historia. En el caso de Sinaloa, por ejemplo, la migración reciente está íntimamente ligada al fenómeno del narcotráfico y la represión por parte del ejército. La violencia en general ha sido el detonante principal de las migraciones provenientes de la zona serrana del estado (Lizárraga, 2002).

Por otra parte, la región fronteriza, pero muy especialmente las ciudades fronterizas de ambos países, han desarrollado una dependencia mutua que se expresa en la transmigración diaria o semanal de mano de obra (Alegría, 1989).

Esta región está entrampada en su peculiar geografía. Está articulada verticalmente con el centro del país y con las ciudades vecinas en Es-

tados Unidos. La historia y la vastedad de su territorio, que va de un
océano a otro, le han impedido estar comunicada entre sí. No obstante,
la región fronteriza está integrada en una misma lógica de comercio
fronterizo y desarrollo manufacturero con el sistema de maquiladoras (Trabis, 1985). Este programa surgió en 1965 como respuesta a la cancelación
de los contratos braceros, y pretendió fijar a la población en territorio
mexicano y que desde allí trabajara para las compañías e intereses norteamericanos (Arreola, 1980). Sin duda, el programa ayudó a fijar a la población en la frontera norte, pero ciertamente no detuvo, ni siquiera afectó, al
flujo migratorio, que ha buscado no sólo trabajo, sino mejores salarios.

La región fronteriza ha sido menos estudiada que la región histórica, pero en las dos últimas décadas ha habido un repunte sustancial de
estudios fronterizos que de uno u otro modo están ligados al fenómeno
migratorio. En 1959, Hancock estudió el desarrollo del Programa Bracero en el estado de Chihuahua; en 1973, Balán, Jelin y Browning, en un
estudio pionero, investigaron el fenómeno migratorio en el caso de
Monterrey; en 1980, Bustamante y Martínez (1980) empezaron a relacio-
nar la migración a la frontera norte con la migración internacional, un
tema que ha sido estudiado de manera recurrente; a mediados de los
años ochenta, Bustamante puso en marcha el Proyecto Cañón Zapata
que durante varios años monitoreó el flujo que pasaba por ese lugar;
años después se puso en marcha la EMIF, para analizar a los migrantes en
tránsito hacia y desde Estados Unidos (1995); por otra parte, Zúñiga
(1998) se interesó en el análisis de las peculiaridades culturales del fronterizo; Vila (2000) profundizó en el tema de la identidad en Ciudad Juárez; Alegría (1989) ha estudiado la dinámica urbana y los migrantes
transfronterizos; Rodríguez (1997) estudió el proceso de institucionalización de la frontera; Anguiano (1995) estudió el desarrollo agrícola y la
migración en Mexicali; Clark (1982), Velasco (1995, 1999, 2002), Zabin
(1992) y Gaspar Rivera (1999) estudiaron a los migrantes de origen mixteco y su conexión internacional; Hernández (1997) realizó los primeros
estudios sobre la conexión Monterrey-Houston; Lizárraga (2002) hizo el
primer estudio sobre migración internacional en Sinaloa, en que vincu-
la el fenómeno de la migración con la lucha antinarcótico; finalmente,
Fussell (2002) analizó a fondo cuatro barrios de Tijuana con datos del
MMP71, donde por primera vez se destacan las peculiaridades de la migración en ciudades fronterizas.

El rasgo característico de la migración en la región fronteriza está
determinado por la vecindad geográfica. De ahí la importancia de la migración transfronteriza (*commuters*) de carácter legal e intermitente. La

vecindad también ha moldeado una relación particular entre ciudades y estados vecinos: Tijuana se articula con San Diego y Los Ángeles, mientras que Ciudad Juárez y Chihuahua lo hacen con El Paso; por su parte, Monterrey se relaciona con Laredo, San Antonio y Houston. Sin embargo, las grandes ciudades de la región fronteriza no se articulan entre sí, a pesar de formar parte de la misma región. De ahí que los migrantes, tanto *commuters* como migrantes temporales y establecidos, se dirijan de manera primordial a sus áreas adyacentes. La frontera, tomada de oriente a occidente, conforma de hecho varias regiones muy distintas entre sí, por eso Bataillon se refiere a "los nortes" (1986), y Bassols (1999) califica a la región como la "gran frontera", de más de 3,000 kilómetros de longitud.

Por último, se puede afirmar que la frontera tiene vida propia, no depende de la migración internacional ni está supeditada a ella. Tiene una población flotante, que va y viene, pero la vida fronteriza está fijada en sus propias raíces. De ahí que el fenómeno migratorio internacional en las comunidades de migrantes de la región fronteriza tenga un comportamiento diferenciado, según su ubicación fronteriza o en el interior de la región.

Región central

La región central gira en torno al magnetismo de la capital del país, y está integrada por el propio Distrito Federal y los estados vecinos de Guerrero, Hidalgo, México, Morelos, Oaxaca, Puebla, Querétaro y Tlaxcala (véase mapa 2). El desarrollo urbano de la ciudad de México, a partir de los años cuarenta, avecindó en ella a nativos de casi todo el país, pero sobre todo de los estados del centro (Bataillón y Rivière D'Arc, 1979).

El territorio que abarca la región central representa sólo 13.1 por ciento del territorio mexicano, pero allí se concentran dos quintas partes de la población nacional (40.47 por ciento). De este modo, sigue siendo la región más poblada del país debido, en buena medida, a la concentración de habitantes en el Distrito Federal y en su zona conurbada que toca cada vez más municipios del Estado de México y Puebla. Hoy, en la zona conurbada del Distrito Federal se encuentran los mayores índices de inmigración interna del país. El municipio de Ecatepec ocupó, en 1990, el primer lugar nacional en cuanto a inmigrantes interestatales recientes. Pero, al mismo tiempo, el Distrito Federal es la entidad que ocupa el primer lugar en cuanto a saldos migratorios negativos: –10 por ciento en términos relativos (Rangel, 1995).

CUADRO 8

REGIÓN CENTRO. INFORMACIÓN DEMOGRÁFICA

Entidad	Población	Extensión	% Población	Densidad	Marginación Lugar	Grado
D.F.	8'605,239	1,499.00	8.83	5740.65	32	M. Baja
Guerrero	3'079,649	63,794.00	3.16	48.27	2	M. Alta
Hidalgo	2'235,591	20,987.00	2.29	106.52	5	M. Alta
México	13'096,686	21,461.00	13.43	610.26	21	Baja
Morelos	1'555,296	4,941.00	1.60	314.77	19	Medio
Oaxaca	3'438,765	95,364.00	3.53	36.06	3	M. Alta
Puebla	5'076,686	33,919.00	5.21	149.67	7	Alta
Querétaro	1'404,306	11,769.00	1.44	119.32	16	Media
Tlaxcala	962,646	3,914.00	0.99	245.95	18	Media
Total	39'454,864	257,648.00	40.47	153.13		

Fuente: INEGI. XII Censo General de Población y Vivienda, 2000.
CONAPO. Grados de marginación, 2000.

Se trata de una región de contrastes, donde se reúnen lo más moderno y lo más atrasado del país, lo que se expresa en entidades de muy baja y muy alta marginación. La modernidad se concentra en la capital, y el retraso en las poblaciones indígenas de los estados vecinos.

La región central, en términos migratorios, tuvo un comportamiento errático durante la primera época. El periodo más importante parece haber sido el Programa Bracero, cuando se incorporaron los estados de Oaxaca, Guerrero y Puebla. La región en conjunto fácilmente duplicó su aporte migratorio durante la vigencia de los convenios braceros, y su aporte llegó a ser de 1.3 braceros por cada 10 del flujo global.

CUADRO 9

REGIÓN CENTRO. ESTADÍSTICAS MIGRATORIAS, 1925-1980

	Foerster (1925)	Gamio (1926)	Braceros (1962)	Com. Int. (1974)	CENIET (1978)	CONAPO (1984)	Censo (1980)
Región	4.20	6.50	12.88	7.60	9.20	18.13	11.04
D.F.	1.06	5.00	1.01	1.40	2.20	3.07	1.49
Guerrero	0.08	0.20	2.92	3.40	3.30	5.04	2.90
Hidalgo	0.28	0.20	0.61			0.64	0.55
México	1.85	0.30	1.84	1.10	0.90	1.37	2.76
Morelos		0.00	0.95			0.80	0.65
Oaxaca	0.04	0.20	2.88	0.30	1.80	4.87	0.76
Puebla	0.79	0.30	1.28	0.30	0.40	1.06	0.78
Querétaro	0.09	0.20	0.94	1.10	0.60	1.28	1.08
Tlaxcala	0.01	0.10	0.45				0.07

La dinámica migratoria siguió su curso durante la siguiente etapa; las redes sociales se encargaron de sostener e impulsar el flujo durante el periodo de la migración indocumentada. Distintas fuentes señalan esta persistencia (Samora, 1971; Comisión Intersecretarial, 1974, Díez Canedo, 1984). El único caso especial parece ser Oaxaca, que después del Programa Bracero, al parecer, bajó su aporte migratorio y luego, poco a poco, fue recuperando su nivel anterior, a finales de los ochenta.

La migración reciente se caracteriza por su crecimiento explosivo y por incluir a dos sectores muy diferentes. Por una parte, se han incorporado migrantes indígenas y campesinos provenientes de zonas rurales de los estados de Puebla, Guerrero y Oaxaca (Zabin, 1992; Macías y Herrera, 1997; Velasco, 2002). Por otra, se trata de población urbana, habitantes del Distrito Federal y su zona conurbada perteneciente a los estados de Puebla y el Estado de México.

La migración de la región central incrementó su volumen de manera notable en las décadas de los ochenta y noventa, en especial por el crecimiento del flujo en los estados de México, Guerrero, Oaxaca y Puebla, y por la incorporación de migrantes provenientes del Distrito Federal, Querétaro, Tlaxcala, Hidalgo y Morelos, que tradicionalmente aportaban muy pocos migrantes.

CUADRO 10

REGIÓN CENTRAL. ESTADÍSTICAS MIGRATORIAS, 1987-2000

	IRCA		EMIF		ENADID	Remesas	Remesas	Censo
	1	2	1	2				
	1987		1994	1994	1993	1995	2000	2000
Región	13.80	16.00	16.70	18.72	20.73	32.90	27.44	31.73
D.F.	2.30	4.80	1.43	4.64	0.85	5.30	4.88	2.56
Guerrero	4.70	4.20	2.45	2.61	3.79	6.10	5.35	5.47
Hidalgo	0.60	0.50	1.25	2.14	1.53	1.90	1.75	3.79
México	1.70	2.50	3.32	2.91	1.42	4.40	6.17	6.66
Morelos	1.10	1.50	0.59	0.86	4.04	3.60	2.06	3.01
Oaxaca	0.90	0.60	3.79	1.86	1.76	4.30	2.74	3.85
Puebla	2.00	1.50	1.83	0.83	2.00	4.80	3.19	4.30
Querétaro	0.40	0.30	1.83	2.66	4.78	1.90	0.96	1.48
Tlaxcala	0.10	0.10	0.21	0.21	0.56	0.60	0.35	0.61

La región central se caracteriza, en primer término, por su incorporación reciente al fenómeno migratorio internacional. Si bien los orígenes de la migración regional se remontan a los años cuarenta, con el Programa Bracero y a algunos casos aislados de la época de los veinte, la migración masiva es un fenómeno que inició en la década de los ochenta y se desarrolló en los noventa. Otro elemento por considerar es la vinculación de la migración internacional, de un modo u otro, a la migración interna, particularmente la que se dirige al Distrito Federal y a las capitales estatales como Oaxaca, Puebla, Pachuca, Querétaro y Tlaxcala.

El cambio de dirección del flujo migratorio de migración interna a internacional tiene que ver con la contracción del mercado de trabajo para los recién llegados al Distrito Federal y las capitales estatales. Después de medio siglo de acoger e integrar migrantes internos, las ciudades de la región parecen haber llegado al límite. No así las comunidades emisoras de migrantes, que todavía tienen potencial para ofertar mano de obra y han tenido que cambiar el rumbo y dirigirse hacia el norte.

En otros casos, la migración internacional ha estado mediada por la migración interna que se dirige al corredor agrícola del Pacífico. Los migrantes "golondrinos", que provienen de Oaxaca y Guerrero, en su mayoría indígenas, han participado en las labores agrícolas de recolección desde hace varias décadas, y con el tiempo se han ido asentando en la región. Es notorio el caso de San Quintín, en Baja California, donde los migrantes temporales han pasado a ser permanentes. Y allí, cerca de la línea fronteriza, en la década de los ochenta se iniciaron las redes migratorias que alimentan la migración a las zonas agrícolas de California y los estados vecinos (Velasco, 2002).

Otra característica de la migración en la región central es la unidireccionalidad de los flujos. La mayoría (91.42 por ciento) de los migrantes oaxaqueños, por ejemplo, se dirigen a California, de ahí que le llamen Oaxacalifornia; los guerrerenses prefieren el estado de Illinois (56.28 por ciento) y, en segundo término, California (24.32 por ciento), mientras que los poblanos prefieren el área triestatal de Nueva York (MMP71).

Por último, el impacto de la migración internacional en la región central ha llamado mucho la atención de políticos y académicos, por su novedad y ritmo de crecimiento. Sin embargo, hay que ponderar su aporte real al flujo general y tomar en cuenta la condición legal de sus migrantes. Con el programa de legalización de IRCA, la región sólo alcanzó 13.8 por ciento según el lugar de origen, y 16 por ciento según lugar de residencia. En esta región, la cultura migratoria internacional está todavía en proceso de formación, si se la compara con la región histórica. Según el censo de 2000, el aporte de la región central fue de 31.7 por ciento, un flujo semejante al aportado sólo por tres estados de la región histórica. Con todo, la región central se ha consolidado de manera notable en la última década, muy especialmente el Estado de México, Guerrero y Puebla.

La región central cuenta con un grupo inicial de estudios sobre migración. Cabe mencionar los trabajos de Smith sobre la migración de origen poblano a la ciudad de Nueva York (1992); el estudio de Macías y Herrera (1997) acerca de la migración en la zona de Atlixco; el trabajo de Gendreau y Jiménez (2002) referente a migración y cultura en la región central; las investigaciones de Malkin (1999) y Basilia Valenzuela (1993) sobre las relaciones y conflictos entre migrantes que provienen de Puebla y de Jalisco. Sobre migración oaxaqueña también se ha publicado un conjunto de trabajos, y vale la pena consultar la tesis de Woodman (1998) sobre el impacto de la migración en la Mixteca Alta; los trabajos de Martha Rees sobre migración en los valles centrales (2000); las investigaciones de Jeffrey Cohen et al. (2001), Rafael G. Reyes et al. (2001), acerca de la migración oaxaqueña y el impacto de las remesas. En torno a la organización política de los migrantes oaxaqueños se pueden consultar los trabajos de Lestage (2001) y Kearney (1986), y para conocer la opinión de los protagonistas se puede consultar a Pimentel (2000). Sobre migración en el estado de Guerrero hay pocos trabajos hasta el momento, salvo los de Judith Boruchoff (1999) y la información estadística referente a cuatro comunidades en el portal del Mexican Migration Project.

Región sureste

La cuarta y última región la hemos llamado sureste, y está compuesta por los estados del sur y sureste de la República Mexicana: Veracruz, Tabasco, Campeche y Yucatán, por el golfo; Quintana Roo, por el Caribe; y Chiapas, por el océano Pacífico (véase mapa 2). La región concentra una fracción menor de la población nacional (16.36 por ciento) en un territorio también reducido, que representa 15.90 por ciento del territorio nacional. Es también una región de contrastes, con zonas muy ricas en petróleo y en oportunidades turísticas en la zona del golfo y el Caribe, y con grandes extensiones y poblaciones que sobrellevan un atraso de siglos. El estado de Chiapas ocupa el primer lugar en cuanto a grado de marginación en el país, no en vano allí se gestó el movimiento neozapatista. Veracruz es también un estado de muy alto grado de marginación (cuarto lugar), donde la política económica neoliberal ha golpeado muy fuerte, sobre todo a los productores y trabajadores cañeros y cafetaleros. La excepción que confirma la regla es el estado de Quintana Roo, que tiene un grado de marginación medio, debido en buena parte a la derrama económica generada por el turismo. Por otra parte, el peso de la población indígena en esta región es el más importante en el espacio nacional.

CUADRO 11

REGIÓN SURESTE. INFORMACIÓN DEMOGRÁFICA, 2000

Entidad	Población	Extensión	% Población	Densidad	Marginación Lugar	Grado
Campeche	690,689	51,833.00	0.71	13.33	8	Alta
Chiapas	3'920,892	73,887.00	4.02	53.07	1	M. Alta
Q. Roo	874,963	50,350.00	0.90	17.38	20	Media
Tabasco	1'891,829	24,661.00	1.94	76.71	9	Alta
Veracruz	6'908,975	72,815.00	7.09	94.88	4	M. Alta
Yucatán	1'658,210	39,340.00	1.70	42.15	11	Alta
Total	15'945,558	312,886.00	16.36	50.96		

Fuente: INEGI. XII Censo General de Población y Vivienda, 2000.
CONAPO. Grados de marginación, 2000.

La participación migratoria internacional de la región sureste, hasta la década de los noventa, fue siempre marginal, incluso algunas fuentes estadísticas omiten cifras y agrupan a varios estados de la región en el rubro de "otros", por ser muy poco significativos.

CUADRO 12

REGIÓN SURESTE. ESTADÍSTICAS MIGRATORIAS, 1925-1980

	Foerster (1925)	Gamio (1926)	Braceros (1962)	Com. Int. (1974)	CENIET (1978)	CONAPO (1984)	Censo (1980)
Región	0.48	0.50	0.95	0.00	0.00	0.94	0.65
Campeche	0.02	0.00	0.01				0.01
Chiapas	0.08	0.00	0.02			0.23	0.01
Q. Roo	0.00	0.00	0.00				0.08
Tabasco		0.00	0.36				0.05
Veracruz	0.32	0.20	0.26			0.71	0.37
Yucatán	0.06	0.30	0.30				0.13
No esp.	0.01		0.03	3.90	1.70	0.33	

Pero a finales del siglo XX, la migración de la región sureste empezó a despuntar, en especial en el estado de Veracruz, que tuvo un crecimiento migratorio explosivo y reciente. Al parecer, la región que aportaba entre 2 y 3 por ciento del flujo general ha aumentado su aporte en la última década. Pero más que un aporte regional se trata de un caso limitado al estado de Veracruz.

Sin duda, la región sureste está en una fase inicial, pero tiene un potencial enorme si se replican casos como el de Veracruz. Con todo, su potencial tiene el sello de ser una migración mayoritariamente indocumentada.

CUADRO 13

REGIÓN SURESTE. ESTADÍSTICAS MIGRATORIAS, 1987-2000

	IRCA 1 1987	2	EMIF 1 1993	2 1994	ENADID 1993	Remesas 1995	Remesas 2000	Censo 2000
Región sureste	1.40	1.20	2.60	2.26	2.28	3.20	6.00	7.09
Campeche	0.00	0.10	0.05	0.11	0.40	0.10	0.20	0.12
Chiapas	0.10	0.10	0.86	0.38	0.40	0.50	0.77	0.47
Q. Roo	0.10	0.10	0.00	0.00	0.32	0.10	0.30	0.11
Tabasco	0.10	0.10	0.02	0.01	0.11	0.10	0.35	0.19
Veracruz	0.50	0.40	1.66	1.73	0.37	2.10	3.79	5.68
Yucatan	0.60	0.40	0.01	0.03	0.68	0.30	0.58	0.51
No especificado	1.00	1.10		0.29	0.82	0.10	0.00	0.01

Como puede observarse, su índice de legalización (IRCA) es muy bajo, apenas superior a 1 por ciento. Lo que es explicable por la novedad del fenómeno.

Más que explicar su origen migratorio habría que explicar por qué esta región permaneció al margen y cuál podría ser su futuro inmediato. Curiosamente, en el caso de esta región, que está compuesta por los estados más alejados de la frontera norte, cabría una explicación de tipo geográfico. Pero la migración hace mucho tiempo que no respeta distancias, y la prueba está muy cerca, en los países vecinos de Guatemala y El Salvador, que desmienten este tipo de interpretación.

El poco peso demográfico de la región (16.3 por ciento) tampoco es un argumento, ya que la región tiene dos estados muy poblados: Veracruz, que es la tercera entidad más poblada del país (6.9 millones), y Chiapas, que figura en octavo lugar en el contexto nacional, con 3.9 millones de habitantes.

Tampoco es un argumento el peso étnico, indígena, de la región, porque otros grupos similares como los yaquis, purépechas, nahuas, mixtecos y zapotecos se han integrado, desde hace mucho tiempo, al flujo migratorio internacional.

Muy posiblemente la explicación de por qué esta región no se había integrado de manera definitiva al flujo migratorio internacional se encuentra en dos factores. En primer lugar, el sistema de enganche operó exclusivamente para la migración interna y, en segundo término, la participación de la región durante el Programa Bracero fue mínima (0.95 por ciento). Es decir, no hubo un proceso externo de reclutamiento que diera inicio al fenómeno, no existió un detonante, un catalizador, como lo fue el Programa Bracero en otras regiones.

Por otra parte, los estados más poblados de la región, Chiapas y Veracruz, ostentan muy altos índices de marginación. Chiapas ocupa el primer lugar y Veracruz el quinto en el *ranking* de la pobreza y la marginación. Como se sabe, la pobreza extrema no suele estar asociada con la migración internacional, debido a los altos costos monetarios que implica el viaje y el cruce de la frontera.

Sin embargo, comienzan a aparecer indicios claros de que esta región puede incrementar su participación migratoria. De hecho, varios factores pueden influir de manera decisiva en la generación de flujos migratorios en esta región: los mecanismos tradicionales ligados a redes de relaciones, la guerra de baja intensidad en Chiapas y la introducción de tres sistemas de reclutamiento de mano de obra.

El estado de Yucatán figura en segundo lugar en la región sureste como lugar de origen de migrantes, con una modesta participación de 0.51 por ciento. Como en muchos otros lugares, el origen se remonta al tiempo de los braceros y a la iniciativa de un migrante de quedarse a vivir en San Francisco y poner un restaurante de comida yucateca. Este migrante emprendedor empezó a llamar a sus paisanos del poblado maya de Oxkutzcab, para que lo ayudaran a trabajar en el restaurante. Así se formó la comunidad de yucatecos que radica en el barrio de La Misión, y que cada día ve engrosar sus filas con nuevos miembros. Según el consulado de San Francisco, 15 por ciento de las matrículas consulares corresponden a personas de origen yucateco (*La Jornada*, 10 de noviembre de 2002). De este modo los mayas yucatecos se agregan a la tendencia, ya creciente, de poblaciones indígenas que se suman a la migración internacional.

El caso de Chiapas, visto desde la óptica migratoria, resulta paradójico: la ausencia de migración puede explicar la guerra, y ésta puede explicar la migración. Dicho de otro modo, la migración y las remesas parecen haber operado como un paliativo de los conflictos sociales en situaciones similares, como las ocurridas en Guerrero y Oaxaca. Por otra parte, la guerra de baja intensidad en el estado de Chiapas, que lleva más de un lustro, ha generado desplazamientos de población, y se sabe que este factor, al igual que en Centroamérica, puede convertirse en un elemento catalizador del flujo migratorio. Algo similar sucedió en el estado de Sinaloa, donde la guerra contra el narcotráfico ha sido considerada uno de los principales detonantes del flujo migratorio (Lizárraga, 2002). También influyen los conflictos inter e intraétnicos, marcados por el conflicto religioso que ha provocado numerosos desplazamientos.

Por otra parte, se sabe que en la zona del golfo, particularmente en el poblado estado de Veracruz, se han puesto en marcha tres sistemas de reclutamiento de mano de obra. Uno está relacionado con un conjunto de contratistas que operan bajo el sistema de visas H2A, que recluta gente en la entidad. El caso más destacado es el de las mujeres tabasqueñas, contratadas de manera temporal para la elaboración de pulpa de cangrejo en la costa este de Estados Unidos (Griffith, 1995; Durand, 1998; Vidal, 2002).

El otro sistema tiene que ver con el traslado clandestino de mano de obra barata. Algunos contrabandistas de trabajadores indocumentados, que trabajan en Veracruz, trasladan a la gente en barcos pesqueros a puertos de Estados Unidos y desde allí los introducen en los estados del sur, que se han convertido en nuevos lugares de destino de la migración clandestina.

Finalmente, hacia finales de la década de los noventa se inició un agresivo programa de reclutamiento de mano de obra para trabajar en las maquiladoras fronterizas. Varias agencias de empleo y "turismo" ubicadas en la cuenca baja del Papaloapan han trabajado en la zona con notable éxito. Las condiciones que ofrecen son inmejorables, comparadas con el mercado de trabajo local que sólo proporciona trabajo temporal, con salario mínimo para el corte de caña y la recolección de café. Hombres y mujeres jóvenes de la región han empezado a optar por la migración al norte; primero a la frontera, al trabajo en las maquiladoras, y luego a Estados Unidos, como trabajadores indocumentados (*La Jornada*, 19 de junio de 2000; Pérez, 2000).

Al factor externo de reclutamiento hay que añadir el factor interno, particularmente el impacto que han tenido las nuevas políticas agrarias, con la suspensión de apoyos y subsidios y la crisis generalizada de la industria azucarera, con la introducción de fructuosa y la caída internacional del precio del café. Al parecer, sólo la industria tabacalera, de puros de calidad, se mantiene pujante dado el auge internacional que ha tenido.

La guerra en las montañas del sureste, el reclutamiento oficial y privado y el contrabando clandestino pueden ser los elementos definitivos para que esta región se incorpore al flujo migratorio en la primera década del presente siglo. Las condiciones están dadas, se ha iniciado el reclutamiento externo y la guerra genera migración *per se.*

Existe muy poca bibliografía sobre la migración internacional en la región periférica del sureste, lo que se explica por su poca relevancia en años pasados. La excepción podría ser la autobiografía de una migrante yucateca que narra su aventura migratoria (De la Torre, 1988); y los trabajos pioneros que se realizan en el CIESAS del golfo. Al respecto, Pérez reporta la participación en el flujo migratorio de migrantes de origen indígena, particularmente nahuas, totonacos y tepehuanos (Pérez, 2000; 2001). Este colorido étnico de la migración será una característica fundamental en el proceso emigratorio mexicano del siglo XXI, particularmente de las regiones central y sureste.

Además de estos trabajos pioneros, se puede rastrear la problemática a partir de notas periodísticas que dan cuenta del reclutamiento y, sobre todo, de sucesos fatales como los que sufrieron varios grupos de migrantes de origen veracruzano que fueron abandonados por los coyotes en el desierto (*La Jornada*, junio de 2001). Los migrantes de la región sureste, que por el momento carecen de redes sociales maduras, son los grupos más vulnerables y los que están sujetos a mayores presiones.

En síntesis, a lo largo de todo el siglo, destaca la persistencia y se perciben algunos cambios en la distribución geográfica de acuerdo con el lugar de origen. El único proceso novedoso y significativo ha sido la consolidación de la región central como lugar de origen de migrantes. Por su parte, habrá que esperar unos años para evaluar el fenómeno en la región sureste. La ausencia de cambios drásticos en el panorama espacial se vio reforzada a finales de la década de los ochenta por el proceso de legalización llevado a cabo en 1987 a partir de IRCA. Sin embargo, la migración indocumentada despuntó en parte debido al mismo proceso de legalización, y aprovechó la gran demanda de mano de obra barata que se produjo con el *boom* económico de fin de siglo en Estados Unidos.

Impacto regional y balance demográfico

Hasta la década de los noventa no se percibían cambios dramáticos en cuanto a lugar de origen de la migración mexicana a Estados Unidos. Lo que parecía indicar que los cambios en las tendencias migratorias tomaban décadas, en vez de años. Éste sería el caso de Oaxaca, por ejemplo. El fenómeno migratorio se movía de manera lenta y pausada, sin cambios bruscos, lo que llevaba a desconfiar o sospechar de los cambios abruptos reflejados en algunas estadísticas.

Pero la situación ha cambiado dada la emergencia de la región sureste, en especial el caso de Veracruz, que se ha convertido en un verdadero laboratorio. Por primera vez se cuenta con la oportunidad de apreciar y analizar cómo se desarrolla el fenómeno desde el momento preciso en que está iniciando. Aspecto que nunca se pudo apreciar en el caso de la región histórica y aun de la región central, que ya se había incorporado de manera inicial durante la época de los braceros.

Sin embargo, el impacto centenario de la migración también genera procesos novedosos en la región histórica, muy particularmente el fenómeno del despoblamiento. En este sentido, la continuidad implica mayor impacto en la región y en las comunidades de origen que tradicionalmente envían migrantes.

De acuerdo con la evolución del proceso migratorio, se pueden distinguir dos momentos de repunte migratorio: uno a mediados de la década de los veinte y otro a comienzos de la de los noventa. En ambos casos, la sangría migratoria tuvo valores proporcionales semejantes: aproximadamente 8 o 9 por ciento de la población mexicana radicaba fuera del país.

En 1996 se estimó el flujo migratorio total de mexicanos en 8.5 millones (Comisión Binacional, 1998). Si bien la cifra es alta, no resulta desproporcionada con otros flujos históricos de otras latitudes: entre 1876 y 1915 14 millones de italianos abandonaron su país (Sassen, 1999). Es decir, en el ámbito nacional hubo recursos poblacionales suficientes para amortiguar el impacto. El censo estadounidense de 2000 confirmó estas cifras al informar que la población hispana-mexicana ascendía a 20.6 millones, y que los migrantes (nacidos en México) sumaban poco más de 9 millones (9'177,487) (Census Bureau, 2001).

Pero el impacto crece y se multiplica a medida que se pasa a la región, al estado y a la localidad. La región histórica contribuyó, en 2000, con 23 por ciento de la población nacional, y su aporte migratorio fue más del doble. Esto significa que la región histórica aportó aproximadamente 4.5 millones de migrantes. Es decir, cerca de 20 por ciento de la población regional radicaba o trabajaba en Estados Unidos.

La región fronteriza presenta una situación de relativo equilibrio: su contribución a la población nacional fue de 20 por ciento, y su aporte migratorio fluctuó entre 10 y 20 por ciento. Por el contrario, la región central, la más poblada de todas, contribuyó con 40.5 por ciento de la población nacional, y su aporte migratorio fue mucho menor, entre 25 y 30 por ciento. Finalmente, en la región sureste el impacto de la emigración internacional es relativo, y sólo el censo de 2000 reporta una actividad inicial, que sin duda será mucho mayor en 2010.

Como es de suponerse, el impacto no ha sido homogéneo en el interior de cada región. Los estados de Jalisco, Michoacán y Guanajuato, por ejemplo, son los más poblados y, por tanto, han podido sortear con mayor solvencia la sangría demográfica. Por el contrario, en el estado minero de Zacatecas la situación es alarmante; la población total de este estado representaba 1.39 por ciento del total de la población nacional en 2000, y su aporte al flujo migratorio se puede fijar en torno a 5 por ciento.

En efecto, el estado de Zacatecas presenta índices migratorios muy altos, de tal modo que su aporte migratorio sobrepasa con mucho su aporte poblacional. Un fenómeno similar ocurre en el estado de Durango. El proceso de despoblamiento en Zacatecas y Durango es alarmante, y sin duda una de las causas principales ha sido la emigración a Estados Unidos. En el estado de Durango la tasa de crecimiento 1990-2000 fue de –0.72 por ciento. Y más de dos terceras partes de los municipios (76.92 por ciento) tienen tasas de crecimiento negativo. Por su parte, en Zacatecas la tasa de crecimiento 1990-2000 fue de -0.59, y casi dos terceras partes de los municipios (57.14 por ciento) tienen índices de crecimiento negativos. En ambos casos son los municipios pequeños y rurales los que se han visto más afectados.

Al parecer, las zonas menos pobladas y áridas de los estados de la región histórica han empezado a resentir el peso de una sangría migratoria centenaria. Por el contrario, en las regiones que cuentan con algunos recursos (agricultura, industria, comercio, servicios o comunicaciones) la emigración ha servido como un elemento dinamizador de las economías locales de ranchos, pueblos y ciudades medias. Dinamismo que se refleja positivamente en los indicadores demográficos y en los índices de marginación.

Como quiera, los procesos migratorios ya han empezado a dejar una huella profunda en algunas comunidades. Hay reportes de localidades y pueblos de migrantes donde sólo viven niños, mujeres y ancianos. A medida que se pasa a comunidades y subregiones específicas los problemas se agudizan.

Es el caso de la Mixteca Alta, de donde han salido muchos migrantes y su impacto es visible tanto en los días normales, cuando no se ve a nadie, como en los días de fiesta, cuando llegan todos los ausentes. Es el caso de la comunidad de San Sebastián de Nicamanduta, enclavada en la Mixteca oaxaqueña, que tradicionalmente enviaba migrantes a la ciudad de México, luego a Estados Unidos y después a Canadá, al quedar enrolada en el programa de trabajadores migrantes temporales. Para colmo, de esta comunidad salieron algunos de sus miembros contratados para un trabajo temporal en Arabia Saudita (Woodman, 1998). Ciertamente, es un caso extremo de multidireccionalidad migratoria y de participación en el mercado internacional de fuerza de trabajo, pero da una pauta de la dinámica y las presiones a las que están sometidas algunas comunidades.

Conclusiones

El análisis detallado de la información sobre el lugar de origen de los migrantes y la dinámica de cada región migratoria permiten confirmar la pertinencia de los estudios de redes sociales y los sistemas de reclutamiento y contratación. Por otra parte, se confirma ampliamente la pertinencia del enfoque teórico de la causalidad acumulativa. Una vez puesto en marcha el proceso, por lo general de manera inducida desde el exterior, las redes sociales se encargan de mantener y aceitar los mecanismos que permiten la continuidad de un flujo eficiente entre la oferta y la demanda (Massey, Alarcón, Durand y González, 1987; Durand, 1998; Zahniser, 1999; Moctezuma, 2000).

En la perpetuación del flujo intervienen varias causas. En el nivel macro, México y Estados Unidos se han esforzado, cada cual por su cuenta, por mantener una relación de dependencia mutua basada en la oferta y demanda de mano de obra barata. Salvo casos coyunturales, la demanda de mano de obra en el mercado de trabajo estadounidense se ha mantenido constante y creciente a lo largo de todo el siglo XX y lo que va del XXI. En cuanto a la oferta de mano de obra, México multiplicó por diez su población en un siglo, y el ritmo de crecimiento poblacional sólo ha empezado a decrecer en términos relativos, en los últimos 15 años. De acuerdo con el censo de 2000, se estima que la tasa de crecimiento es de 2.4, ligeramente por arriba del nivel de reemplazo de 2.1. Esta articulación entre el crecimiento simultáneo de la oferta y la demanda de mano de obra fue un factor clave en la perpetuación del flujo durante el siglo XX. En el único momento histórico que hubo una contracción generalizada de la demanda en Estados Unidos (1929-1933) se pudo detectar un flujo masivo de retorno al país, en parte obligado por redadas de deportación masiva, y en parte como opción personal y familiar dado que no había trabajo.

No obstante, la etapa de oferta ilimitada de mano de obra parece estar llegando a su fin. El cambio de ritmo en el crecimiento natural de la población mexicana afectará, en el mediano plazo, la magnitud con que antes México ofertaba mano de obra en el mercado de trabajo binacional.

Respecto a los indicadores macroeconómicos, México ha sido considerado, en 2000, como la novena economía del mundo y la primera de América Latina. Sin embargo, ocupa el lugar 29 en lo que se refiere al ingreso per cápita y, lo que es peor, el lugar 51 en cuanto a los indicadores de desarrollo humano de la ONU (*El Universal*, 3 de junio de 2002). Las mejoras en el nivel macroeconómico todavía no permean la base de la sociedad y no se acorta la brecha salarial entre ambos países, que son los indicadores económicos que inciden directamente en el fenómeno migratorio.

En el análisis regional es notoria la tendencia a la continuidad y al cambio gradual. La tesis de que la migración genera sus propios mecanismos para autosostenerse (Massey, Alarcón, Durand y González, 1987) ha quedado comprobada en una esfera más amplia que la de la comunidad, en la regional. En ese sentido, la continuidad es una tendencia predominante. El cambio, como en todo proceso social, también se hace presente. La novedad es el papel protagónico que ha empezado a desempeñar la región central. Una región que quedó incorporada al panorama migratorio durante el programa bracero, hace más de 50 años, y que en las últimas 2 décadas ha empezado a despuntar. Por otra parte, se registra el crecimiento explosivo de la migración en la región sureste, particularmente en Veracruz. Estos dos cambios pueden explicar, a su vez, otros fenómenos novedosos, como el rápido crecimiento de la población migrante en las nuevas regiones de destino y el incremento del componente indígena entre la población migrante, temas que serán desarrollados en los siguientes capítulos.

Capítulo 4

Regiones de destino

La DECISIÓN de ir al norte se puede definir con un "volado". Una moneda al aire puede determinar el rumbo de toda una vida. Porque para muchos, sobre todo los jóvenes, ir al norte es una aventura. Lo que no define la suerte es el lugar a donde el migrante se dirige. En ese aspecto no caben improvisaciones o aventuras. La gente va donde tiene contactos, relaciones, amistades y, más que todo, familiares cercanos. Las consideraciones personales salen sobrando, no se trata de gustos o preferencias por tal o cual lugar.

Las posibilidades de elección se reducen al capital humano y social de cada quien. El capital humano suele orientar el destino en sentido amplio: el medio urbano o el medio agrícola. Se ha demostrado, en el caso mexicano, que los migrantes que provienen de áreas rurales suelen trabajar en la agricultura, y los de origen urbano prefieren los trabajos citadinos (Massey, Alarcón, Durand y González, 1987). En cuanto al lugar de destino específico, la elección depende de la extensión y la difusión de la red de relaciones que cada uno tenga; se restringe a su propio capital social.

De ahí que los flujos migratorios suelan moverse en bloque hacia determinados puntos de destino. Luego, con el tiempo, la población adquiere o transforma su propio capital humano y social, y se va dispersando a partir de este núcleo original, que en la mayoría de los casos se trata de un barrio definido étnicamente.

A diferencia de la categoría lugar de origen, que está sujeta a interpretaciones (lugar de nacimiento o lugar de residencia) y cuenta con una diversidad de fuentes, la categoría lugar de destino suele ser unívoca y se sustenta, principalmente, en la información proporcionada por los censos del país de destino.

En este capítulo se pretende realizar un análisis exhaustivo de la temática a partir de las series censales correspondientes al siglo XX, y se piensa complementar el análisis con información proveniente de encuestas realizadas en los lugares de origen y de destino de los migrantes (Mexican Migration Project, MMP71, 2002).

97

A partir del manejo de información cualitativa y cuantitativa se pretende llevar a cabo un análisis de carácter regional para definir las diferentes
lógicas desarrolladas de acuerdo con la dirección del flujo migratorio entre
México y Estados Unidos. Se pretende, también, proponer categorías que
permitan entender y explicar los distintos niveles que han posibilitado la
generación de un verdadero sistema geográfico de distribución de la población migrante. Finalmente, se pondrá especial énfasis en el análisis de la situación actual, los cambios más relevantes, las nuevas regiones de destino y
las tendencias en el futuro.

Patrones de distribución geográfica

La distribución geográfica de la migración se ajusta a dos patrones: concentración y dispersión. El patrón de concentración es el resultado inmediato
de la migración en bloque de un país hacia otro. Los migrantes se concentran, se agrupan, como una medida táctica de defensa y sobrevivencia. Por
su parte, en el patrón de dispersión intervienen varios factores: el tiempo,
la apertura de nuevos mercados de trabajo, el reclutamiento, la búsqueda
de mejores condiciones de vida y trabajo. A medida que pasan los años los
migrantes se sienten más seguros y empiezan a buscar nuevos rumbos y
oportunidades. De hecho, en Estados Unidos, el desplazamiento en ese
territorio está relacionado directamente con una mejoría salarial. Y en
esto ayuda notablemente un mercado de trabajo dinámico. El mercado
opera en sentido contrario a la concentración; fomenta la dispersión y
atrae a los migrantes hacia nuevos lugares de destino. No obstante, allí operan, de nueva cuenta y en menor escala, los mecanismos de concentración.

De hecho, se pueden distinguir dos grandes tipos de migraciones según
la dirección del flujo: los de carácter unidireccional y los que se dirigen a
diferentes países de destino o multidireccionales.

En la migración unidireccional pueden influir factores políticos, geográficos y culturales. En lo político suele ser decisivo haber tenido relaciones coloniales y, en menor medida, conflictos armados; en lo geográfico
son relevantes la vecindad o la cercanía; en lo cultural influye el parentesco étnico, lingüístico y religioso.[19]

Entre los ejemplos prototípicos de la migración unidireccional está el
mexicano, en que 98 por ciento de los emigrantes se dirigen hacia un solo

---

[19]La distinción entre parentesco étnico y lingüístico es pertinente. Por ejemplo, en el caso de
Quebec, Canadá, se fomenta la llegada de magrebíes porque hablan francés. No hay parentesco cultural, pero sí lingüístico. En el caso de los irlandeses hay parentesco lingüístico y cultural, pero no
religioso, ya que la mayoría de los migrantes eran católicos.

país de destino. En este caso, la vecindad, la guerra y la conquista del territorio por parte de Estados Unidos fueron determinantes. Otros casos son el puertorriqueño, donde influyen las relaciones coloniales, y el cubano, en el cual la migración se sustenta en el conflicto político y la cercanía geográfica. Por el contrario, la dirección de la migración irlandesa a Estados Unidos, en vez de Europa, tiene connotaciones de tipo cultural y lingüístico, que no religioso.

La multidireccionalidad es más difícil de explicar. Tiene que ver, sobre todo, con factores de crisis interna generalizada en los países de origen, que afectan a todos los sectores sociales, especialmente los medios, y los obligan a buscar asilo o acogida en cualquier lugar. No obstante, siempre influyen los factores políticos, geográficos y culturales. El caso italiano es el ejemplo más acabado de multidireccionalidad, con 20 millones de emigrantes distribuidos en nueve países. Sin embargo, más de la mitad de los emigrantes italianos se dirigieron a Europa, particularmente a los países vecinos, Francia (4.1 millones) y Suiza (4 millones). Otros, que en su mayoría provenían del sur, tomaron el rumbo de ultramar y se dirigieron a Estados Unidos (5.7 millones), a Argentina (2.9 Millones) y a Australia y Canadá (medio millón, respectivamente). Pero, a pesar de la magnitud de la migración italiana, sólo algunas regiones se integraron de manera consistente y masiva en el proceso emigratorio (Sassen, 1999).

En el continente americano otros casos de multidireccionalidad son los de Perú, República Dominicana y recientemente Argentina. En el primero se trató de una migración de tipo explosivo, de "sálvese quien pueda", que tuvo su origen en una prolongada crisis económica, política, ética y social. Durante las décadas de los setenta y los ochenta, la emigración peruana se dirigió a los países que tradicionalmente acogen a migrantes: Estados Unidos, Canadá y Australia; pero también se establecieron circuitos migratorios con España, Italia y Japón, con los cuales existen importantes lazos culturales debido a la inmigración histórica de españoles, italianos y japoneses a tierras peruanas. Finalmente, de manera recurrente los peruanos se dirigen a los países vecinos de Chile, Argentina, Bolivia, Ecuador, Venezuela, dependiendo del ritmo de las economías de casa, país y del tipo de cambio. Según una encuesta realizada en Lima, en el barrio de Magdalena, en enero de 2001, se registraron 28 países de destino diferentes (LAMP-Perú, 2001). Aun dentro de Estados Unidos los peruanos están dispersos en muchos estados: Florida (19 por ciento), California (19 por ciento), Nueva Jersey (16 por ciento), Nueva York (16 por ciento), Virginia (5 por ciento) y en una veintena de estados (40 por ciento restante) (Census Bureau, 2000).

En el caso dominicano la migración se dirige hacia Nueva York, y New Haven, en Estados Unidos. En el área triestatal de Nueva York se registraron cerca de medio millón de dominicanos en el censo de 2000. Por otra parte, los dominicanos se dirigen a Puerto Rico y Antigua, en el Caribe; a Madrid, en España, y a Caracas, en Venezuela (Itzigsohn *et al.*, 1999). En este caso influyó la prolongada dictadura de Trujillo, que duró varias décadas, la inmigración de republicanos españoles, la crisis económica al final y después de la dictadura, la intervención armada estadounidense, la persecución e inestabilidad política y la cercanía geográfica con Puerto Rico y Estados Unidos.

Dado que son procesos dinámicos, las tendencias pueden variar. Un caso especial sería el cubano, cuyo principal lugar de destino es Estados Unidos. Pero la profunda crisis económica de los años noventa, con el fin de la Guerra Fría y el cariz que ha tomado el conflicto político con Estados Unidos, ha empezado a diversificar las opciones migratorias de los cubanos, que ahora se dirigen a cualquier lugar que los acoja. La migración de profesionales ha crecido de manera alarmante, en parte fomentada por el mismo gobierno cubano que recibe divisas a cambio. También se ha incrementado la migración por matrimonio, como vía afectiva y efectiva para abandonar la isla. Hoy en día la presencia cubana se deja sentir en República Dominicana, Puerto Rico, Venezuela, Brasil, México y España. Cada persona que logra salir, atrae a su vez a familiares cercanos, colegas y amigos.

Pero, respecto al caso mexicano, éste se sigue caracterizando por la unidireccionalidad de su flujo migratorio. El segundo país de destino para los mexicanos es Canadá, pero se trata, casi exclusivamente, de unos 10,000 trabajadores agrícolas temporales (Woodman, 1998). La antigüedad del fenómeno migratorio a Estados Unidos y su magnitud han contribuido a la distribución de la población migrante en todo el territorio y a la constitución de un sinnúmero de pueblos y ciudades que se distinguen por un alto contenido étnico de tipo mexicano. Los mexicanos están en todas partes, pero a su vez hay lugares donde se concentran de manera muy marcada. De hecho operan simultáneamente los dos patrones de distribución geográfica, el patrón de concentración y el de dispersión. No obstante, en la última década ha sido muy notable la dispersión de la migración mexicana y, al mismo tiempo, su reconcentración en nuevos lugares de destino, en particular los estados de Georgia, Florida, Carolina del Norte, Nueva York y Nevada.

Patrones de concentración

Por lo general, los patrones migratorios de concentración geográfica suelen diluirse a través del tiempo y terminan por extinguirse cuando cesan los flujos migratorios que alimentaron por años y décadas los lugares de concentración (Funkhouser, 2000). En el caso mexicano, la retroalimentación ha sido constante a lo largo de todo un siglo, sin contar la presencia previa de mexicanos en los territorios anexados. Esta dinámica centenaria permite analizar los patrones de concentración y dispersión a través del tiempo, detectar los cambios y señalar tendencias.

Pero, dada la magnitud y la amplia distribución geográfica de la migración mexicana en Estados Unidos, es necesario distinguir diferentes niveles de concentración. A diferencia de Portes y Bach (1985), que se refieren a enclaves étnicos, y a Funkhouser (2000), que distingue entre enclaves primarios y secundarios, que hacen referencia de manera prioritaria al campo económico, hemos optado por retomar y adaptar los planteamientos de Christaller sobre la teoría de la centralidad, o lugar central.

Para Christaller (1996) los núcleos urbanos proporcionan servicios tanto para sus residentes como para los visitantes provenientes de una región aledaña. De este modo se pueden jerarquizar los núcleos urbanos de acuerdo con el *principio de mercado*, por los productos que ofrece; con el *principio de tráfico*, por la concentración y el acceso a diferentes medios de comunicación, y con el *principio administrativo*, es decir, por los servicios que ofrece (Haggett, 1994).

A partir de estos planteamientos proponemos una tipología utilizando el término "capitales", que ya incluye el principio de centralidad y jerarquía, y además se ajusta más a la percepción de los migrantes mismos y a la idea de que en cada núcleo de concentración se brindan servicios y apoyos para la comunidad y los migrantes que arriban.

El término "enclave" hace alusión al ámbito económico, a espacios cerrados, aislados geográficamente, con cierta autonomía y que no se ajustan propiamente a la vida social en un medio urbano. No se puede decir que en Los Ángeles hay un enclave étnico mexicano, aunque exista un mercado étnico de trabajo muy amplio y difundido.

Por otra parte, en ciertos contextos las denominaciones populares como China Town, Little Haiti, Little Korea, Pequeña Habana, etcétera, pueden tener tanto una carga positiva como negativa. Hoy en día Little Italy, en Nueva York, es un lugar *fancy* para ir a pasear y cenar, pero en otros tiempos tuvo mala reputación. En muchos casos estas denominaciones aluden al concepto peyorativo de gueto. Para muchos chicanos East LA es motivo de orgullo, para otros que viven ahí no lo es, lo único que quieren es salir de ese medio, y para muchos otros es un lugar al que no hay que ir.

Por el contrario, el término "capital" no tiene una connotación negativa, su carga simbólica es más bien positiva. La capital migratoria opera como un punto de referencia y, al mismo tiempo, denomina a una ciudad, como insignia de un país o una región de origen.

De acuerdo con los diferentes niveles de concentración proponemos distinguir tres tipos de capitales: la capital migratoria, que es la ciudad emblemática de un determinado país de origen, y capitales de segundo y tercer rango, que en este caso llamaremos capitales regionales y provinciales. Por otra parte, también se analizan tres niveles que corresponden al patrón de dispersión, a los que hemos llamado comunidades dispersas, grupos itinerantes y población dispersa.

La *capital migratoria* se distingue por un nivel muy alto de concentración de migrantes en alguna ciudad del país de destino. Por tanto, es una ciudad que se distingue étnica, racial y lingüísticamente por este componente migratorio. Para el país de origen es una ciudad emblemática, mítica, con fuerte contenido simbólico. Es una ciudad que es punto de referencia para todos: los migrantes que pertenecen a ese flujo; los no migrantes que se quedan en el lugar de origen, pero que conocen, a veces con detalle, muchos de sus aspectos y características y, para la población del país de acogida, que sabe y reconoce la presencia o predominancia de determinado grupo étnico. Nadie discute o desconoce la primacía de Los Ángeles para los mexicanos; Miami para los cubanos; Nueva York para los puertorriqueños.

Una capital migratoria, como Los Ángeles, cuenta con un conjunto de barrios mexicanos, algunos de ellos con más de un siglo de antigüedad, como East LA. Por otra parte, allí se concentran una multitud de servicios: consulares, religiosos, bancarios y comerciales. La capital migratoria cuenta con periódicos mexicanos, estaciones de radio y televisión, centros culturales, museos, centros de investigación. Allí radican las casas matrices de distintas organizaciones políticas, no gubernamentales y de apoyo al migrante. Hacia allí se dirigen los políticos y académicos del país de origen y los líderes comunitarios que buscan incidir en la comunidad radicada en el exterior. En la capital migratoria, los migrantes pueden acceder a un mercado de trabajo amplio y diversificado, y tienen a miembros de su comunidad de pertenencia participando en diversos niveles socioeconómicos y sectores sociales. Finalmente, en la capital migratoria la comunidad ha logrado tener algunos representantes de elección popular y funcionarios de alto rango.

El segundo nivel corresponde a una ciudad con alto grado de concentración de migrantes y que opera como una *capital regional*. No tiene una importancia de alcance nacional para los migrantes y no migrantes de un determinado país de origen, pero se reconoce como el centro de referencia para una región que geográficamente incluye a varios estados. Una capital regional indiscutible, en el caso mexicano, es la ciudad de Chicago, que concentra gran cantidad de población, opera como centro de comunicaciones y servicios, además de ser un núcleo concentrador y redistribuidor de mano de obra mexicana, fuera y lejos del contexto fronterizo.

En el caso de los dominicanos, la capital regional es Puerto Rico; para los portorriqueños, Philadelphia; para los cubanos, Nueva York. En la capital regional, la carga simbólica es mucho menor que la de la capital migratoria, pero cumple con importantes funciones de concentración y prestación de servicios en el ámbito regional. Una condición indispensable para una capital regional es que la ciudad de referencia cuente con algunos barrios que se identifiquen con el país de origen. Además debe tener una representación oficial del país de origen (consulado), un mercado de trabajo amplio que se complemente con un mercado de trabajo étnico, organizaciones culturales y de servicios: grupos religiosos, sindicatos, clubes, federaciones, ONG; y, finalmente, debe tener una presencia cultural significativa y visible en la prensa escrita, hablada y televisada.

Al tercer nivel corresponden las *capitales provinciales*. En este caso, la capital provincial tiene como punto de referencia la delimitación política estatal, pero la capital estatal del país de destino no siempre coincide con la capital provincial de tipo migratorio. Por otra parte, pueden haber una o varias capitales provinciales en un mismo estado. Es el caso del estado de Texas, donde las ciudades de Dallas, El Paso y San Antonio operan de manera independiente e integran y brindan servicios a un *hinterland* totalmente distinto. Otros casos de capitales provinciales son Yuma y Phoenix, en Arizona; Denver, en Colorado; Yakima, en Washington; San Diego, en California. Las capitales provinciales cuentan necesariamente con uno o dos barrios mexicanos, comercio y servicios de carácter étnico, algunas organizaciones como clubes o asociaciones y un mercado de trabajo más o menos amplio, pero no tan diversificado como en las capitales regionales. Tampoco tienen un mercado de trabajo étnico consolidado.

CUADRO 14

CAPITAL MIGRATORIA

Nivel	Primario
Tipo de concentración	Máximo. Varios millones
Alcance	Nacional
Características	La ciudad con mayor número de migrantes y barrios. Posee capital simbólico y tradición. Ofrece bienes y servicios: profesionales, consulares comerciales, bancarios y de comunicación. Concentra centros de estudios y organizaciones sindicales, sociales, cívicas, culturales, deportivas y religiosas. Ofrece y organiza servicios y actividades culturales: mu-

	seos, centros de diversión, fiestas y celebraciones. Presencia en cargos públicos y de elección. Mercado de trabajo amplio, diversificado y étnico.
Casos	San Antonio, 1900-1960. Los Ángeles, 1960-2000.

Capital regional

Nivel	Secundario
Tipo de concentración	Alto. Decenas de miles; en algunos casos, cientos.
Alcance	Regional: incluye a varios estados.
Características	La ciudad más importante en la región de destino, tiene tradición migratoria y barrios antiguos y consolidados. Consulado, comercio y servicios múltiples. Mercado de trabajo amplio, diversificado y étnico. Presencia cultural y organizativa.
Casos	Kansas City, Chicago.

Capital provincial

Nivel	Terciario
Tipo de concentración	Medio. Varios miles; en algunos casos, varias decenas.
Alcance	Local. Pueden haber varias capitales provinciales en un estado.
Características	La ciudad(es) más importante(s) en el estado de destino. Operan comercios, servicios, clubes, iglesias. Mercado de trabajo restringido.
Casos	Texas: Dallas, El Paso, San Antonio. Arizona: Phoenix, Yuma. Washington: Yakima. Georgia: Dalton, Atlanta.

Patrones de dispersión

La dispersión, como se señaló anteriormente, es al mismo tiempo un nuevo proceso de concentración, pero en proporciones muy menores. Suele darse por la costumbre y necesidad de los migrantes de viajar en grupo o acompañados. Así lo manifestaba, en los años veinte, un funcionario de la Santa Fe Railroad, empresa que contrató miles de trabajadores mexicanos y los dispersó en campamentos a lo largo de toda ruta. "They invariably travel in pairs, trios or groups consisting of relatives, neighbors or compadres. The different members of this group will stick through thick and thin, right or wrong [...] any trouble with one is likely to be followed by demonstrations from his friends" (Garcilazo, 1995). Esta tradición sigue presente en la actualidad. Los migrantes suelen viajar en grupo, y los compañeros de aventuras y de situaciones difíciles suelen tener un nivel muy alto de camaradería y solidaridad. Las cuadrillas de trabajadores en lugares aislados suelen trabajar en equipo y compartir todo lo que tienen. Están aislados, por ejemplo, en un rancho donde cortan tabaco, pero a su vez están estrechamente vinculados entre sí. A pesar de la diversidad de casos posibles, se pueden distinguir claramente tres niveles en cuanto al patrón de dispersión: comunidad dispersa, grupos itinerantes y población dispersa.

El primer nivel de dispersión corresponde a las *comunidades dispersas*, es decir, una población de migrantes que está aislada geográficamente, pero concentrada en una población de tamaño pequeño o medio y que no llega a tener las características de una capital provincial. Las comunidades dispersas suelen agruparse en torno a un mercado de trabajo específico y tienen cierto grado de organización comunitaria. Un buen ejemplo puede ser la población de Salinas, que figura como *country seat* del condado de Monterrey, donde se congrega un buen número de mexicanos que trabajan en la agricultura. Los migrantes que allí se concentran, desde comienzos de siglo, provienen de varias regiones de origen, pero principalmente de la región histórica. Existe una comunidad establecida allí que le da la categoría de comunidad dispersa, pero otra parte de la población es de carácter temporal y otra más es flotante, que sólo llega durante la temporada de cosecha.

Otro ejemplo es la comunidad dispersa de guanajuatenses en Kennett Square, Pennsylvania, un flujo que está relacionado únicamente con el trabajo del "hongo" (champiñón). Allí se concentraba cerca de 30 por ciento, de los mexicanos que se encuentran dispersos en 49 condados del estado de Pennsylvania, según el censo de 1990. En este caso, se trata de una comunidad dispersa donde su población proviene, en su mayoría, de un mismo lugar de origen y donde se viven intensamente las relaciones sociales, familiares, de paisanaje y amistad.

La migración en bloque, en este caso de una comunidad de origen a otra de destino, ha sido reportada ampliamente por diferentes autores. Son las llamadas comunidades "hermanas" en la diáspora (Massey, Alarcón, Durand y González, 1987), lo que en sentido inverso Alarcón (1992) ha llamado "proceso de norteñización", o las ahora llamadas "comunidades transnacionales" (Smith, 1993; Goldring, 1993). En el medio popular se sigue la costumbre muy difundida de llamar al nuevo lugar con el mismo nombre del pueblo, añadiendo el adjetivo diminutivo "pequeño" o "chiquito". Es el caso de Lake Tahoe, que se la conoce también como Ameca Chiquita (Martínez, 1995).

El segundo nivel corresponde a los que hemos llamado *grupos itineran-tes* de trabajadores migrantes que no tienen residencia fija. Es decir, aque-llos que forman parte de grupos que siguen el ritmo de las cosechas por los distintos corredores del Pacífico, el centro y la costa este. Fue muy famosa, hasta los años setenta, la "corrida" que se iniciaba en Texas y llegaba hasta el estado de Washington, al corte de la manzana y la cosecha de espárrago. Actualmente sería el caso de la "corrida" que se inicia en el estado de Flo-rida y se dirige al norte. En Florida son cada vez más numerosos los mi-grantes mexicanos, pero no hay todavía una capital provincial, a lo más hay algunas comunidades dispersas en proceso de formación. El consulado mexicano de Miami atiende periódicamente a esta población con visitas esporádicas, en sus mismos lugares de trabajo.

Los grupos itinerantes han cobrado nuevo brío debido a tres hechos: el incremento del sistema de subcontratación, que maneja y traslada a los tra-bajadores de acuerdo con los contratos; el incremento de trabajadores con-tratados bajo el sistema de visas H2A (Durand, 1998), y la apertura de una nueva zona de destino para el circuito migratorio de trabajadores agrícolas mexicanos.

El tercer nivel corresponde a la *población dispersa*. Se trata de un sector de la diáspora mexicana individualizada, que cuenta en las estadísticas, pero que está alejada, sea en sentido geográfico, sea por su nivel social y cultural.

Un ejemplo de aislamiento geográfico es el de los seis mexicanos repor-tados en el censo de 1990, que vivían en el condado de Alpine, al este de San Diego, California, cuya población es de apenas 1,082 personas. Asimis-mo, el caso de los mexicanos que viven en 17 condados de Alaska, que es-tán separados de la capital provincial de Anchorage y las comunidades dis-persas ubicadas en Kodiak y las Aleutians. El caso de las 1,082 personas que vivían, en 1990, en el estado de Alabama, repartidas en 39 condados (US Census Bureau, 1990). Es el caso de la población ubicada en estados don-de la concentración de mexicanos es muy poco significativa, como Maine (338), Montana (880) (US Census Bureau, 2000).

En este nivel de población dispersa se integran también los mexicanos de clase media y alta, muchos de ellos funcionarios, profesionales y estu-diantes, que están integrados a la sociedad estadounidense y que práctica-mente no tienen contacto con la comunidad mexicana radicada en Estados Unidos. Es el caso de los profesionales y científicos mexicanos, estudiados por Alarcón (1998), que trabajan en el valle del Silicón, que viven en Palo Alto y no tienen contacto con los trabajadores mexicanos de la limpieza, *ja-nitors*, que asean durante la noche las mismas oficinas y viven en el barrio Tropicana, estudiados por Slolniski (1998).

CUADRO 15

NIVELES DE DISPERSIÓN

Comunidad dispersa

Nivel	Primario
Tipo de dispersión	Varios cientos o algunos miles de personas (2-3)
Alcance	Local
Características	Concentración en un contexto de aislamiento.
	Algunos servicios, sobre todo de tipo comercial y religioso.

Población dispersa

Nivel	Terciario
Tipo de dispersión	Muy amplia
Alcance	Nacional
Características	Personas o familias integradas al medio americano.
	Pertenecen por lo general a sectores medios y altos.
	Suelen tener propiedades en Estados Unidos.
	Estudiantes en universidades.
	Algunos casos de *opers* y domésticas.
	Nichos laborales muy especializados.
Casos	Estudiantes universitarios.
	Profesionales, funcionarios, trabajadores especializados.
	Miembros de la clase alta.
	Visitas esporádicas de funcionarios consulares.
	Tráfico constante hacia la capital provincial más cercana.
	Mercado de trabajo limitado.
	Formación incipiente de un barrio.
Casos	Comunidades cercanas a Boise, Idaho.
	Jackson Hole, Wyoming.
	Lake Tahoe, Nevada.
	Kenneth Square, Pensylvania.

Grupos itinerantes

Nivel	Secundario
Tipo de dispersión	Aislados geográficamente, pero viajando y trabajando en grupo.
Alcance	Regional: costa del Pacífico y este, rutas de contratistas.
Características	Siguen las cosechas de manera estacional.
	Especializados en el trabajo agrícola.
	Trabajan generalmente para contratistas.
	Aprovechan temporadas altas, con buenos salarios.
	Nichos laborales muy específicos.
Casos	Corrida que iba de Texas a Washington.
	Corrida de California a Yuma.
	Circuito del este de Florida a Nueva Jersey.
	Circuito del oeste de California a Washington.
	Pescadores en Alaska.

Viejas y nuevas regiones de destino

El análisis histórico de la distribución geográfica de la migración mexicana, en Estados Unidos, permite establecer con precisión cuatro grandes regiones: dos de carácter permanente, una de carácter histórico y otra más
en proceso de formación. Dado que se trata de un proceso dinámico y cambiante, las regiones se expanden o reacomodan a lo largo del tiempo, pueden dejar de existir o permanecen en estado de latencia y, finalmente,
emerger. Hemos utilizado términos geográficos para designar las regiones
de destino, para distinguirlas de las regiones de origen, y éstas han sido cla-
sificadas con términos como histórica o fronteriza. Sin embargo, se trata de
regiones migratorias que toman el nombre de regiones geográficas, pero
que no necesariamente son equivalentes. Por ejemplo, las regiones de destino de los grandes lagos y las grandes planicies no necesariamente corresponden con su definición geográfica tradicional o convencional. Se han establecido como criterios para definir una región de destino, el tamaño de
la población en cada estado y su vinculación a una capital regional.

La primera región es la del sudoeste, que incluye los cuatro estados
fronterizos, y en una segunda fase de expansión abarca a los estados ad-

MAPA 3

REGIONES DE DESTINO DE LA EMIGRACIÓN MEXICANA A ESTADOS UNIDOS. REGIÓN SUDOESTE, 2000

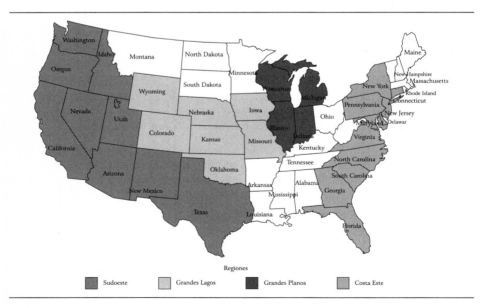

MAPA 4
REGIÓN SUDOESTE. PRIMERA FASE

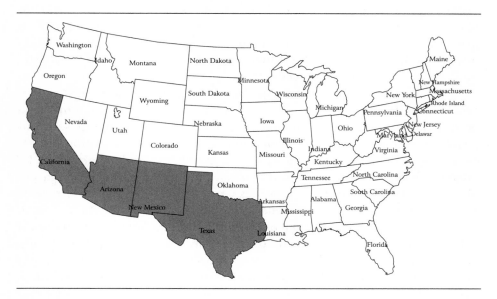

REGIÓN SUDOESTE. SEGUNDA FASE: EXPANSIÓN

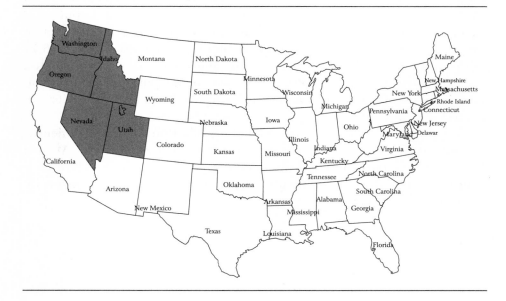

yacentes. En segundo término figura la región de los grandes lagos, que se articula en torno a la ciudad de Chicago. La tercera región, de corta duración, fue la de las grandes planicies, que se articuló en torno al centro ferrocarrilero de Kansas y que, al parecer, en estos momentos está en proceso de reconstrucción. Finalmente, hay que tomar en cuenta a una nueva región, en proceso de formación, la del corredor de la costa este, que va de la Florida a Connecticut.

La región sudoeste estaba formada, en una primera fase, por los estados de California, Arizona, Nuevo México y Texas. Esta amplísima región, que va del golfo de México al océano Pacífico, además de ser fronteriza, tiene una característica fundamental, se trata de territorios que hace siglo y medio eran mexicanos y que su huella, española y mexicana, ha quedado indeleble en la toponimia local, en el fenotipo racial de la población autóctona y en sus costumbres y tradiciones. Los estados fronterizos de Texas, California, Arizona y, en mucho menor medida, Nuevo México ocupaban y se alternaban en los primeros lugares en cuanto al volumen de migración mexicana que acogían, a lo largo de todo el siglo XX. El destino de la migración mexicana a la región sudoeste ha tenido un componente que se define principalmente por el criterio de vecindad, pero también ha cumplido con los otros dos criterios, historicidad y masividad.

Se perciben claramente dos procesos encontrados, desarrollados durante las primeras décadas del siglo XX: la tendencia al decrecimiento, en el caso de Texas, y al crecimiento, en el caso de California. Al despuntar el siglo, el estado de Texas acaparaba más de dos terceras partes del total de migrantes (68.73 por ciento), Arizona figuraba en segundo término (13.71 por ciento) y California ostentaba un porcentaje modesto (7.82 por ciento). Diez años después, California superaba a Arizona, y por 4 décadas permaneció en segunda posición. Finalmente, en 1960, Texas tuvo que cederle el primer lugar a California.

Un proceso paralelo se verificó en el caso de Illinois, que a comienzos de siglo figuraba en décimo lugar, en 1930 desplazó a Nuevo México y se ubicó en cuarto lugar, y finalmente en 1970 desplazó a Arizona y ocuparía, de manera permanente, el tercer lugar en concentración de migrantes mexicanos.

CUADRO 16

DIEZ PRIMEROS LUGARES DE DESTINO DE LA MIGRACIÓN MEXICANA, 1900-2000

Primera parte

Año	1	%	2	%	3	%	4	%	5	%
1900	Texas	68.73	Arizona	13.71	Cal.	7.82	N. México	6.43	Wisconsin	0.48
1910	Texas	56.30	Cal.	15.18	Arizona	13.51	N. México	5.37	Kansas	3.80
1920	Texas	52.34	Cal.	18.45	Arizona	12.80	N. México	4.21	Kansas	2.86
1930	Texas	41.57	Cal.	31.21	Arizona	7.64	Illinois	3.36	N. México	2.56
1940	Texas	39.60	Cal.	35.70	Arizona	7.20	N. México	4.20	Illinois	2.50
1950	Texas	44.60	Cal.	34.10	Arizona	6.70	Illinois	2.60	N. México	2.10
1960	Cal.	41.80	Texas	35.80	Arizona	6.30	Illinois	4.80	N. México	1.80
1970	Cal.	52.90	Texas	26.60	Illinois	6.20	Arizona	4.40	Michigan	1.00
1980	Cal.	57.29	Texas	22.71	Illinois	7.74	Arizona	3.32	N. México	0.80
1990	Cal.	57.90	Texas	22.10	Illinois	5.20	Arizona	3.40	Florida	1.50
2000	Cal.	42.81	Texas	20.84	Illinois	6.73	Arizona	4.75	Georgia	2.07

Segunda parte

Año	6	%	7	%	8	%	9	%	10	%
1900	Louisiana	0.47	N. York	0.34	Colorado	0.27	Missouiri	0.16	Illinois	
1910	Oklahoma	1.24	Colorado	1.13	Missouiri	0.64	Louisiana	0.46	Nevada	0.34
1920	Colorado	2.29	Illinois	0.84	Nebraska	0.75	Missouiri	0.71	N. York	0.62
1930	Colorado	2.05	Kansas	1.74	Michigan	1.53	Indiana	1.19	N. York	0.80
1940	Kansas	2.10	Colorado	1.70	N. York	1.00	Michigan	0.70	Ohio	0.60
1950	Michigan	1.50	Kansas	1.20	Colorado	1.10	Ohio	0.80	Indiana	0.70
1960	N. York	1.20	Washington	1.10	Colorado	1.00	Michigan	1.00	Indiana	0.80
1970	N. México	0.80	N. York	0.70	Colorado	0.60	Indiana	0.60	Florida	0.40
1980	Washington	0.80	Colorado	0.70	Florida	0.60	N. York	0.50	Indiana	0.50
1990	N. México	1.30	Washington	1.10	Colorado	0.90	Nevada	0.90	N. York	0.50
1996	Florida	2.06	Colorado	1.98	Carolina N.	1.87	N. York	1.77	Nevada	1.68

La predominancia de Texas, en la primera mitad del siglo XX, se explica principalmente por cuatro hechos: la presencia de casas de enganche o contratación en la franja fronteriza y en las ciudades del interior; las conexiones de vías férreas; la cercanía con la región de origen histórica y la relevancia de la ciudad de San Antonio, antiguo asentamiento español y mexicano que se convirtió en la capital migratoria, hasta mediados del siglo XX.

Después de un periodo inicial de "enganche", en las mismas comunidades de origen de los migrantes, éstos empezaron a llegar a la frontera, por sí solos, por medio del ferrocarril. Se había producido un cambio en la ley estadounidense de migración, de 1885, que prohibía la contratación de personal en el extranjero, un negocio al que se habían dedicado muchas compañías que utilizaban el contrato como señuelo para que la gente –en Europa– se decidiera a emigrar y comprara los pasajes de las compañías navieras (Cardoso, 1980). Esta ley también afectó el sistema de enganche en las comunidades de origen, de ahí que el sistema de contratación se trasladase a la frontera. Y allí, desde territorio estadounidense, las casas de contratación distribuían a los trabajadores migrantes, a todos los rincones de Estados Unidos. De este modo, se superaba el *impasse* legal y se solucionaba el problema de abastecimiento de mano de obra al poner las casas de contratación en territorio americano.

En la frontera tejana competían entre sí una decena de casas de contratación que atraían a los trabajadores con agentes y señuelos publicitarios. La agencia Campa and W.J. Lewis hacía su propaganda afirmando que distribuía "pan entre los mexicanos que estaban en necesidad" mientras esperaban ser enviados a sus respectivos centros de trabajo (Durand y Arias, 2000).

CUADRO 17

EVOLUCIÓN DE LA POBLACIÓN MEXICANA EN LA REGIÓN SUDOESTE

Estado	1900	1910	1920	1930	1940	1950	1960	1970	1980	1990	2000
Arizona	13.71	13.51	12.80	7.64	7.20	6.70	6.30	4.40	3.32	3.40	5.20
California	7.82	15.18	18.45	31.21	35.70	34.10	41.80	52.90	57.29	57.90	41.00
Idaho	0.03	0.06	0.25	0.14	0.10	0.10	0.10	0.10	0.30	0.30	0.40
Nevada	0.09	0.34	0.24	0.34	0.10	0.10	0.20	0.20	0.40	0.90	1.40
New Mexico	6.43	5.37	4.21	2.56	4.20	2.10	1.80	0.80	0.80	1.30	1.60
Oregon	0.05	0.04	0.00	0.20	0.20	0.10	0.10	0.20	0.50	0.80	1.00
Texas	68.73	56.30	52.34	41.57	39.60	44.60	35.80	26.60	22.71	22.10	24.60
Utah	0.04	0.07	0.24	0.37	0.40	0.40	0.30	0.20	0.20	0.30	0.70
Washington	0.07	0.07	0.09	0.08	0.00	0.30	1.10	0.30	0.80	1.10	1.60
Total regional	96.97	90.93	88.64	84.11	87.50	88.50	87.50	85.70	86.33	88.20	77.50

A finales del siglo XIX Texas contaba con tres conexiones férreas con México y su red nacional: Paso del Norte, Laredo y Matamoros. El otro punto de conexión ferroviario estaba en Nogales, en la frontera de Sonora y Arizona. De ahí partía un ramal que comunicaba con Magdalena, Hermosillo y el puerto de Guaymas. Esta ruta ferroviaria luego se prolongó por Sinaloa, Nayarit, y posteriormente, a Jalisco.

No era el caso de las californias, conectadas geográficamente con California, pero sin vías de comunicación eficientes. A Mexicali llegaba el ferrocarril por Estados Unidos, pero estaba desconectado del interior de México. Luego un ramal conectó, en 1906, a Tijuana y Mexicali con el fértil valle de Yuma, en Arizona (Anguiano, 1995).

En efecto, el ferrocarril mexicano del Pacífico, que comunicó a Baja California con el centro del país, se terminó de construir en la década de los cuarenta, en tiempos del presidente Alemán. De ahí que California dependiera, por más de 4 décadas, de la mano de obra mexicana que llegaba por Texas y Arizona. Dada la ausencia de una conexión directa entre California y el centro de México, los flujos migratorios tuvieron que ser reencausados hacia esa región. En 1909 hubo un convenio, poco conocido, entre el presidente de Estados Unidos William H. Taff y el dictador mexicano Porfirio Díaz para organizar un grupo de 1,000 trabajadores que debían ir al sur de California para la cosecha de remolacha (Vargas y Campos, 1964).

La historia del Valle Imperial es un buen ejemplo de cómo llegó la gente a trabajar a esa región, tan lejana y a la vez cercana de México. Según Paul Taylor (1928), la presencia mexicana en el Valle Imperial, en 1906, era minoritaria; la mayoría de los trabajadores eran blancos. El cambio ocurrió entre 1910 y 1920, cuando el número de mexicanos registrados ascendió de 1,461 a 6,217. De éstos, la mayoría (96.5 por ciento) viajaban acompañados, es decir, pertenecían a un grupo familiar. La mayoría provenían de la región de origen Fronteriza (52.5 por ciento), y en segundo lugar de la región histórica (43.6 por ciento).

Pero el proceso de asentar a la mano de obra en el sur de California fue bastante tortuoso. Las obras iniciales de nivelación y limpieza las llevaron a cabo indios cocopas (mexicanos) y, en menor medida, indios de Yuma y Coachella (estadounidenses). Luego llegaron trabajadores importados del oriente: japoneses, hindúes, filipinos y coreanos. También llegaron negros provenientes del sur; puertorriqueños, del Caribe, y mexicano-americanos, de Arizona y Nuevo México. La mayoría de estos grupos de inmigrantes abandonaron el caluroso valle Imperial y al final sólo se quedaron los mexicanos (Taylor, 1928).

Los grandes proyectos de irrigación de California y el modelo de gran explotación agrícola, que también asumía el control del agua, hicieron posible el establecimiento de importantes centros de producción agrícola, como los valles Imperial, Central y de San Joaquín, en zonas que antes estaban prácticamente desérticas y despobladas. Y hacia allí fluyeron, poco a poco, las masas de trabajadores migrantes. Unos se asentaron definitivamente, mientras otros seguían el ritmo de las cosechas, para luego, durante el invierno, regresar a México.

En una segunda fase, que comprende el periodo que va de 1960 a 1990, se invirtieron los papeles, y California pasó a ser el principal punto de atracción para la migración mexicana. Varios factores intervinieron en este proceso. El desarrollo impresionante de la economía californiana en la posguerra. El desarrollo del sistema de comunicaciones entre

México y California: el ferrocarril del Pacífico y el sistema carretero. Y, finalmente, la tendencia descendente en la demanda de trabajadores agrícolas en Texas. La cosecha de algodón, que dependía en gran medida de mano de obra mexicana, entró en un rápido proceso de mecanización. En 1951 sólo 7 por ciento de la producción estaba mecanizada, pero en 1964 se había logrado llegar a 78 por ciento (Calavita, 1992b; Durand, 1998).

En 1944, a 2 años de haber iniciado el programa de reclutamiento, los braceros mexicanos estaban distribuidos en 17 estados. California era el más beneficiado, ya que recibía poco más de la mitad del total de braceros (Jones, 1946; Vargas y Campos, 1964). Sin embargo, en esa época la concentración de braceros en California significaba un paso más en la dispersión, dada la predominancia de Texas.

De hecho, las estadísticas de la época pueden ser engañosas. En efecto, el Programa Bracero no fue promovido ni utilizado por los texanos, que siempre habían podido disponer de mano de obra mexicana sin la intervención del gobierno. La opinión de un ganadero y diputado tejano sobre el Programa Bracero era que

> todo lo que se refiere a esos contratos es papeleo y tiempo perdido, yo he tenido durante muchos años todos los trabajadores mexicanos que me han hecho falta. Los trato con espíritu benevolente, pero no he contraído ningún compromiso (con ellos) y cuando ya no los necesito no tengo más que despedirlos (De Alba, 1954).

En efecto, Texas siempre tuvo problemas con el Programa Bracero, y durante un tiempo quedó excluido. El Programa respondía a las demandas de California, Colorado, Nebraska y Utah, que sí tenían problemas de escasez de mano de obra (Fernández del Campo, 1946).

Como quiera, el Programa Bracero tuvo la virtud de desarticular el siniestro sistema de enganche y distribución de la mano de obra mexicana que operaba desde la frontera texana. El cambio se dejó ver cuando California logró, en 1960, desplazar a Texas de su posición hegemónica y, consecuentemente, la capital migratoria pasó de San Antonio a Los Ángeles.

El reemplazo de San Antonio por la ciudad de Los Ángeles, como capital migratoria, no sólo se debió al crecimiento migratorio de California. Intervinieron factores internos del estado de Texas que relegaron a San Antonio a un tercer plano y promovieron el desarrollo industrial y comercial de Houston y Dallas. La ciudad de San Antonio sigue siendo un punto de referencia importante para los mexicanos, pero no necesariamente para los texanos. El comercio de San Antonio sobrevive en buena medida por los compradores mexicanos, de clase media y alta, que cruzan la frontera. Los comerciantes del centro consideran que la mejor época del año es la Semana Santa y Pascua, 15 días de vacaciones que son aprovechados por miles de turistas mexicanos para ir de compras. Como quiera, San Antonio ha dejado de ser un lugar de afluencia para los trabajadores migrantes que prefieren ir a ciudades pujantes como Houston o Dallas, donde hay más oportunidades de empleo.

Por el contrario, la ciudad de Los Ángeles y el estado de California tuvieron un desarrollo formidable después de la Segunda Guerra, empuje que perdura hasta la actualidad. El área de servicios se expandió de manera notable. La mano de obra mexicana empezó a ser demandada cada vez más por hoteles, casinos y restaurantes (Muller, 1992). Durante la década de los ochenta se crearon, en el estado, medio millón de empleos en el sector de limpieza (*janitors*), la mayoría de ellos de tiempo parcial y no sindicalizados (Mines y Avina, 1992).

Además del sector servicios, la mano de obra mexicana penetró en el sector industrial, muy especialmente en la agroindustria, la confección y la electrónica, que crecía de manera vertiginosa. Los migrantes mexicanos encontraron en California un mercado de trabajo en continua expansión, por lo menos hasta 1990, hasta el fin de la Guerra Fría. Momento en que California entró en crisis económica y recesión.

Por otra parte, California desempeñó el papel de redistribuidor de mano de obra, que antes había desempeñado Texas. A partir de California la migración se expandió por el corredor del Pacífico a los estados vecinos de Oregon y Washington, donde los mexicanos participaban en la cosecha de manzana, la pera y el espárrago. La expansión incluyó a los estados de Idaho y Utah, donde se requieren trabajadores para las labores del campo, el riego, las huertas, la ordeña y el manejo del ganado, y en Nevada, en especial en los centros turísticos de Reno, Lake Tahoe y Las Vegas, donde los mexicanos se han integrado totalmente al mercado de trabajo hotelero y restaurantero desde la década de los setenta, desplazando a otros grupos de inmigrantes, afroamericanos y americanos pobres. De este modo, los estados de Washington, Nevada, Oregon, Idaho y Utah pasaron a formar parte de la región sudoeste.

El punto culminante, en el proceso de concentración de la población migrante en California quedó claramente señalado durante el proceso de amnistía y el programa de trabajadores agrícolas especiales (IRCA, 1986). California acaparó a más de un millón de migrantes documentados, poco más de la mitad del total de postulantes (Cornelius, 1992).

Sin embargo, este crecimiento desmedido marcó el inicio del fin. Las estimaciones realizadas para 1996 indicaban que California, muy especialmente el condado de Los Ángeles, estaba perdiendo población en términos relativos, y estaban ganando población migrante los estados considerados como no tradicionales (Durand, Massey y Charvet, 2000).

En efecto, la región sudoeste creció hacia los estados vecinos, y su comportamiento regional fue invariable a lo largo de todo el siglo XX. Durante las 2 primeras décadas acogió a más de 90 por ciento de los migrantes y en las siguientes 7 décadas se mantuvo arriba de 84 por ciento. En las 3 últimas décadas la región siguió creciendo de manera moderada. Pero entre 1990 y 2000 la región declinó de manera alarmante 10.7 puntos porcentuales. La caída se debe fundamentalmente al caso de California, la locomotora del proceso de concentración, que bajó su ritmo y perdió 16.9 puntos porcentuales en una década. Texas y Nuevo México también bajaron su participación, pero en escala mucho menor (2.50 y 0.30 por ciento, respectivamente). Por el contrario, Arizona repuntó al pasar de 3.40 a 5.20 por ciento, y los otros estados de la región también crecieron, especialmente Nevada que casi duplicó su participación.

Texas y California formaban el eje fundamental de la región sudoeste; pero también es necesario decir que el sur de Texas y el sur de California son las zonas con mayor concentración de migrantes mexicanos y donde su presencia es más visible. Tanto en Texas como en California es notoria la división entre el sur hispano y el norte anglo.

Por su parte, Arizona, que tuvo importancia a comienzos de siglo, fue perdiendo posiciones a lo largo de los años, y pasó del segundo al cuarto lugar. Algo similar sucedió con la migración mexicana a Nuevo México, donde, de manera paradójica, era muy fuerte la tradición mexicano-española de origen ancestral y muy débil los flujos migratorios que pudieran apoyarla.

Las cosas empezaron a cambiar después de la puesta en operaciones del control fronterizo en San Diego y El Paso. Al parecer, estos dos estados vecinos se han dinamizado de manera complementaria por el cambio en las rutas migratorias de los trabajadores indocumentados (Singer y Massey, 1998). El cambio de ruta sólo ha trasladado los problemas de un lugar a otro. Ahora son los rancheros de Arizona quienes han sido acusados de salir a "cazar" migrantes que atraviesan por sus campos y pastizales (*La Jornada*, 11 de junio de 2000). Como se vio anteriormente, el cambio de ruta ha favorecido la inmigración hacia Arizona.

La enormidad de la región sudoeste es uno de sus límites mayores. Finalmente se fraccionará, de tal modo que Houston se convertirá en la capital regional de una nueva y extensa región, que coincide en términos generales con el sur de Estados Unidos y está conectada con la pujante y señorial ciudad de Monterrey.

Región de los grandes lagos

La segunda región en importancia es la que se conformó en torno a la ciudad de Chicago, Illinois, el polo de desarrollo urbano, financiero, industrial y de comunicaciones más importante del medio oeste. La región de los
grandes lagos se extiende por las orillas del lago Michigan, y comprende
los estados de Wisconsin y Minnesota, al oeste; Illinois e Indiana, al sur, y
Michigan, por el este. La capital regional ha sido siempre la ciudad de Chicago, principal punto de afluencia de migrantes y centro de servicios y distribución de trabajadores para toda la región.

Los mexicanos empezaron a llegar a la región a comienzos del siglo xx, y
se unieron a los flujos migratorios procedentes del exterior: Italia, Alemania,
Irlanda, Polonia, y a los afroamericanos provenientes del sur. Pero la llegada
masiva de trabajadores mexicanos ocurrió durante la década de los veinte,
cuando las fundidoras, las empacadoras de carne, las plantaciones de betabel
y las fábricas de azúcar necesitaban urgentemente trabajadores y empezaron a
reclutarlos en Kansas City y San Antonio (Anita Jones, 1928; Valdés, 2000).

El desarrollo de la región, en las primeras décadas del siglo xx, estuvo
asociado al crecimiento de la industria siderúrgica, el desarrollo de los

MAPA 5
REGIÓN DE DESTINO DE LOS GRANDES LAGOS

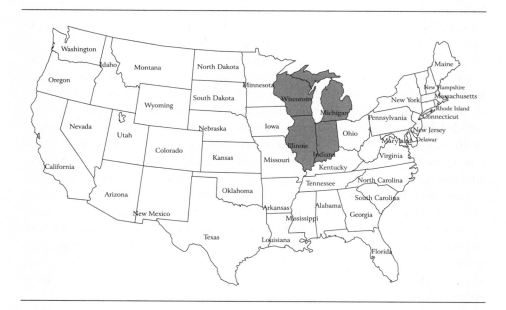

ferrocarriles, la construcción de vagones, la proliferación de empacadoras de carne y el predominio de la industria del automóvil.

Por su parte, en el medio rural, la cosecha del betabel requería grandes contingentes de mano de obra durante los meses de cosecha. En 1907 había 16 fábricas en operación en el estado de Michigan, cuatro en Wisconsin, una en Illinois y otra en Minessota. En la región se cosechaban más de 120,000 acres, lo que significaba una tercera parte de la producción nacional. No obstante, el problema fundamental de la industria era la mano de obra, sobre todo en el tiempo de la cosecha. De hecho, las fábricas de azúcar de betabel se encargaban de reclutar a los trabajadores, ya que los *farmers* no podían comprometerse a levantar la producción sin contar con el apoyo de los industriales que compraban el producto (Department of Agriculture, 1908).

El asentamiento de mexicanos en Minessota se remonta a la década de los veinte, cuando las empresas betabeleras trataron de fijar a la población con ciertos incentivos laborales. Durante la cosecha los trabajadores se dirigían a los campos de cultivo, pero en el invierno se refugiaban en las ciudades. Con el tiempo se fueron formando barrios mexicanos en las ciudades aledañas. Es el caso de St. Paul, que vendría a ser la capital provincial de Minessota (Valdés, 2000). La ciudad servía como puerta de entrada para los recién llegados, y de salida para quienes se iban a trabajar al campo y al ferrocarril. Pero en el caso de la región de los grandes lagos, las ciudades desempeñaban también el papel de retaguardia y refugio durante la época del invierno. En las épocas de frío, como en las de crisis económica, la población dispersa se reconcentraba en las ciudades que operaban como verdaderos refugios contra el frío, el hambre y el desempleo.

La ciudad de Chicago ofrecía una amplia variedad de oportunidades laborales para decenas de miles de mexicanos. A su vez, la afluencia de trabajadores, durante la década de los veinte, posibilitó la emergencia de múltiples negocios en los barrios mexicanos. En los casos de Hull House y South Chicago los billares eran un negocio seguro, ya que eran el principal centro de diversión para los trabajadores. Pero también había restaurantes, cines, hoteles y casas de huéspedes para los recién llegados. De hecho proliferaba todo tipo de servicios: barberías, panaderías, tortillerías, baños públicos, tiendas de abarrotes, mueblerías, heladerías y sastrerías (Taylor, 1932). El teatro Chicago pasaba películas mexicanas y presentaba a artistas famosos como Tito Guízar; la tienda de abarrotes y carnicería La Ideal, propiedad del señor García, ofrecía mercancía de calidad y entregas a domicilio; la Casa Mena vendía, con el sistema de "abonos fáciles", estufas, hornos, radios, relojes, victrolas y discos de todas las marcas (Durand y Arias, 2000).

Las mujeres trabajaban en hoteles, restaurantes y comercios. En las casas de huéspedes no se daban abasto para asistir a los grupos de trabajadores solteros que llegaban a la región y solicitaban hospedaje, alimentos y lavado de ropa (Señoras de Yesteryear, 1987).

La presencia mexicana en esta región será definitiva, pero en vez de expandirse y consolidarse, como en el caso de la región sudoeste, más bien ha ocurrido el proceso contrario: ha tendido a replegarse en la ciudad de Chicago, la capital regional. En parte, este proceso se debe a que en la región del medio oeste todavía trabajan en la agricultura una proporción importante de estadounidenses blancos (48 por ciento) y una proporción significativa de mujeres (39 por ciento). Por el contrario, en California la proporción de estadounidenses blancos que trabajan en la agricultura es mínima (1 por ciento) y sólo 26 por ciento son mujeres (US Department of Labor, 1991 y 2000).

Como quiera, a pesar de la persistencia de la región a lo largo de todo el siglo XX, llaman la atención dos momentos de crecimiento seguidos por caídas abruptas. Se ha mencionado el repentino crecimiento durante la década de los veinte, pero a esta etapa le sobrevino una caída abrupta, durante la década siguiente. La crisis de 1929 afectó gravemente el conjunto de actividades económicas de la región, y Chicago fue una de las ciudades que tuvo más lenta recuperación, en comparación con los casos de Nueva York y Los Ángeles (Abu-Lughod, 1999). La participación migratoria regional pasó de 6.71 por ciento en 1930, a 4.30 por ciento, en 1940.

Además de la crisis económica, influyó, de manera decisiva, la política migratoria de deportación masiva, que obligó a muchos a retornar a México y, en otros casos, favoreció el retorno voluntario. Parece ser que la deportación fue selectiva. Según Paul Taylor (1932), quien estudió la región de Calumet a comienzos de la década de los treinta, la deportación buscaba el retorno de los mexi-

CUADRO 18

DISTRIBUCIÓN PORCENTUAL DE LOS MIGRANTES MEXICANOS EN ESTADOS UNIDOS EN LA REGIÓN DE LOS GRANDES LAGOS, 1900-2000

Estado	1900	1910	1920	1930	1940	1950	1960	1970	1980	1990	2000
Illinois	0.15	0.30	0.84	3.36	2.50	2.60	4.80	6.20	7.74	5.20	5.50
Indiana	0.04	0.02	0.14	1.19	0.50	0.70	0.80	0.60	0.50	0.20	0.70
Michigan	0.05	0.04	0.28	1.53	0.70	1.50	1.00	1.00	0.40	0.30	1.10
Wisconsin	0.48	0.18	0.04	0.31	0.20	0.20	0.20	0.40	0.20	0.20	0.60
Total Regional	0.73	0.54	1.29	6.38	3.90	5.00	6.80	8.20	9.95	5.90	7.90

Fuente: 2000 Censos de población de Estados Unidos, 1950-1990 Integrated Public Use Microdata Samples.

canos, pero también su reconcentración en los estados fronterizos. De ahí que esta medida se aplicara de manera más intensa en el norte de Estados Unidos.

Tres décadas tuvieron que pasar para que la región volviera a su nivel anterior. La lenta recuperación tuvo varias causas: los ferrocarriles perdieron importancia como factor crucial en la distribución de productos, el cultivo del betabel se empezó a mecanizar, las grandes siderúrgicas comenzaron a tener problemas y el centro industrial de Detroit perdió su pujanza.

Luego sobrevino otra grave crisis en la región. Entre 1967 y 1982, la ciudad de Chicago había perdido 46 por ciento de los empleos (Abu-Lughod, 1999). Los trabajadores mexicanos resintieron nuevamente la contracción del mercado de trabajo, y el promedio regional de participación volvió a descender de manera abrupta cuatro puntos porcentuales, de 10.05 por ciento en 1980 a 6 por ciento en 1990.

La región de los grandes lagos llegó a su punto máximo de crecimiento en 1980, y acogió a uno de cada 10 mexicanos que vivían en Estados Unidos (9.95 por ciento). Sin embargo, tres cuartas partes de los migrantes de la región vivían y trabajaban en Chicago, la capital regional. Lo que fue una región se convirtió en foco de confluencia migratoria específico, en el condado de Cook, que en 1990 concentraba 90 por ciento de la población mexicana del estado de Illinois, y es el segundo condado más poblado de mexicanos, después de Los Ángeles.

A la concentración de población en la ventosa ciudad de Chicago se agrega el hacinamiento en barrios y viviendas. En efecto, existe una segregación residencial muy marcada (Massey y Denton, 1993), que es en gran parte responsable de la pobreza y el aislamiento de los dos últimos grupos de inmigrantes que llegaron a la ciudad, los afroamericanos del sur y los mexicanos de allende el Bravo. No obstante, ambos grupos unidos constituyen una fuerza política y un mercado electoral indiscutible. Fuerza y unión que ya se dejó sentir durante el periodo electoral de 1988, con la llegada al poder de la ciudad del político afroamericano Harold Washington, quien logró integrar, por primera vez, a la comunidad mexicana y afroamericana en un proyecto político común.

Finalmente, parece que inicia una nueva etapa de recuperación y de incremento en el flujo migratorio hacia la región, sobre todo de migrantes recién incorporados (Durand, Massey y Charvet, 2000). En el área de servicios, sobre todo hotelería y restaurantes, no hay reemplazo de nuevos inmigrantes que provengan de Polonia, Italia, Grecia, Irlanda, Puerto Rico, y se están abriendo nuevas fuentes de empleo para los mexicanos. Michigan, por su renacimiento industrial, parece ser otro nuevo punto de destino para los mexicanos. Como quiera, la región de los grandes lagos pone en evidencia una estrecha relación entre el flujo migratorio y la marcha de la economía en el espacio regional.

La región migratoria de los grandes lagos ha tenido un crecimiento notable. En la última década pasó de 6 a 7.9 por ciento. Todos los estados de la región han crecido en términos porcentuales, pero muy especialmente el estado de Illinois (de 5.20 a 5.50 por ciento), es decir, la ciudad de Chicago, la capital regional.

Región de las grandes planicies

La tercera región, la de las grandes planicies, es una región histórica; prácticamente ya no existe. Estaba formada de sur a norte por los estados de Oklahoma, Kansas y Nebraska, y comprendía, por el este, a los estados de Missouri y Iowa y, por el oeste, Colorado y Wyoming. La región se articulaba en torno a un racimo de centros ferrocarrileros y la confluencia de cinco grandes líneas: Santa Fe, Rock Island, Frisco y Katy,[20] que atravesaba el estado de Kansas, y la Union Pacific and Burlington, que se desplazaba por Oklahoma.

En Topeka, Kansas, la compañía Santa Fe Railroad tenía su cuartel general, y esta línea llegó a contratar 14,300 mexicanos en 1928 (Smith, 1981). Los mexicanos prácticamente tenían el monopolio de las tareas de mantenimiento de las vías. Fue tan decisiva su presencia que la Santa Fe Railroad publicó un folleto para sus empleados con términos básicos en español y recomendó que los encargados del trabajo aprendieran español, "if you don't understand Spanish they pass their time ridiculing you to your face. This has a tendency to destroy their respect for you" (Garcilazo, 1995).

Además del trabajo en el ferrocarril, las ciudades de Kansas City, San Louis y Denver eran centros de redistribución de mano de obra, mejor conocidos como "reenganches" por los trabajadores mexicanos. De allí salían obreros, traqueros y braceros para todos los rincones de Estados Unidos. El periódico *El Cosmopolita*, editado en Kansas City, entre 1915 y 1919, publicaba anuncios de compañías ferrocarrileras, mineras, petroleras, de alimentos, para los cultivos de betabel y algodón, para el trabajo en la construcción de caminos y en los patios del ferrocarril (Smith y Durand, 2001).

La Burlington Route se anunciaba en *El Cosmopolita* y ofrecía empleo "a los trabajadores mexicanos y sus familias" en los estados de Illinois, Wisconsin, Iowa, Missouri, Nebraska, Colorado, Dakota del Sur, Montana y

---

[20] La línea conocida como Santa Fe era propiamente la Atkinson-Topeka-Santa Fe; la llamada Rock Island era la de Chicago-Rock Island-Pacific; la línea conocida como Frisco era la de St. Louis-San Francisco, y la conocida como Katy era la Missouri-Kansas (Smith, 1981).

MAPA 6
REGIÓN DE DESTINO DE LAS GRANDES PLANICIES

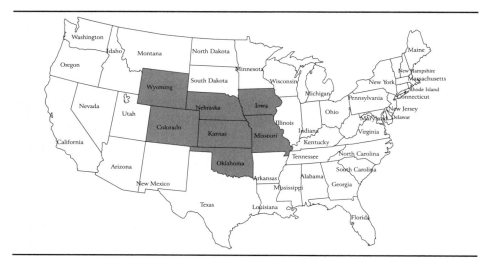

Wyoming. Además, la compañía se encargaba de "proporcionar a los trabajadores para su mayor comodidad *carro estufa y carbón*, enteramente gratis".
Por añadidura, sus oficinas no cobraban "chanza por el enganche", es decir, comisión, y se les daba "tierra para que siembren". ¡Toda una oportunidad! (Durand y Arias, 2000).

Pero además del "traque" había otras fuentes de empleo en la región:
minas en Colorado, Oklahoma y Kansas; empaque de carne en Kansas City,
Wichita, Topeka y Omaha; cosecha del algodón en Missouri y Oklahoma, y
cultivo y cosecha de betabel en Colorado, Kansas y Nebraska. El estado de
Colorado era el mayor productor de betabel de Estados Unidos, en los
campos de Beterhoud, Ault y Jalesburg, al norte del estado; en Delta y
Motrose, al oeste y en el centro, en Fontain, Pueblo, Manzanola y Wiley se
sembraban, en 1907, más de 127,000 acres (34 por ciento de la producción
nacional), y había 16 plantas productoras de azúcar en operación (Smithsonian Institution, 1958).

Los flujos de migrantes se dirigían principalmente a Kansas y a Colorado y en menor medida a Nebraska y Missouri. Pero el centro urbano más
importante era Kansas City, que comparten los estados de Kansas y Missouri, que fungía como capital regional y centro de concentración y redistribución de migrantes. Los mexicanos se acomodaron en seis barrios, tres por
cada lado, y los más importantes y poblados eran el de Argentine, en Kansas, y el Westside, por el lado de Missouri (Shmith, 1990).

La región creció de manera abrupta en la primera década del siglo XX, al pasar de 0.73 por ciento en 1900 a 7.29 por ciento en 1910. Es decir, la población mexicana en la región se multiplicó por 20. Las décadas de los diez y veinte fueron las de mayor esplendor. Pero, a partir de la gran deportación, la presencia mexicana empezó a disminuir de manera continua. La región se mantuvo en actividad por la llegada de braceros que iban a trabajar en el periodo de abril a junio en la cosecha del betabel. Los estados de Colorado, Nebraska, Iowa y Wyoming recibieron de manera sistemática braceros mientras duró el programa (Casarrubias, 1956).

Por otra parte, el Programa Bracero Ferroviario, implementado durante el periodo de guerra, dispersó a 80,000 trabajadores a lo largo de 32 líneas. Pero las principales compañías contratistas fueron la Atkinson-Topeka-Santa Fe y la Southern Pacific que conocían ampliamente la mano de obra mexicana. (Jones 1946; Driscoll, 1985).

CUADRO 19

DISTRIBUCIÓN PORCENTUAL DE TODOS LOS MIGRANTES MEXICANOS EN ESTADOS UNIDOS EN LA REGIÓN DE LOS GRANDES PLANICIES, 1900-2000

Estado	1900	1910	1920	1930	1940	1950	1960	1970	1980	1990	2000
Colorado	0.27	1.13	2.29	2.05	1.70	1.10	1.00	0.60	0.70	0.90	2.20
Kansas	0.07	3.80	2.86	1.74	2.10	1.20	0.50	0.40	0.30	0.30	0.70
Iowa	0.03	0.28	0.55	0.39	0.40	0.50	0.20	0.10	0.10	0.10	0.30
Missouri	0.16	0.64	0.71	0.53	0.30	0.20	0.40	0.20	0.10	0.10	0.40
Nebraska	0.03	0.13	0.75	0.57	0.40	0.30	0.30	0.10	0.10	0.10	0.30
Oklahoma	0.13	1.24	0.38	0.57	0.20	0.20	0.20	0.10	0.30	0.30	0.60
Wyoming	0.06	0.08	0.37	0.48	0.40	0.20	0.10	0.10	0.10	0.00	0.10
Total Regional	0.73	7.29	7.92	6.33	5.50	3.70	2.70	1.60	1.71	1.80	4.60

Fuentes: 1900-2000. Censos de población de Estados Unidos.

Concluido el Programa Bracero, la región entró en una etapa difícil. El decaimiento se debió fundamentalmente a la crisis del ferrocarril, como sistema monopólico del transporte pesado, el cierre de minas y los avances tecnológicos en el cultivo del betabel y el algodón que redujeron, de manera casi absoluta, la presencia de mano de obra mexicana en estos cultivos. Detrás de cada máquina cosechadora de betabel, que rebana el tallo en una pasada y cosecha en la segunda vuelta, se requieren sólo dos personas que recuperan las "bolas" que la cosechadora no pudo recoger. Lo que antes hacían cientos de personas hoy lo hace una máquina, un camión, dos choferes y dos peones, estos últimos, trabajadores migrantes.

La región de las grandes planicies llegó a contribuir con 7.92 por ciento del total de la migración en 1920, y para 1990 su aporte fue tres veces menor (1.80 por ciento). Sin embargo, parece que está despertando de nueva cuenta y que la región en su conjunto ha empezado a recibir nuevos contingentes de migrantes. El censo de 2000 reportó un crecimiento muy significativo. La región creció 2.3 veces al pasar su participación de 1.80 a 4.60 por ciento. El estado de Colorado duplicó su participación en el década de los noventa, y todos los estados de la región incrementaron su participación porcentual. De ahora en adelante los estados de Kansas, Nebraska y Iowa figurarán en la nueva distribución comenzada en 2000.

Un caso notable es el actual proceso de relocalización industrial y las nuevas tendencias en el procesamiento de la carne. Las grandes empacadoras, ubicadas en los entornos urbanos, abandonaron sus antiguos cuarteles generales del norte y se dirigieron hacia las mismas áreas donde engordan los animales, en Kansas y Nebraska. Las empacadoras argumentaron que la nueva localización, que en la práctica es un proceso de ruralización, se debió a la necesidad de reducir costos de transportes y contar con amplias reservas de agua, pues para procesar una res se requieren 500 galones de agua. Pero también las compañías aprovecharon la coyuntura para disolver a los sindicatos y recontratar trabajadores migrantes con salarios más bajos (Stull *et al.*, 1995).

El proceso de ruralización ha ocurrido incluso en los mismos estados de Arkansas, Kansas y Colorado con el cierre de antiguas procesadoras de carne y la reapertura de las mismas, a veces con diferente nombre, en distinta localización y con nuevos trabajadores de origen mexicano y centroamericano. Los trabajadores migrantes están desplazando a la mano de obra afroamericana, femenina y sindicalizada, que solía controlar este nicho laboral (Stull *et al.*, 1995).

Para reencauzar los flujos migratorios a la región las empresas empacadoras han empleado dos estrategias: publicar anuncios en periódicos mexicanos en que se ofrece trabajo y enviar contratistas para buscar trabajadores (*La Jornada*, 15 de octubre de 1999). Una vez realizado un primer esfuerzo de reclutamiento en las regiones histórica y fronteriza, los trabajadores se "pasan la voz" y llegan por sí solos.

En torno a cada empacadora se van constituyendo, poco a poco, comunidades dispersas. Es el caso de Grand Island, Nebraska, donde en las empacadoras trabajan varios miles de mexicanos. La afluencia de miles de migrantes a la zona ha preocupado a las autoridades de migración y se han empezado a hacer redadas. De la planta Monfort, ubicada en Grand Island, por ejemplo, en 1999 fueron deportados más de 400 trabajadores. En otros casos, el INS[21] revisa los archivos de las empresas y envía cartas a quienes presentaron documentos falsos. En una operación realizada en Omaha, Nebraska, entre 40 empresas, el INS puso en evidencia a 3,000 trabajadores indocumentados que tuvieron que abandonar voluntariamente su trabajo (*La Jornada*, 15 deoctubre de 1999).

Por otra parte, el estado de Colorado, también ofrece muchas alternativas. La ciudad de Denver, los centros turísticos de invierno de Aspen y las Montañas Rocosas, la producción de frutas de clima frío –durazno, manzana y pera–, la pujante industria de la construcción y la industria maderera se han convertido en un nuevo polo de atracción de trabajadores migrantes. Denver puede convertirse, en el mediano plazo, en la capital regional y retomar el papel que había desempeñado Kansas City. Por lo pronto, la ciudad tiene un consulado mexicano y en la zona conurbada de Denver, en Aurora y Littleton, hay dos barrios con alta concentración de mexicanos. También se nota la emergencia de comunidades dispersas en las ciudades de Greeley y Boulder, al norte de Denver.

Región costa este

La cuarta región está en ciernes, en proceso de formación, y se la puede identificar geográficamente como el corredor de la costa este, que empieza en el extremo sur, en la Florida, se prolonga hacia los estados sureños de Georgia y las Carolinas, pasa por Pennsylvania y Nueva Jersey, llega al área de Nueva York y Connecticut. La región está conformada por 11 estados y el Distrito de Columbia, y está jaloneada por los dos extremos, el estado de Nueva York, al norte, y Florida, al sur. Tiene un peso mayor la porción sur de la región costa este, ya que los estados de Georgia y Florida son muy relevantes como lugares de destino, y juntos suman 3.10 por ciento, cerca de la mitad del total regional (7.50 por ciento).

Entre los dos extremos geográficos fluyen grupos itinerantes de migrantes que van de sur a norte y se integran a las actividades agrícolas estacionales y, en menor medida, a las procesadoras de frutas, carnes y productos marinos. A Maryland, por ejemplo, en cada temporada llegan cerca de 1,000 mexicanos a cosechar tomate, provenientes de la Florida. Son tantos que se ha tenido que acondicionar un antiguo campo de prisioneros alemanes, conocido COMO Camp Somerset, para alojar a los trabajadores temporales (*New York Times*, 9 de agosto de 1999).

---

[21]Immigration and Naturalization Service (INS), conocido popularmente como "La Migra".

Mapa 7

REGIÓN DE DESTINO DE LA COSTA ESTE

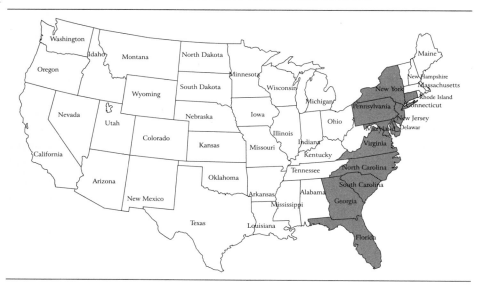

Los grupos itinerantes de trabajadores migrantes en la agricultura constituyen 17 por ciento del total de la fuerza laboral agrícola en Estados Unidos. Se trata de una población flotante de cerca de 350,000 personas que siguen el ritmo de las cosechas. Otras tantas, 37 por ciento del total, se consideran *shuttle mingrants* y tienen que desplazarse, por lo menos, 75 millas para conseguir trabajo (US Department of labor, 2000).

En la región costa este predomina un patrón de distribución de la población disperso, en que todavía no es visible ninguna ciudad con una concentración suficiente de mexicanos para hacer las veces de capital regional, como lo fueron San Antonio y Kansas City y lo son Los Ángeles y Chicago. A lo más podría hablarse de una capital provincial ubicada en Dalton, Georgia, y dos capitales provinciales en proceso de formación, una en Nueva York, sin un barrio definido hasta el momento, posiblemente East Harlem y otra en Marieta, en los suburbios de Atlanta, Georgia.

La región está conformada fundamentalmente por una serie de comunidades dispersas a lo largo de todo el corredor, como Mount Kisco y New Rochelle en los suburbios de Nueva York; algunos barrios de Queens, Brookling y East Harlem; el poblado de Bridgeton en la zona agrícola del sur de Nueva Jersey; Reading al centro y Kennet Square al sur de Pennsylvania; Gainesville en Georgia.

Consideramos que la región está en una etapa inicial, porque en 1990 acogió a sólo 3.6 por ciento de la población migrante de origen mexicano. Pero en una sola década duplicó su participación porcentual (7.50). Ya tiene un peso semejante al de la región de los grandes lagos (7.90).

CUADRO 20

DISTRIBUCIÓN PORCENTUAL DE LA POBLACIÓN MEXICANA EN LA REGIÓN COSTA ESTE, 1900-2000

Estado	1900	1910	1920	1930	1940	1950	1960	1970	1980	1990	2000
Connecticut	0.02	0.01	0.01	0.01	0.10	0.00	0.00	0.10	0.10	0.00	0.10
Delaware	0.00	0.00	0.01	0.01	0.00	0.00	0.00	0.00	0.00	0.00	0.10
Distrito de Columbia	0.04	0.01	0.02	0.02	0.00	0.20	0.10	0.00	0.00	0.00	0.00
Florida	0.08	0.07	0.03	0.03	0.00	0.20	0.20	0.40	0.60	1.50	1.80
Georgia	0.01	0.01	0.01	0.01	0.00	0.00	0.00	0.10	0.00	0.40	1.30
Maryland	0.03	0.00	0.02	0.01	0.00	0.00	0.10	0.10	0.10	0.10	0.20
Nueva Jersey	0.05	0.04	0.09	0.10	0.10	0.10	0.10	0.10	0.10	0.20	0.50
Nueva York	0.34	0.25	0.62	0.80	1.00	0.60	1.20	0.70	0.50	0.80	1.30
Carolina del Norte	0.00	0.00	0.01	0.00	0.00	0.00	0.00	0.00	0.10	0.20	1.20
Pennsylvania	0.11	0.06	0.00	0.47	0.20	0.30	0.30	0.20	0.10	0.10	0.30
Rhode Island	0.00	0.00	0.01	0.00	0.00	0.00	0.00	0.00	0.00	0.00	0.00
Carolina del Sur	0.00	0.00	0.04	0.00	0.00	0.00	0.00	0.00	0.00	0.10	0.30
Virginia	0.02	0.01	0.02	0.01	0.00	0.00	0.00	0.10	0.00	0.20	0.40
Total regional	0.70	0.47	0.88	1.47	1.40	1.40	2.00	3.80	1.61	3.60	7.50

Fuentes: Censos de población de Estados Unidos, 1900-2000.

La región costa este se nutre, en la práctica, de cuatro circuitos diferentes de mano de obra: migraciones internas de mexicanos procedentes del sudoeste de Estados Unidos; flujos unidireccionales de mexicanos provenientes de la región central; migración legal e inducida a determinados mercados de trabajo (programa de visas H2) y grupos itinerantes de trabajadores que siguen el calendario agrícola.

El primer circuito se nutre principalmente de población migrante asentada en la región sudoeste, que ha empezado a migrar internamente en busca de nuevas oportunidades laborales y mejores condiciones de vida. Éste es el caso de los flujos que arribaron al estado de Georgia en las décadas de los ochenta y noventa y que se ubicaron en determinados nichos laborales.

La migración hacia el estado de Georgia sigue un patrón de distribución dispersa que se ajusta específicamente a procesos de reconversión y relocalización industrial y a una demanda específica de trabajadores migrantes. Como suele suceder, los primeros migrantes llegaron a la zona reclutados del exterior. En la década de los setenta se requerían trabajadores de manera urgente para la construcción de una presa y para las procesadoras avícolas. En ambos casos se enviaron reclutadores a la frontera texana y contrataron migrantes de las regiones histórica y fronteriza.[22] Algunos migrantes se quedaron en la zona, y allí empezó a formarse, poco a poco, una comunidad dispersa.

Es el caso de Dalton, al noroeste del estado de Georgia, mejor conocida como The Carpet Capital of the World, a donde los mexicanos empezaron a llegar a comienzos de la década de los noventa y ahora su presencia ha tenido un fuerte impacto en la localidad reflejada en los indicadores demográficos, la composición étnica de la población y la demanda creciente por servicios educacionales (Hernández y Zúñiga, 2000).

En el centro norte del estado, en Gainesville, otra capital mundial, en este caso The Poultry Capital of the World, los trabajadores migrantes de origen mexicano han empezado a desplazar a la mano de obra afroamericana y ahora laboran en la industria que se distingue por ser la que tiene mayores índices de accidentes laborales y, consecuentemente, rotación de personal (Stull *et al.,* 1995; Griffith, 1995).

Por su parte, en la capital del estado, Atlanta, los mexicanos se han asentado en Marietta, al norte de la metrópoli, y trabajan en la prestación de servicios y en la construcción, este último rubro laboral tuvo mucho auge durante la época preolímpica (1992-1996). Finalmente, hacia el sudoeste, en la región agrícola de Vidalia, los mexicanos trabajan en el campo, principalmente en la cosecha de cebolla. La región se hizo famosa porque a finales de los noventa el INS hizo una redada masiva de trabajadores migrantes indocumentados, por lo que la producción de cebolla estuvo a punto de perderse.

El origen de este flujo está directamente relacionado con el desplazamiento de inmigrantes a partir del proceso de legalización promovido por IRCA. Hernández y Zúñiga (2000) han constatado que la mano de obra que se contrataba en Dalton a finales de los noventa provenía fundamentalmente de California y Texas. Consecuentemente, se trata de una migración interna, que reproduce en gran medida la distribución en esta región.

---

[22] Comunicación personal con Rubén Hernández.

CUADRO 21

DISTRIBUCIÓN REGIONAL DE LA MIGRACIÓN SEGÚN ORIGEN EN
DALTON, GEORGIA

Regiones	Mujeres	Hombres
Histórica	71.2%	74.7%
Fronteriza	13.0%	10.9%
Central	15.1%	12.9%
Sureste	0%	1.30%

Fuente: Elaboración con base en información proporcionada por Rubén Hernández y Víctor Zúñiga.

En el caso de Dalton, donde la migración es de tipo familiar y tienen trabajo tanto las mujeres como los hombres, vale la pena examinar las diferencias entre la migración femenina procedente de la región histórica y la proveniente de las regiones fronteriza y central. En región histórica la proporción de mujeres es menor que la de hombres, pero sucede lo contrario en las regiones central y en la periférica. Se constata aquí un hecho ya conocido: las mujeres que se desenvuelven en el contexto tradicional de la región histórica, al parecer, tienen menor movilidad que las de la región fronteriza y central, que suelen tener mayor experiencia en el mercado laboral (Arias, 1994).

A diferencia del caso anterior, el flujo que se dirige al área de Nueva York proviene de manera casi exclusiva de un circuito migratorio internacional procedente de la región central de origen. El estado de Nueva York, en especial la metrópoli global, siempre se distinguió por acoger a gran variedad de flujos migratorios, pero no precisamente de mexicanos. En efecto, la migración mexicana a la zona de Nueva York no era muy significativa, aunque haya sido constante. Muy posiblemente se trataba de gente de clase alta y media: funcionarios, políticos en retiro, profesionales, artistas y estudiantes de universidades públicas y privadas.

Al parecer, el flujo de trabajadores migrantes al área de Nueva York empezó a llegar a mediados de la década de los sesenta, de dos circuitos totalmente distintos, uno proveniente de Michoacán y Jalisco y el otro de Puebla. Los migrantes de Jalisco y Michoacán, propiamente de la zona conocida como Jalmich, entre Jiquilpan y Mazamitla, se asentaron en la zona residencial de New Rochelle, al norte del Bronx, y trabajan desde hace más de 40 años en las "yardas", es decir, en la jardinería. Según Malkin (1999), la comunidad se estructuró a partir de un migrante pionero que fue invitado a trabajar, y de allí se expandió a la red familiar, luego a la pueblerina y finalmente a la región de Jalmich, en particular los pueblos de Quitupan, San José de

Gracia, Epenche Chico y Mazamitla. Sin embargo, este circuito se quedó prácticamente estancado y su crecimiento fue muy lento. Era una opción más entre las múltiples que tienen los michoacanos y jaliscienses que se dirigen principalmente a California (80 por ciento) y en menores proporciones a Texas, Illinois, Florida, Arizona y Oregon. De ahí que muchos de los habitantes de New Rochelle hayan vivido anteriormente en California (Malkin, 1999).

El circuito de New Rochelle quedó circunscrito a un tránsito triangulado entre las localidades de origen de la región Jalmich, las comunidades dispersas de California y el nuevo punto de destino en New Rochelle. Se trataba de un nicho laboral limitado, sin posibilidades de crecer demasiado y que nunca tuvo o buscó la oportunidad de acercarse al mercado de trabajo urbano, donde la competencia era difícil dada la presencia de portorriqueños, dominicanos y haitianos que se disputaban los mismos empleos. Por otra parte, los migrantes de la región histórica de origen estaban ocupados aprovechando nuevas oportunidades laborales en la zona de expansión, de la región sudoeste: Oregon, Washington, Nevada, Idaho y Utah, y en los nuevos lugares de destino de Georgia y Nebraska.

El panorama empezó a cambiar en la década de los ochenta, cuando un núcleo de migrantes poblanos, asentados en la ciudad de Nueva York desde 1960, aprovechó la oportunidad brindada por la apertura de una franja del mercado laboral citadino de mano de obra barata, y puso en marcha el circuito migratorio que proviene del estado de Puebla y de la Mixteca Alta, en la confluencia de los estados de Puebla, Guerrero y Oaxaca. Esta zona tenía activado un circuito de migración interna y pudo derivar un circuito migratorio internacional con el apoyo de jóvenes que tenían necesidad y ganas trabajar.

A finales de la década de los setenta, Díez Canedo (1984) reportaba, en su estudio sobre envíos de dinero a México, que Nueva York debía ser considerado un nuevo lugar de destino de la migración mexicana. Posteriormente, Smith (1993) llamó la atención sobre la presencia de poblanos en la gran urbe, cuyos pioneros habían llegado en la década de los sesenta. Pero no fue hasta la década de los ochenta cuando empezó a cobrar fuerza el circuito migratorio.

En una consulta a la base de datos de las "matrículas" otorgadas por el Consulado de México en Nueva York se pudo comprobar que, a finales de los noventa, cuatro de cada cinco migrantes provenían de la región central, muy especialmente de los estados de Puebla, el Distrito Federal, Oaxaca y Guerrero. La fuente, aunque no es una muestra representativa, tiene base en más de 10,000 solicitudes de "matrículas consulares", lo que permite un primer acercamiento a una realidad que muchas veces escapa a la cuantificación.

Por otra parte, estudios realizados en comunidades del estado de Puebla confirman que el área de Nueva York es el lugar de destino preferido por los poblanos. Según Macías y Herrera (1997), 64.7 por ciento de los migrantes de las comunidades estudiadas en la zona de Atlixco se dirige al área de Nueva York. Se pudo comprobar, por las encuestas realizadas en la zona por el Mexican Migration Project, que en la comunidad número 60 del estado de Puebla, la inmensa mayoría se dirigía a Nueva York (93.55 por ciento), y en la comunidad número 61 dos terceras partes de los migrantes se dirigían a Nueva York y Nueva Jersey (62.5 por ciento) y el resto a California (véase cuadro 24).

CUADRO 22

MIGRACIÓN AL ÁREA TRIESTATAL DE NUEVA YORK, PROVENIENTES DE LA REGIÓN CENTRAL

Puebla	50.78%
Distrito Federal	11.54%
Oaxaca	6.49%
Guerrero	5.83%
México	2.62%
Tlaxcala	2.00%
Hidalgo	1.3%
Querétaro	0.15%
Total regional	84.56%

Fuente: Elaboración con base en información proporcionada por Rubén Hernández y Víctor Zúñiga.

Según varios autores, el verdadero despegue de la migración poblana y de la Mixteca Alta se originó a finales de los años setenta y se prolongó por las 2 décadas siguientes (Smith, 1993; Macías y Herrera, 1997). A la migración de origen rural se agregó la de los obreros de las fábricas textiles de la región de Atlixco y Puebla, que tuvieron que cerrar en la década de los ochenta.[23]

De hecho varios factores coincidentes permitieron que el flujo se desarrollara con notable rapidez. En la región central se conjuntaron las tradicionales crisis agrícolas, sequías y demás problemas con la saturación del mercado de trabajo en las ciudades de México y Puebla, que ya no pudieron absorber nuevos contingentes de migrantes internos, como anteriormente lo habían hecho.

Justo en ese momento se expandió el mercado de trabajo en el área de Nueva York por tres razones básicas: la ciudad ya no recibía reemplazo de nuevos inmigrantes para las economías étnicas tradicionales –coreana,

[23] Un caso similar de migración de obreros textiles se reporta para el caso de El Salto, Jalisco. (Durand, 1985; Massey, Alarcón, Durand y González, 1987).

italiana, griega, puertorriqueña y china– y empezó a recibir nuevos grupos de inmigrantes de Europa del Este, el Caribe, Sudamérica y México. En segundo lugar, la ciudad había entrado en un franco proceso de expansión y crecimiento económico que demandaba nuevos trabajadores para el mercado de trabajo formal e informal (Sassen y Smith, 1992; Abu-Lughod, 1999). Finalmente, los migrantes de la región central se encontraron en un medio en que no tenían competencia con otros circuitos migratorios, salvo el nicho de migrantes de New Rochelle, con el cual, hasta la actualidad, tienen poco contacto y marcan sus diferencias (Malkin, 1999). Según Basilia Valenzuela (1993), los migrantes de New Rochelle llaman "pueblitas" a los recién llegados y aquéllos, a su vez, son calificados por los de Puebla como los "güerotes", ya que en su mayoría son altos, blancos y rubios, lo que es típico del fenotipo alteño y de la sierra del Tigre.

El área de Nueva York ha sido coloreada étnicamente por la predominancia de migrantes mexicanos procedentes de la región central de origen. En efecto, el fenotipo del centro de México, con rasgos marcadamente indígenas, es muy diferente al de la región histórica. Hoy es posible oír a mexicanos hablando nahua o mixteco en el metro de Nueva York. Y por si fuera poco, los mexicanos se distinguen claramente por su manera peculiar de vestir. El "estilo queens" es prácticamente un uniforme para los trabajadores mexicanos: tenis, jeans, chamarra de colores vivos, cachucha, mochila y walkman. Si a esto se le añade la estatura, el color bronce, los ojos rasgados y, en ocasiones, el corte de pelo, no hay duda, se trata de un mexicano que proviene de la región central.

En estos casos, además de las redes sociales familiares, de vecindad y de paisanaje, a las que hacen referencia Massey, Alarcón, Durand y González (1987), habría que añadir el factor de coetnicidad que se manifiesta en el extranjero de una manera muy marcada.[24]

Los mexicanos se ubican en los *boroughs* aledaños a Manhattan: Brookling, Queens, Bronx y el Harlem hispano, pero también se los puede encontrar en la zona de los suburbios de Westchester, Fairfield, New Rochelle y en el centro de Long Island, cerca de Farmingville.

En el medio urbano los mexicanos se han ubicado de manera muy notoria en los mercados de la gran urbe que ya no reciben trabajadores de reemplazo. El ejemplo más significativo es la presencia visible de mexicanos en las tiendas de abarrotes, flores y verduras de coreanos (Dae Young Kim, 1999). También se los puede encontrar, aunque más escondidos, en

---

[24] Es el caso del Frente Indígena Oaxaqueño Binacional, que opera en los dos países y que ha logrado organizar políticamente a la comunidad migrante (Pimentel, 2000).

las cocinas y restaurantes del barrio italiano, en casi todas las pizzerías de Manhattan, incluso en algunos negocios del barrio chino. Otros trabajan en la pujante industria de la construcción. Muchas mujeres trabajan de empleadas domésticas y niñeras, y a los jóvenes se los ve rondar por Lexington y otras avenidas en sus bicicletas, haciendo servicios de mensajería. También hay trabajadores por día, que esperan en determinados lugares para ser contratados. En la tercera avenida, en el *upper east side*, es conocida una tlapalería donde todas las mañanas se concentran trabajadores en espera de ser contratados por los patrones que van en busca de materiales, herramientas, brochas y pintura. En la industria, las mujeres se ubican fundamentalmente en los trabajos de la confección, tradicionalmente insalubres y mal pagados.

En los suburbios, los mexicanos trabajan en "la yarda", en la limpieza, el servicio doméstico, el mantenimiento de casas y la construcción. Pero también hay varias zonas en que esperan ser contratados por patrones eventuales. En Mount Kisco, en el condado de Weschester, los trabajadores se reúnen todas las mañanas en la estación de tren. Lo mismo sucede en Farminville, Long Island. En ambos casos, los trabajadores provienen, principalmente, del estado de Hidalgo y son recién llegados[25] (*New York Times*, 28 de noviembre de 1999 y 5 de enero de 2000).

En tercer término, hay que considerar el flujo migratorio inducido hacia la región tabacalera de Carolina del Norte y Virginia, la zona pesquera de ambos estados y Maryland y, finalmente, al área agrícola del sur de Nueva Jersey. Se trata del programa de visas H2A promovido originalmente por las compañías tabacaleras y las empacadoras de cangrejo para importar trabajadores de México, de manera temporal y organizada[26] (Griffith, 1995; Durand, 1998). Se trata de una población dispersa en un amplio territorio y que sólo permanece en el país por corto tiempo, entre 3 y 6 meses.

El flujo de migrantes que se inserta en la cosecha de tabaco se ha ido incrementando cada año; a finales del siglo XX superaba los 10,000 trabajadores. Éstos son reclutados en la región histórica donde hay una red de contratistas, que operan principalmente en los estados de Jalisco, Zacatecas, Michoacán, San Luis Potosí y Guanajuato. Los trabajadores llegan por

---

[25] Posiblemente, éste sea el mismo caso, que los migrantes del Distrito Federal que esperan ser contratados en las calles de San Diego, California. En ambos casos se trata de lugares con muy poca tradición migratoria y donde los migrantes no tienen buenas conexiones para conseguir empleo.

[26] El programa de visas H2 surgió como una provisión de la Public Law 78, promulgada en 1951, que excluye a algunos países caribeños del Programa Bracero. Como compensación se creó un programa de trabajadores temporales, especialmente diseñado para Jamaica y Barbados (Reimers, 1985). Pero en la década de los ochenta esta modalidad fue utilizada también para importar mano de obra mexicana, para la cosecha del tabaco (Durand, 1998).

autobús en abril, después de haber sido conducidos y vigilados durante todo el trayecto, desde que cruzan la frontera. Luego, las cuadrillas se reparten entre los cientos de rancheros que van a buscarlos y contratan entre cinco y quince trabajadores. Ese mismo día se dispersan por toda la zona tabaquera del estado de Carolina del Norte y el sur de Virginia. Allí permanecen, trabajando y aislados, durante 3 o 5 meses, hasta que los vuelven a juntar y los llevan de vuelta a su tierra (Durand, 1998).

Por su parte, la cosecha y el empaque de productos marinos, en especial el cangrejo, requiere trabajo temporal en empacadoras distribuidas a lo largo de todo el litoral. Este trabajo realizado tradicionalmente por afroamericanas, ahora está siendo reemplazado, en algunas zonas, por la importación de mano de obra mexicana. Los pequeños empresarios aducen que las grandes compañías han empezado a importar pulpa de cangrejo de Filipinas y que para competir requieren ahorros significativos en los costos de producción (Griffith, 1995).

El flujo empezó en 1988, con la importación de 100 trabajadoras que fueron distribuidas en tres plantas ubicadas en Virginia, Carolina del Norte y Maryland. Diez años después, el flujo había aumentado a cerca de 3,000 trabajadoras distribuidas en cerca de 40 procesadoras, en los tres estados (Griffith, 1995). En este caso, el flujo que se dirige a Maryland proviene principalmente de los estados costeros de Veracruz, Tabasco y Tamaulipas, donde la mano de obra femenina tiene experiencia en este tipo de trabajo.

El sistema de visas H2A empezó a contratar mexicanos en 1988, y en 10 años pasó de 2,499 contratos a 21,969, desplazando de manera notoria a los migrantes caribeños.

Por último, la migración de grupos de trabajadores itinerantes que se dirigía a la Florida en el año 2000 provenía fundamentalmente de la región histórica, en especial de Michoacán y Guanajuato. Al parecer no se han realizado estudios específicos sobre la presencia mexicana en esta zona, pero se sabe, por recorridos de área, que los mexicanos trabajan principalmente en la agricultura y en la construcción y que algunos migrantes han incursionado con éxito en el negocio de restaurantes.

La migración a Florida es un fenómeno relativamente reciente; empezó a crecer muy lentamente en la década de los sesenta y tuvo un repunte a finales del siglo XX, cuando pasó de 0.60 por ciento en 1980 a 1.50 por ciento en 1990 y a 2.06, en 2000, según el censo efectuado ese año. Pero es posible que la información censal, en este caso, sea insuficiente, ya que se trata de una población dispersa y móvil, que se desplaza todos los años hacia el norte durante el verano siguiendo el ritmo de las cosechas.

En Florida hay un marcado patrón de dispersión de la migración mexicana. Para 2000 no se podía hablar de algún centro urbano con población residente que fuera representativo y que pudiera operar como capital provincial, y las comunidades dispersas estaban en proceso de conformación. En el sur de Florida los trabajadores mexicanos se mueven por un corredor agrícola que atraviesa el estado de oriente a poniente. Éste empieza en Fort Pierce, prosigue por la ruta 70 hacia Lake Placide, Okeechobee, Arcadia y termina en Sarasota. Otro lugar donde trabajan los mexicanos se ubica al sudoeste, entre Bonita Beach e Immokalee.

En realidad, Florida les queda muy a trasmano a los migrantes mexicanos, que tienen que gastar tiempo y dinero extra para poder ir y venir. Sin embargo, hay comunidades de Michoacán, Guanajuato y Oaxaca que se especializan en el trabajo agrícola en Florida. En el caso de una comunidad michoacana estudiada por el Mexican Migration Project (número 10), por ejemplo, más de una tercera parte (35.80 por ciento) de los migrantes se dirige, desde la década de los ochenta, a Florida, tanto hombres como mujeres.

En este caso, son las comunidades de la región central, con mayor experiencia y antigüedad, las que se incorporan al trabajo agrícola en las "corridas" de grupos itinerantes que siguen el ritmo de las cosechas, como se hacía en la década de los veinte. Los pizcadores de tomate, por ejemplo, que trabajan en el verano en Maryland, llegan desde Florida, después de un viaje de 20 horas.

Una migración paralela es la de los profesionales y promotores sociales y de salud, que prestan servicios a los trabajadores migrantes. Por ejemplo, de los centros de salud de Florida se traslada una parte del personal a la zona de Nueva Jersey durante el mes de mayo y regresan en el otoño.

La dificultad para establecer comunidades dispersas de migrantes mexicanos en Florida se debe principalmente a tres factores. En primer lugar se trata de un fenómeno reciente. Para llegar de la frontera con Texas a Florida hay que pasar por el *deep South*, una región que había funcionado como "tapón" para la migración mexicana, dado que contaba con población afroamericana que realizaba el mismo tipo de trabajos. En segundo término, en Florida hay que competir en el mercado de trabajo agrícola con haitianos y jamaiquinos, y en el medio urbano con cubanos y latinoamericanos. Por último, la región sureste de origen, que es la que está más cerca de Florida, no solía enviar migrantes. Como se sabe, el mar no es ningún obstáculo para migrar, así lo han demostrado por décadas los migrantes caribeños. Lo que pasa con los mexicanos de esta región es que no están acostumbrados a migrar a Estados Unidos, no había una tradición migratoria, a pesar de la corta distancia que hay entre Veracruz y Tampa y entre Yucatán y Miami. No obstante, parece que la situación ha empezado a cambiar; por reportes de campo se sabe que en Louisiana, por ejemplo, han empezado a llegar migrantes que son reclutados en los estados del Golfo y trasladados en barcos o lanchas hasta la costa, y de allí son introducidos a la región.

A partir de estos cuatro circuitos, el panorama migratorio de la región costa ha empezado a delinearse de manera mucho más clara. Sin embargo, aún es temprano para determinar si en el futuro operará como una región y si se va a definir una capital regional. Posiblemente, la región se divida en dos, teniendo como ejes a las ciudades de Nueva York y Atlanta. De hecho, ambas capitales provinciales están funcionando como centros de redistribución de migrantes. De Nueva York los migrantes mexicanos han empezado a incursionar por el área urbana de Filadelfia y Boston.[27] Y de Atlanta salen y llegan migrantes que trabajan en los estados de Alabama y Tennessee. También es posible que la porción sur de la región se articule con Texas, teniendo como eje y capital regional a Houston. Pero lo que actualmente se percibe es una región en proceso de formación, con un corredor regional que va de sur a norte, con dos capitales provinciales, una veintena de comunidades dispersas y mucha población dispersa.

Grandes etapas de concentración y dispersión

Una vez definidos los patrones de concentración y dispersión y aclarado el panorama regional –tanto en México, como lugar de origen, y en Estados Unidos, como lugar de destino– se puede evaluar con estos instrumentos de análisis las tendencias generales de la migración mexicana durante el siglo XX en los contexto regionales.

Se distinguen seis grandes etapas, de acuerdo con los patrones de concentración y dispersión. Como suele suceder con el fenómeno migratorio en general, en este caso específico se trata también de un movimiento pendular que pasa de una tendencia a la concentración a otra de dispersión.

El punto de arranque de la migración mexicana a Estados Unidos está fechado en 1884, cuando se unieron las vías férreas de ambos países en el Paso del Norte. Quince años más tarde, el censo de 1900 permite hacer un primer balance: dos de cada tres mexicanos migrantes radicaban en Texas (68.73 por ciento). Este fue el momento histórico de mayor concentración de la mi-

---

[27] Por trabajo de campo realizado en la zona urbana de Filadelfia se sabe que los migrantes han empezado a llegar vía Nueva York y que su presencia ha aumentado notablemente entre 1995 y 2001.

gración mexicana. Las razones ya han sido expuestas: comunicaciones, cercanía, casas de enganche y la relevancia de San Antonio como capital migratoria.

La segunda etapa empezó con el siglo. De manera lenta, pero persistente, comenzó a revertirse el proceso de concentración. A medida que Texas fue perdiendo hegemonía, la dispersión ganaba posiciones y surgían nuevos lugares de destino, como California, Kansas, Colorado e Illinois. Para Clark (1908) la dispersión de los mexicanos era más llamativa incluso que su creciente volumen. Luego Gamio (1930a) confirmaría estadísticamente la dispersión al comprobar que los *money orders* que enviaban los migrantes mexicanos provenían de 94 ciudades con más de 25,000 habitantes y de 1,417 ciudades con menos de 25,000 habitantes.

La dispersión estaba directamente relacionada con el mercado de trabajo: la agricultura y los ferrocarriles, lo que permitió el establecimiento de un sinnúmero de comunidades dispersas y, al mismo tiempo, generó grupos de migrantes itinerantes que seguían el ritmo de las cosechas, de campamento en campamento. Muchos de ellos se volvían a concentrar en San Antonio o Kansas City para ser reenganchados (Durand y Arias, 2000).

Por otra parte, durante este periodo se formaron dos nuevas regiones, la de las grandes planicies, donde Kansas City operaba como capital regional, y la de los grandes lagos, con la emergente ciudad de Chicago como capital regional y polo de atracción de mano de obra migrante para las empacadoras y siderúrgicas.

La tercera etapa inició con la crisis de 1929, que afectó a todo Estados Unidos y dejó a 12 millones de personas sin empleo. Los mexicanos fueron el único grupo social afectado por un programa de repatriación. Más de medio millón de mexicanos regresaron a su tierra (Carreras, 1974). Una buena parte deportados oficialmente, en una medida con fuerte contenido racial, que ponía en evidencia que quienes entraban por el Paso eran inmigrantes de segunda categoría respecto a los que ingresaron por Ellis Island. Otros muchos regresaron por su propia cuenta, porque simplemente no tenían trabajo.

La cuarta etapa cambió el ritmo y la orientación de la migración mexicana. Durante las décadas de los cuarenta y cincuenta volvió a cobrar impulso la tendencia hacia la dispersión. El Programa Bracero y el Ferroviario dispersaron a los mexicanos a lo largo y ancho del territorio estadounidense. En 1944 los braceros mexicanos estaban distribuidos en 17 estados; California era el más beneficiado, ya que recibía poco más de la mitad del total de braceros (Jones, 1946; Casarrubias, 1956; Vargas y Campos, 1964; Driscoll, 1985).

Como se ha señalado, en esa época la concentración de braceros en California significaba un paso más hacia la dispersión dada la predominancia de Texas. Como quiera, el Programa Bracero tuvo la virtud de desarticular el sistema de enganche que operaba desde la frontera texana.

La quinta fase, que va de 1965 a 1986, se caracterizó por un proceso de concentración geográfica que respondía a cambios radicales en el mercado de trabajo migrante. La mecanización de ciertos cultivos, como el algodón y el betabel, alejaron a los braceros de Texas, de la zona de las grandes planicies y más al norte, de la región de los grandes lagos. Los trabajadores agrícolas se reconcentraron en el corredor del Pacífico y en la producción de verduras, frutas y hortalizas. También contribuyó a la concentración la pérdida de importancia del sistema ferroviario frente a la competencia del sistema interestatal de carreteras. Aunque, es necesario acotar, miles de mexicanos trabajaron en el "cemento", en la construcción de carreteras. Finalmente, en la década de los sesenta cerraron las grandes empresas siderúrgicas del norte. Tres nichos del mercado de trabajo migrante durante la primera mitad del siglo –ferrocarriles, betabel y fundidoras– dejaron de ser relevantes.

Por su parte, en California, los sectores industrial y de servicios se expandieron de manera notable. La mano de obra mexicana empezó a ser demandada, cada vez más, en factorías, hoteles, casinos y restaurantes (Muller, 1992). Durante la década de los ochenta se crearon medio millón de empleos en el sector de limpieza (*janitors*), la mayoría de ellos de tiempo parcial y no sindicalizados (Mines y Avina, 1992). El punto culminante del proceso de concentración fue alcanzado con IRCA, y California acaparó poco más de la mitad del total de migrantes legalizados.

La sexta y última fase, pos IRCA, se distingue por un proceso acelerado de dispersión. Varios factores influyeron en esta dinámica. Primero, la legalización masiva permitió a la población migrante desplazarse y salir en busca de mejores empleos. Segundo, un proceso acelerado de reconversión industrial dinamizó nuevas áreas y abrió oportunidades de trabajo para los dos extremos de la escala ocupacional, ejecutivos y profesionales de alto nivel y mano de obra no calificada. En tercer lugar, parece haber afectado el creciente sentimiento antiinmigrante desatado en California por la campaña del gobernador Pete Wilson y la Proposición 187. Finalmente, renació la economía informal de las grandes metrópolis, especialmente en Nueva York, que volvió a demandar mano de obra barata. (Sassen y Smith, 1992; Durand, Massey y Chravet, 2000; Hernández y Zúñiga, 2000).

Como consecuencia de este proceso se desarrollaron cuatro circuitos migratorios diferentes hacia la región de la costa este, que aprovecharon la coyuntura de resquebrajamiento de un mercado de trabajo controlado por afroamericanos, migrantes de origen caribeño y migrantes de ultramar.

La nueva geografía de la migración, que ha empezado a ser reportada en la prensa diaria, denota un nuevo proceso de dispersión de la mano de obra mexicana, de grupos itinerantes y comunidades dispersas, en lugares y regiones donde su presencia no había sido importante (*New York Times*, 5 de enero de 2000; *La Jornada*, 15 de octubre de 1999; *Washington Post*, 6 de marzo de 2000).

La dispersión ha vuelto a cobrar fuerza y parece que será una tendencia consistente en las décadas venideras, lo que llevará a la conformación de nuevas y a la reconstrucción de añejas regiones migratorias. El mercado de trabajo estadounidense, al comenzar el siglo XXI, demanda, por una parte, más y más profesionales de alto nivel (Alarcón, 2000) y, por otra, trabajadores jóvenes, dispuestos a trabajar fuerte y ganar poco.

Migración en bloque

El análisis de las regiones de destino de la migración mexicana en Estados Unidos ha puesto en evidencia que las migraciones se dirigen en bloque hacia determinados lugares y que esta tendencia se mantiene a lo largo de décadas. Este rasgo, que ha sido atribuido a la migración internacional, entre países (Massey *et al.*, 1998), puede también aplicarse, dada la magnitud del caso mexicano, a los flujos procedentes de una región, un estado, una localidad.

Las investigaciones realizadas por el Mexican Migration Project, en más de 70 comunidades ubicadas en tres regiones de origen diferentes, confirman esta apreciación general y, a la vez, permiten analizar la problemática desde los ámbitos regional, estatal y local.

La región histórica de origen se caracteriza en la actualidad por tener como primer y principal lugar de destino el estado de California, a donde se dirigen más de dos terceras partes de los migrantes de esta región. De las 71 comunidades encuestadas en la región central, 42 tienen como destino principal a California. Los otros estados de destino son previsibles; seis comunidades tienen a Texas como primera opción de destino y tres comunidades a Illinois. La única excepción, que confirma la regla, es una comunidad (rancho) de Zacatecas que envía más de la mitad de sus migrantes al estado de Idaho, donde la comunidad tiene un nicho laboral bastante consolidado en la zona agroganadera cercana a Boise.

En el ámbito estatal, todas las comunidades encuestadas en Jalisco y Michoacán tienen como principal lugar de destino a California. Esta predilección se debe, en buena parte, al hecho de que ambos estados tenían comunicación directa con la frontera de California por medio del ferrocarril del Pacífico.

CUADRO 23

PRINCIPALES ESTADOS DE DESTINO DE COMUNIDADES, MMP71

Comunidad Región histórica	Concentración primaria		Concentración secundaria		Concentración terciaria		Total
Jalisco							
	3 California	78.34	Texas	6.68	Illinois	5.60	90.62
	6 California	61.43	Texas	13.77	Illinois	7.71	82.91
	7 California	81.76	Illinois	6.99	Texas	3.95	92.70
	17California	88.50	Texas	3.99	Illinois	2.58	95.07
	20 California	93.17	Texas	3.41	Arizona	2.80	99.38
	21 California	84.11	Illinois	3.74	Florida	3.74	91.59
	23 California	86.26	Puerto Rico	4.92	Texas	2.73	93.91
	25 California	89.36	Texas	4.26	D. Columbia	3.19	96.81
	28 California	88.12	Illinois	5.61	Texas	1.98	95.71
	24 California	81.73	Texas	5.44	Illinois	4.40	91.57
	57 California	93.84	Arizona	1.42	Washington	0.95	96.21
	58 California	73.33	Oregon	13.33	Arizona	6.67	93.33
		83.33		6.13		3.86	93.32
Michoacán							
	8 California	89.39	Illinois	3.35	Texas	3.17	95.91
	9 California	83.08	Texas	6.67	Arizona	2.56	92.31
	10 California	54.60	Florida	35.80	Oregon	4.25	94.65
	14 California	85.79	Texas	5.08	Arkansas	2.03	92.90
	19California	80.91	Texas	8.64	Illinois	4.09	93.64
	22California	90.06	Illinois	2.25	Texas	1.88	94.19
	29 California	78.75	Illinois	5.42	Texas	4.58	88.75
		80.37		9.60		3.22	93.19
Guanajuato							
	1 California	62.01	Nevada	12.77	Texas	5.78	80.56
	2 California	45.07	Illinois	18.31	Texas	16.90	80.28
	4 California	87.12	Arizona	6.01	Texas	2.15	95.28
	5 California	56.38	Texas	35.11	Illinois	5.32	96.81
	13 Texas	84.04	California	8.43	Oklahoma	1.81	94.28
	15 California	84.71	Texas	4.46	Arizona	3.18	92.35
	16 California	85.33	Arizona	2.67	Oregon	1.33	89.33
	26 Illinois	40.66	California	37.05	Texas	15.06	92.77
	27 Illinois	53.96	California	22.76	Texas	21.88	98.60
	55 California	76.34	Texas	10.75	Colorado	1.61	88.71
	56California	54.35	Texas	37.83	Illinois	3.48	95.65
		66.36		17.83		7.14	91.33
Zacatecas							
	18 California	81.66	Texas	4.61	Nevada	3.11	89.38
	30 California	64.41	Nevada	25.04	Texas	2.68	92.13
	34 Idaho	51.62	Texas	19.49	California	6.86	77.97
	35 California	78.68	Texas	10.29	Idaho	3.68	92.65
	40 California	83.36	Illinois	5.45	Texas	4.57	93.38
	46 California	87.09	Texas	4.05	Colorado	1.57	92.71
		74.47		11.49		3.75	89.70

Nayarit

11 California	81.02	Nevada	6.20	Arizona	2.83	90.05
12 California	84.89	Oregon	6.04	Texas	3.02	93.95
	82.96		6.12		2.93	92.00

San Luis Potosí

32 Illinois	64.60	Texas	26.20	California	4.90	95.70
36 Texas	53.20	California	35.30	Illinois	4.90	6.40
37 California	61.50	Texas	27.80	Illinois	4.50	93.80
38 Texas	52.20	California	24.70	Florida	5.60	82.50
39 Texas	68.10	California	15.70	Carolina del Sur	4.20	88.00
44 California	73.60	Texas	10.60	Arizona	8.70	92.90
45 California	84.50	Arizona	7.60	Texas	4.30	96.40
47 Texas	75.70	California	9.30	Oklahoma	4.90	89.90
48 Texas	71.10	Florida	10.50	Carolina del Sur	7.90	89.50
	67.17	·	18.63		5.71	91.51

Colima

33 California	74.15	Nevada	9.52	Texas	6.80	90.48
67 California	84.72	Oregon	11.11			95.83
68 California	75.11	Washington	13.08	Oregon	7.59	95.78
	77.99		11.24		4.80	94.03

Aguascalientes

69 California	28.38	Oklahoma	24.32	Nevada	22.97	75.68
71 California	46.78	Oklahoma	14.16	Texas	14.16	75.11
	37.58		19.24		18.57	75.39

Por el contrario, los estados de Guanajuato, Zacatecas y San Luis Potosí tienen una comunicación mucho más directa y cercana con Texas, lo que explica que algunas comunidades se dirijan de manera prioritaria a Texas o Illinois y que otras compartan sus preferencias entre varios estados. El estado con mayor diversificación de lugares de destino es San Luis Potosí, que geográficamente está en el centro de México y muy cerca de Texas. Sus preferencias se reparten entre Texas, Illinois y California, pero también envían migrantes a Florida, Carolina del Sur, Arizona y Oklahoma.

En lo que concierne a la región central, en particular los estados de Guerrero, Oaxaca y Puebla, donde el MMP realizó encuestas en 12 comunidades, se manifiesta mayor diversificación en cuanto a lugares de destino. En el estado de Guerrero, dos comunidades envían la mayor parte de sus migrantes a Illinois y otras dos a California.

Un caso que llama la atención es el de la comunidad número 42, que envía en bloque, a casi todos sus migrantes al estado de Illinois (93.61 por ciento). Para las comunidades de Guerrero son también relevantes como segunda y tercera opciones de destino, los estados de Texas, Georgia y Nueva York.

CUADRO 24

PRINCIPALES DESTINOS, REGIÓN CENTRAL, MMP71

Comunidad Región central	Concentración primaria		Concentración secundaria		Concentración terciaria		Total
Guerrero							
31 Illinois		62.50	California	20.80	Texas	6.90	90.20
41 California		57.32	Texas	9.76	Georgia	9.76	76.84
42 Illinois		93.61	Texas	2.63	Michigan	1.13	97.37
43 California		50.91	Georgia	14.55	Nueva York	5.45	70.91
		66.09		11.94		5.81	83.83
Oaxaca							
49 California		71.43	Nueva Jersey	28.57			100.00
50 California		99.42	Nueva York	0.58			100.00
51 California		81.30	Illinois	6.50	Texas	3.25	91.05
52 California		91.67	Nueva York	2.78	Arizona	2.78	97.23
		85.96		9.61		3.02	97.07
Puebla							
54 California		61.90	Nueva York	19.05	Texas	9.52	90.48
59 California		45.31	Nueva York	46.88	Texas	4.69	96.88
60 Nueva York		93.55					93.55
61 Nueva York		50.00	California	37.50	Nueva Jersey	12.50	100.00
		62.69		25.86		6.68	95.22

Por el contrario, en el estado de Oaxaca se percibe un patrón marcadamente unidireccional; ocho de cada 10 migrantes se dirigen a California y unos cuantos a Nueva York, Nueva Jersey y Chicago. De hecho, los migrantes oaxaqueños se han integrado muy bien al mercado de trabajo agrícola en los estados de California y Nueva Jersey. El fenómeno migratorio en Oaxaca tuvo su origen durante el Programa Bracero, y llegó a contribuir con 4 por ciento del total (Vargas y Campos, 1964). Luego su participación decayó, al parecer volvieron a integrarse al ritmo propio de las comunidades indígenas que están muy ligadas a la tierra, a sus ritos y compromisos comunales. Pero, poco a poco, los oaxaqueños se integraron, de manera muy marcada, a los circuitos de migración interna de trabajadores agrícolas para Sonora y Baja California. Luego, en la década de los ochenta, empezaron a pasar a California.

Otro caso es el de los migrantes de varias comunidades de Tlaxcala, vecinos a Puebla, pero que se dirigían al trabajo agroganadero en Idaho, y de ahí pasaron a los hoteles y restaurantes de Jackson Hole, en el estado norteño de Wyoming.

El flujo que se dirige a Nueva York y Nueva Jersey es diferente, y tiene que ver con el circuito generado en la Mixteca, muy en especial en el estado de Puebla, que envía sus migrantes, como primera opción, a Nueva York y, en segundo término, a California y Nueva Jersey.

Por último, el MMP cuenta con información sobre cuatro barrios encuestados en la ciudad de Tijuana, una de las más pujantes ciudades fronterizas. Como es de esperarse, los tijuanenses se dirigen mayoritariamente a California (88 por ciento en promedio). En este caso, la vecindad explica, obviamente, su opción. Sucede otro tanto con los migrantes de Ciudad Juárez, que van a Texas, y los de Nuevo León, que prefieren la ciudad de Houston (Hernández, 1997). Por su parte, los migrantes de Sinaloa, se dirigen mayoritariamente a California, y en menor grado a Idaho y Arizona, las más pujantes ciudades fronterizas.

Un patrón similar se puede apreciar al analizar los datos del MMP de acuerdo con épocas. Durante el periodo de los braceros, más de la mitad de los migrantes se dirigieron a California (57 por ciento), pero Texas siguió siendo importante, pues concentraba una quinta parte de los contratos. El panorama cambió durante el periodo indocumentado, cuando, como lo comprueba los datos del MMP, sucedió la etapa de concentración en California (69.10 por ciento). En la etapa pos IRCA volvió a notarse el cambio y a confirmarse la etapa de dispersión y el crecimiento incipiente de otros lugares de destino.

CUADRO 25

PRINCIPALES DESTINOS DE LA REGIÓN FRONTERIZA, MMP71

Comunidad Región fronteriza	Concentración primaria		Concentración secundaria		Concentración terciaria		Total
Tijuana							
	63 California	82.35	Texas	3.92	Illinois	1.96	88.24
	64 California	87.18	Texas	5.13	Illinois	2.56	94.87
	65 California	91.67					91.67
	66 California	90.38	Nueva York	1.92	Arizona	1.92	94.23
		87.90		3.66			2.15	92.25
Sinaloa							
	53 California	87.76	Texas	3.06	Arizona	3.06	93.88
	62 California	87.88	Idaho	4.04	Arizona	3.03	94.95
	70 California	87.98	Idaho	4.81	Arizona	3.37	96.15
		87.87		3.97		3.15	94.99

Finalmente, la información proporcionada por el MMP confirma las tendencias generales de la migración en cuanto a los lugares específicos de

destino. Como capital migratoria sigue figurando la ciudad de Los Ángeles, a donde se dirige más de una cuarta parte de la población migrante.

CUADRO 26

PRINCIPALES ESTADOS DE DESTINO POR ÉPOCAS, TODAS LAS
COMUNIDADES, MMP71 (NÚMEROS ABSOLUTOS)

Periodo	Años	California*	Texas	Illinois	Otros	Total
Bracero	1942-1964	1,182	420	96	340	2,038
Indocumentado	1965-1986	6,849	1,016	712	1,182	9,759
Post-irca	1987 - +	3,610	513	401	1,026	5,550
Total		11,641	1,949	1,209	2,548	17,347

* en números absolutos

Principales estados de destino, por épocas, todas las comunidades, mmp71 (%)

Periodo	Años	California*	Texas	Illinois	Otros	Total %
Bracero	1942-1964	58.00	20.61	4.71	16.68	100.00
Indocumentado	1965-1986	70.18	10.41	7.30	12.11	100.00
Pos-irca	1987 - +	65.05	9.24	7.23	18.49	100.00
Total		67.11	11.24	6.97	14.69	100.00

En segundo término figura la ciudad de Chicago, capital de la región
de los grandes lagos. El tercer lugar lo ocupa un conjunto de capitales
provinciales, como San Diego, Santa Ana, San José, San Francisco, en California; Houston y Dallas, en Texas, y comunidades dispersas en zonas
agrícolas como Salinas y Watsonville, en el área de Salinas-Monterrey-Santa
Cruz; Bakersfield, Fresno, Madera, Merced, Modesto y Stockton, en el
valle de San Joaquín; El Centro, en el valle imperial, y las poblaciones de
Oxnard, Ventura y Santa Paula, al norte de Los Ángeles.

Las ciudades de San Antonio y Kansas, que otrora fueron capital migratoria y capital regional, ya no figuran entre los principales lugares de destino de la migración mexicana, al no requerir del sistema de enganche para contratarse ni del ferrocarril para desplazarse.

La base de datos del MMP refleja con bastante verosimilitud la distribución geográfica de la migración mexicana captada con otros instrumentos
de medición.[28] La migración en bloque es un hecho indiscutible, y forma
parte integral del fenómeno en sus diferentes niveles, tanto en el ámbito

[28]Dada la metodología del MMP no se pueden captar los nuevos lugares de destino, como podrían ser las capitales provinciales de Denver, Colorado, Atlanta, Georgia, etcétera.

nacional, que envía 98 por ciento de los migrantes a Estados Unidos, como en el ámbito de las comunidades de origen.

Conclusiones

Los patrones de distribución geográfica de la migración mexicana en Estados Unidos confirman la necesidad de entender el fenómeno migratorio como un proceso social binacional. La mano de obra migrante responde a la demanda del mercado de trabajo con sus propias reglas, en que el origen está estrechamente ligado al destino y el proceso tiende a sostenerse por sí mismo con el apoyo de un intrincado sistema de relaciones sociales. No se trata de un mercado libre de mano de obra, donde cada quien va donde quiere o donde le paguen mejor. Lo que resulta determinante para optar por un lugar de destino es el capital humano y social de que dispone cada migrante.

Como todo proceso, el migratorio es un fenómeno cambiante y dinámico, de ahí que sea algo único y diferente el comportamiento de cada región de destino: la región sudoeste tiene una dinámica intrínseca muy intensa que la mantiene viva, le ha permitido cambiar de capital migratoria y ha podido crecer e incorporar nuevos estados a su espacio regional. En una situación opuesta está la región de las grandes planicies, que fue muy significativa en la década de los diez y veinte y luego prácticamente desapareció. Por su parte, la Región de los grandes lagos se expande y reconcentra en su capital regional de acuerdo con los ritmos de la economía regional. Finalmente, la región costa este se nutre de la diversidad, de cuatro circuitos migratorios diferentes y desarticulados entre sí, pero que contienen los elementos mínimos para afirmar que asistimos al proceso de fundación de una nueva, extensa y compleja región.

Ha quedado demostrado de múltiples maneras que los migrantes se mueven en bloque. En el ámbito nacional los mexicanos se dirigen de manera exclusiva a Estados Unidos. En la esfera regional sucede otro tanto; la gran mayoría de los migrantes se dirigen a California y en menor medida a Texas e Illinois. En el nivel comunidad ocurre el mismo fenómeno, quizá con mayor intensidad.

El proceso de formación de una región comienza con la llegada de población dispersa, continúa con la constitución de comunidades dispersas, hasta que una de ellas se convierte en capital provincial.

Finalmente, la creación de una región se debe a la confluencia de dos dinámicas. Por una parte, se desenvuelve un proceso de hegemonía de una capital provincial hasta transformarse en capital regional y, por otra, el conjunto de comunidades dispersas, articuladas entre sí por capitales provinciales, se articulan a su vez con una ciudad, que opera como capital regional, donde se concentra la mayoría de los migrantes y se brindan múltiples servicios. Este es un proceso que toma varias décadas. Depende de la consolidación de un mercado de trabajo diversificado, vías de comunicación, la constitución de barrios con identificación étnica y de la articulación permanente entre las diferentes instancias, capital regional, capitales provinciales y comunidades dispersas.

Dado el proceso de formación de la región costa este y la reconstitución de la región de las grandes planicies se puede afirmar que el fenómeno migratorio mexicano ha dejado de tener una dimensión regional y que ahora opera en el ámbito nacional. Incluso en lugares tan apartados y aislados como Alaska y Hawai la presencia mexicana es cada vez más visible.

El carácter pendular de los procesos de concentración y dispersión hace referencia directa a la metáfora bastante difundida de oleadas migratorias. Después de la ola sobreviene la resaca. Pero esto tiene que ver con tres factores que son, a fin de cuentas, los motores que ponen en marcha la migración. Los factores económicos de la oferta y demanda de mano de obra, que atraen o despiden trabajadores; los factores políticos, muy ligados a las legislaciones migratorias, que ponen en práctica medidas de apertura o cerrazón de trámites migratorios y de cruce fronterizo y, finalmente, la dinámica social de las redes de relaciones, que operan para vincular la oferta y la demanda, reducen los costos y riesgos de la migración y hacen posible la persistencia del flujo migratorio.

Todo esto no hace sino confirmar el viejo refrán popular: "origen es destino".

Capítulo 5

El imperio dependiente. Mano de obra agrícola en Estados Unidos

¿Yo no sé quién va a cosechar esas lechugas? ¿Yo…?, ¡ No!…[29]

LA IMAGEN del trabajador mexicano en la agricultura quedó inmortalizada en las fotografías que tomó Dorothea Lange en las décadas de los treinta y cuarenta. Pero esa imagen ya no corresponde con la realidad del siglo XXI, en que sólo una quinta parte de la población migrante se dedica a este tipo de actividad.

La reducción sustancial de la mano de obra agrícola, a lo largo de todo el siglo XX, se debe obviamente a la mecanización. El avance de la ciencia y la técnica en la agricultura ha sido determinante para el progreso económico, y el futuro todavía nos depara muchas sorpresas. No obstante, todo tiene un límite. La agricultura ocupa entre 2 y 2.5 millones de trabajadores anualmente, y la reducción de personal cada día es más lenta y difícil.

A medida que el campo se mecanizaba se desenvolvió un proceso paralelo de mexicanización. A lo largo del siglo XX, los mexicanos fueron desplazando a la mano de obra local y exterior, y prácticamente se han adueñado del mercado de trabajo agrícola. Ha sido un proceso largo, centenario; pero lo que antes era un fenómeno regional típico del sudoeste se ha convertido en una dinámica de dimensión nacional, que incluye el medio oeste y la costa este, tradicionales bastiones de la mano de obra blanca, afroamericana y caribeña.

Pero el proceso de mexicanización de la agricultura ha abierto la puerta a un proceso semejante de indigenización. Fenómeno que ya tiene un amplio desarrollo en México y que se empieza a detectar de manera inicial en la agricultura estadounidense.

En este apartado se pretende analizar en detalle los procesos de mecanización y mexicanización, y apuntar el futuro de la agricultura en Estados Unidos, con una participación cada vez mayor de mano de obra de extracción indígena.

[29] Trabajador mexicano legal que acomoda lechugas en un supermercado en Salinas, California.

La mecanización

La mecanización de la agricultura es una vieja y permanente obsesión de los granjeros estadounidenses. Primero se eliminó la tracción animal: bueyes y caballos fueron expulsados de los campos por el rugido del tractor. La roturación, preparación del terreno y la siembra se mecanizaron rápidamente. Mientras a comienzos de siglo se empleaban 37.5 millones de personas en la agricultura, en 1940, ya avanzado el proceso de tractorización, sólo se empleaban a 17.4 millones (World Almanac, 2000).

A pesar del progreso tecnológico que significó el tractor, el problema principal seguía siendo la cosecha, que requería de ingentes cantidades de mano de obra en periodos determinados. Los avances fueron graduales y variaban de acuerdo con el tipo de producto. Para la cosecha de granos se encontró pronto una salida, y con sus aspas las máquinas arrasaron la mano de obra de manera definitiva. Las cosechadoras de trigo, cebada, sorgo y maíz dejaron para la historia y el recuerdo herramientas centenarias como la hoz y la guadaña. En los casos del algodón y el betabel, la solución no fue tan rápida, dos rubros en que se requerían cientos de miles de braceros mexicanos y en que resultaba crucial el factor mano de obra. En el caso del algodón, la disposición de mano de obra mexicana y afroamericana parecía ser ilimitada. Pero en el caso del betabel, que se producía más al norte, en las grandes planicies y el medio oeste, la solución era mucho más complicada, porque había que importar trabajadores desde muy lejos y por temporadas cortas.

En el diseño de la cosechadora de algodón se avanzó poco a poco; la primera patente data de 1928, y corresponde al proyecto presentado por los hermanos Rust. La máquina fue probada en un campo experimental en 1931, pero fue la necesidad de mano de obra, durante la Segunda Guerra Mundial, la que infundió nuevos bríos a las empresas comprometidas en este proyecto. En 1942 la compañía Internacional Harvester anunció oficialmente su intención de producir cosechadoras de algodón, esfuerzo que pudo culminar en 1948, cuando aparecieron en el mercado las primeras 1,000 cosechadoras comerciales. Luego, en 1952, la producción ascendió a 8,000 cosechadoras, y a esto se sumaron los esfuerzos de otros dos gigantes del medio agrícola: John Deere y Massey-Ferguson (Smithsonian Institution, 1958).

En 1951, sólo 8 por ciento de la producción de algodón estaba mecanizada, pero para 1964 ya había alcanzado 78 por ciento (Calavita, 1992). El efecto fue inmediato; los trabajadores agrícolas dejaron el cultivo del algodón y muchos empezaron a dejar Texas para dirigirse a otras regiones donde había más trabajo; por ejemplo, California y Florida, donde la cosecha de verduras, frutas y nueces requería grandes cantidades de trabajadores.

En la cosecha de betabel, que requería cientos y miles de trabajadores, siempre había problemas para el reclutamiento de mano de obra y se experimentaron diversas soluciones. Primero se reclutaron trabajadores migrantes de origen europeo, quienes, con el desarrollo industrial de Chicago y Detroit, abandonaron pronto las labores del campo y se fueron a la ciudad. Fueron sustituidos por "betabeleros" texanos y mexicanos, que remontaban al norte en tiempo de cosecha. Luego, durante la Gran Depresión, los mexicanos fueron deportados y dejaron sus puestos nuevamente a inmigrantes europeos. Más tarde, durante la Segunda Guerra, se volvió a contratar mexicanos, en esta ocasión braceros, pero había gran oposición. Por eso, en 1950, se experimentó con la importación de portorriqueños, pero no resultaron tan dóciles y adaptables como los mexicanos.

Finalmente, sería la mecanización la que terminaría de una vez por todas con el problema de la mano de obra en los campos de betabel. Los avances tecnológicos empezaron en la década de los treinta. Posteriormente se logró mejorar la producción de semillas y se experimentó con herbicidas, lo que eliminó más trabajadores, hasta que en 1955 las máquinas rebanadoras y cosechadoras desplazaron totalmente a la mano de obra (Valdés, 1991). En la actualidad sólo se requieren dos peones para recoger, ocasionalmente, las "bolas" que la máquina no pudo levantar.

Otro tanto pasó con la cosecha del jitomate para pasta. Al finalizar el Programa Bracero, en 1964, los productores pensaron que tendrían que trasladar sus cultivos al otro lado de la frontera, pero no fue así. Se logró producir un jitomate uniforme y de menor tamaño que pudo ser cosechado mecánicamente (Rural Migration News, abril de 1996).

La cosecha de nueces y almendras también se mecanizó, y las varas con las que los trabajadores sacudían las ramas fueron reemplazadas por una máquina que sacude el árbol por el tronco y provoca la caída de las nueces. A esto se añadieron las máquinas descascaradoras que también eliminaron a miles de trabajadores mexicanos.

En la cosecha de verduras –lechuga, repollo, brócoli, coliflor– se redujo el personal en la fase de selección y empaque. Ahora el embolsado, empaque y sellado de la caja se realizan en el campo. La máquina simplemente sirve como un elemento de tracción, que marca el ritmo de los trabajadores, facilita el empaque y almacena el producto, que luego se traslada a un camión de transporte y de ahí se va enfriar y al supermercado.

Lo mismo ha sucedido con la fresa que se usa para mermelada. Anteriormente los trabajadores cortaban la fresa en el campo, y luego otros trabajadores la "despataban" en las procesadoras. Ahora el trabajador corta la fresa y la "despata" al mismo tiempo, para esto utiliza una uña de metal, de tal modo que el rabo se queda en la planta. Así se han ahorrado una fase del proceso de producción que requería miles de trabajadoras. Lo que no se ha resuelto todavía es el efecto que produce el ácido en las manos de los trabajadores, que quedan quemadas y agrietadas después de cada temporada.

Recientemente, la cosecha de caña de azúcar, que tradicionalmente ocupaba a miles de trabajadores durante la época de zafra, ha empezado a ser mecanizada. Por lo pronto, cerca de 2,000 cortadores caribeños que trabajaban en Florida, para la firma US Sugar, han dejado de ser contratados, rompiendo el uso inaugurado hace más de 50 años de contratar trabajadores con el sistema de visas H2A (*Rural Migration News*, enero de 1997).

La cosecha de uva, aceituna, manzana, durazno, chabacano, cítricos y otros tantos frutos sigue demandando mano de obra, pero ya se dispone de tecnología para reemplazarla. El cambio no ha sido radical, en primer lugar, por el costo que significa la inversión tanto en maquinaria como en el ajuste que se debe realizar con las plantas y el terreno. En segundo término, porque la cosecha mecánica suele afectar el producto. En algunos casos tal afectación no es problema, como en la uva para vino o la aceituna para aceite, pero sí lo es en el caso de la uva y la aceituna para mesa, que son las variedades que tienen más valor en el mercado. Finalmente, las cosechadoras mecánicas también pueden afectar la planta, sobre todo las raíces y, por tanto, puede afectar la producción de la siguiente temporada.

En otros casos, como la cosecha del melón, pepino, perejil, no existe todavía un posible reemplazo. Pero todo es cuestión de tiempo. Al parecer no hay imposibles en la mecanización de la agricultura. Algunos agricultores, por ejemplo, están experimentando con la cosecha nocturna de uva de mesa, que se realiza con linternas, lo que ahorra costos de enfriamiento y reduce el estrés de los trabajadores que durante el día tendrían que soportar altas temperaturas. Otro avance, que tiene que ver con el control de la temperatura, se ha dado en el cultivo del champiñón. Que antes era estacional y ahora se realiza todo el año, porque las empresas han invertido en la instalación de aire acondicionado para la época de verano. Pero, en este caso, el avance tecnológico provocó el asentamiento definitivo de la mano de obra que ahora tiene trabajo todo el año. Como quiera, el ritmo de la mecanización y el desplazamiento de la mano de obra han sido implacables, como puede apreciarse en la gráfica 2.

La mecanización no sólo ha desplazado a los peones, también ha relegado a los medieros, rancheros, granjeros, aparceros y pequeños propietarios. Durante todo el siglo XX la norma ha sido reducir el número de gran-

GRÁFICA 2
TRABAJADORES AGRÍCOLAS EN ESTADOS UNIDOS, 1900-1964

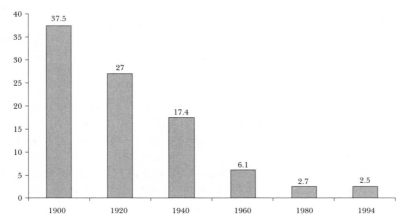

Fuente: The World Almanac, 2000.

jas y aumentar el número de acres. Algunos pequeños y medianos agricultores prefieren rentar o vender sus tierras porque ya resulta muy complicado competir con los gigantes de la producción agrícola. En 1940, el tamaño promedio de una granja era de 174 acres, y a finales de siglo la cifra se duplicó a 435 acres (véase gráfica 3).

GRÁFICA 3
TAMAÑO PROMEDIO DE LAS GRANJAS EN ESTADOS UNIDOS,
1940-1998 (EN ACRES)

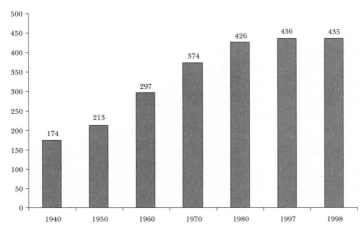

Fuente: The World Almanac, 2000.

La mecanización, el control de la tierra y el acaparamiento del agua se relacionan directamente con el proceso de generación y crecimiento de las grandes empresas agrícolas, en contraposición con el antiguo sistema *farmer*. De manera paralela, el sistema de contratación directo por parte del productor está siendo reemplazado, de manera lenta pero constante, por el sistema de subcontratación, que en la actualidad maneja 20 por ciento del total de la mano de obra agrícola en Estados Unidos (US Department of Labor, NAWS, 2000).

Pero, más que desaparecer, los *farmers* tienden a asociarse con las grandes compañías que prefieren rentar la tierra a los propietarios o trabajar con ellos de manera indirecta, como aparceros, proporcionándoles la planta, insumos y asesoría. De ese modo mantienen a los rancheros trabajando para ellos, pero tienen la posibilidad de moverse libremente según las indicaciones del mercado o la competencia. En Ohio, por ejemplo, se optó por la mecanización de la cosecha de jitomate a comienzos de los ochenta, lo que redujo sensiblemente los requerimientos de mano de obra. Pero luego llegó la competencia del jitomate de California, y los productores de Ohio tuvieron que dejar de sembrar jitomate, para sembrar pepino, un cultivo que no ha podido ser mecanizado y, por tanto, depende de manera absoluta de la mano de obra mexicana (*Migrationworld*, núm. 3, 1999). En este caso, la inversión en maquinaria fue un fracaso.

Al parecer, la mecanización y el latifundismo tienen sus propios límites. El ritmo de decrecimiento en el empleo de jornaleros agrícolas se ha estabilizado en fechas recientes. Entre 1980 y 1994 apenas si disminuyó, al pasar de 2.7 a 2.5 millones (véase gráfica 2). El mismo fenómeno se aprecia en el tamaño promedio de las granjas, que en 1980 era de 426 acres y en 1998 alcanzó una cifra muy cercana, 435 acres (véase gráfica 3).

Respecto a los trabajadores, muy posiblemente el límite pueda fijarse en torno a los 2 millones. No se puede eliminar de manera total al trabajador agrícola. La mecanización desplaza trabajadores, pero también crea nuevos empleos, lo que compensa parcialmente las pérdidas y además significa la apertura de un mercado para trabajadores calificados, capaces de manejar maquinaria y asumir otro tipo de responsabilidades.

Por otra parte, la mecanización ofrece asimismo la oportunidad de ampliar la producción y exportar, lo que también implica la creación de nuevos empleos en las fases del proceso que todavía demandan mano de obra. Además de estos factores, influye el desplazamiento de la mano de obra agrícola local, que deja vacantes sus puestos de trabajo para que sean cubiertos por nuevos trabajadores migrantes, que llegan de México y Centroamérica.

La mexicanización

Resulta una obviedad que en el sudoeste americano predomina la mano de obra agrícola de origen mexicano. Lo que no resulta tan obvio es que esta tendencia se ha generalizado en toda la Unión Americana. La presencia de los trabajadores mexicanos en el agro estadounidense ha dejado de ser un asunto de dimensión regional para convertirse en un tema de dimensión nacional.

El perfil del trabajador agrícola sólo ha cambiado en dos sentidos, su composición nacional y su origen étnico; el primero refleja la situación actual de mexicanización; el segundo hace referencia al futuro mediato, el proceso de indigenización de la agricultura en México y Estados Unidos, tema que será tratado en el siguiente acápite. Por lo demás, la situación sigue igual: los trabajadores agrícolas ganan el mínimo, viven en condiciones deplorables, la mayoría son indocumentados, el trabajo es temporal y el proceso de sindicalización sigue siendo muy limitado.

La mexicanización de la mano agrícola es un hecho que se demuestra con cifras. Según el último reporte del Departamento de Trabajo (US. DOL. NAWS, 2000), al finalizar el siglo XX, más de tres cuartas partes de la mano de obra agrícola era mexicana (77 por ciento) y otra parte significativa es de origen mexicano (9 por ciento). En términos globales, 8.6 trabajadores de cada 10 son mexicanos.

GRÁFICA 4

DISTRIBUCIÓN DE LA POBLACIÓN DE TRABAJADORES AGRÍCOLAS SEGÚN ORIGEN ÉTNICO, 2000

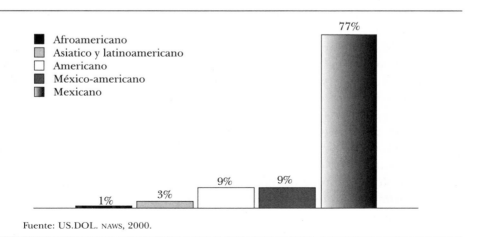

Fuente: US.DOL. NAWS, 2000.

En la fracción restante, una décima parte corresponde a trabajadores agrícolas americanos blancos (9 por ciento), una mínima parte a trabajadores agrícolas afroamericanos (1 por ciento) y lo restante se reparte entre asiáticos y latinoamericanos (3 por ciento).

La predominancia mexicana se debe fundamentalmente a seis condiciones básicas, que otros grupos de trabajadores no pueden cumplir: bajo costo, temporalidad, juventud, capacitación, movilidad y ser indocumentados.

• El bajo costo de la mano de obra mexicana se debe, fundamentalmente, a la diferencia salarial entre el jornal mexicano y el de Estados Unidos. Una hora de salario mínimo trabajada en Estados Unidos, equivale a ocho horas de salario mínimo trabajadas en México. Es decir, una relación de uno a ocho. De ahí que sólo puedan trabajar en el campo estadounidense aquellos que juegan con la lógica del tipo de cambio. Si no fuera por eso, el campo estadounidense hace mucho que habría entrado en crisis.

Si hipotéticamente los trabajadores mexicanos abandonaran el medio agrícola estadounidense sería muy complicado reemplazarlos. Sólo quedarían dos opciones: incrementar el salario al doble o importar mano de obra de algunos países del tercer mundo. La primera opción no conviene económicamente y la segunda políticamente. Es más fácil y barato dejar pasar a los mexicanos y regular la oferta con deportaciones recurrentes y selectivas en el tiempo y el espacio.

• Pero la presencia mexicana es factible porque se trata de un trabajador que vive al otro lado de la frontera, es temporal, va y viene, tiene a su familia en México y espera algún día regresar a su terruño. La brecha salarial existe con muchos otros países, aun mucho más pronunciada, pero lo relevante es que ésta sucede en un contexto de vecindad geográfica.

En promedio, el trabajador agrícola labora 25 semanas en el campo y cuatro semanas en otro tipo de trabajos (US.DOL. NAWS, 2000). Los meses en que no hay trabajo se resuelven de manera diferente según la condición legal del trabajador. Los méxico-americanos suelen recurrir al seguro de desempleo. Los trabajadores legales suelen optar entre el seguro y regresar a México, donde sus ahorros, en dólares, pueden rendir más. Algunos pocos recurren a los dos sistemas. De hecho, sólo 20 por ciento de la fuerza laboral agrícola recurre al seguro de desempleo, cuando 45 por ciento tendría derecho (US.DOL. NAWS, 2000). Por último, los indocumentados, tienen muy pocas salidas, no pueden recurrir al seguro de desempleo y no pueden regresar a México porque resulta muy caro y arriesgado tener que volver a pasar la frontera. No les queda otra salida que ajustarse el cinturón.

• El bajo costo y la temporalidad están asociados con la tercera característica: la juventud. La mano de obra agrícola tiene en promedio 31 años, cifra en la que coinciden varias fuentes (US.DOL. NAWS, 2000; MMP, 1987-1996; IFE, Salinas, 1998). Normalmente, los trabajadores agrícolas ingresan a los 18 años y empiezan a salir a los 25.

GRÁFICA 5

GRUPOS DE EDAD DE LOS MIGRANTES QUE LABORAN EN ACTIVIDADES AGROPECUARIAS, 1987-1997

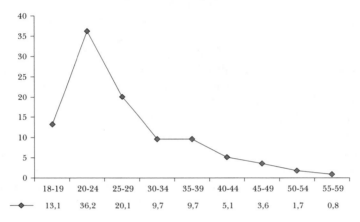

	18-19	20-24	25-29	30-34	35-39	40-44	45-49	50-54	55-59
	13,1	36,2	20,1	9,7	9,7	5,1	3,6	1,7	0,8

Fuente: MMP71.

Se trata de una mano de obra revolvente en un triple sentido. Primero porque los trabajadores de reemplazo, dispuestos a ser explotados, van de México y regresan a México. En segundo término, porque entran jóvenes y salen maduros, entran fuertes y sanos y salen cansados y enfermos, principalmente con padecimientos esqueleto-musculares, y alergias e intoxicación causadas por pesticidas y herbicidas. Finalmente, la selectividad por edades tiene que ver con una política patronal de contratar únicamente personal joven.

• El carácter revolvente de la mano de obra también se relaciona con la condición física del trabajador. El trabajo agrícola es físicamente muy demandante y, por tanto, desgastante. Sólo pueden realizarlo personas jóvenes e "impuestas" a este tipo de trabajo. Los trabajadores de origen urbano muy difícilmente pueden aguantar una jornada agrícola, porque no tienen la resistencia y la experiencia adecuadas, porque no saben trabajar con las manos y porque no conocen las plantas. El origen campesino del trabajador agrícola mexicano es una cualidad buscada y demandada por los empleadores y los contratistas norteamericanos, pero no es recompensada.

• El carácter temporal y estacional del trabajo agrícola tiene que ver con un quinto factor: la movilidad. El trabajador agrícola debe estar dispuesto a seguir el ritmo de las cosechas y tiene que adaptarse a nuevos lugares y ambientes de trabajo. De ahí que la mayoría de los trabajadores agrícolas sean hombres (80 por ciento) y que viajen solos sin su familia. Esta opción tiene que ver también con el problema del alojamiento, que por lo general son galerones donde no se permite la entrada de mujeres, o departamentos rentados donde impera el hacinamiento.

Los jornaleros agrícolas suelen seguir tres circuitos migratorios ancestrales: el del oeste, que va de California a Oregon, Washington y Idaho; el del medio oeste, que surge en Texas y se dirige hacia Wisconsin, Minnesota, Michigan y Ohio, y el circuito de la costa este, que se origina en Florida y se remonta al norte por el rumbo de Georgia, las Carolinas, Virginia, Maryland y Nueva Jersey.

• Finalmente, un trabajo temporal, mal pagado y desgastante sólo es aceptado por las personas que están más desprotegidas: los indocumentados. Se estima que 60 por ciento de los trabajadores agrícolas están por debajo del nivel de pobreza (Calavita, 1992a). Después de un esfuerzo inusitado por legalizar a la mano de obra agrícola, con el Programa de Trabajadores Agrícolas Especiales (SAW), que legalizó a cerca de un millón de trabajadores mexicanos, el Departamento del Trabajo reconoció que, en 1990, 19 por ciento de la fuerza laboral empleada en la agricultura de manera estacional no tenía autorización (US.DOL. NAWS, 1990). Diez años después, afirmaron que más de la mitad (52 por ciento) no tenía permiso para trabajar. La razón es obvia; la mayoría de quienes tienen documentos optan por otro tipo de actividad, y los trabajadores legales que persisten en la agricultura son aquellos que están sindicalizados y, por tanto, tienen mejores salarios y prestaciones. De ahí que los reemplazos, que ingresan a trabajar por primera vez en la agricultura, sean en su mayoría trabajadores indocumentados.

• En efecto, la reserva de mano de obra agrícola estadounidense depende de la reserva de mano agrícola mexicana. El problema radica en que la mano de obra agrícola mexicana no es ilimitada. México ha sufrido un cambio drástico en las últimas décadas y hace tiempo que dejó de ser un país preponderantemente rural. Cada vez hay menos campesinos dispuestos a trabajar en México, y los únicos que están dispuestos a realizar este tipo de trabajo son mujeres y jornaleros indígenas de Oaxaca, Puebla, Guerrero, Chiapas y Veracruz. Una vez llegado a este tope, no hay nadie más.

La única opción sería recurrir a mano de obra foránea, de tipo indígena, que es la única dispuesta a realizar este tipo de trabajo. Es lo que sucede, en el ámbito local, en el estado de Chiapas, donde los finqueros recurren a mano de obra indígena guatemalteca. Los mayas son, en realidad, el último eslabón de la cadena de explotación indígena, ya que los otros países centroamericanos no tienen población indígena significativa.

Otra manifestación del mismo problema es la constatación de que hay trabajadores agrícolas mexicanos dispuestos a trabajar en el campo en Estados Unidos, pero que ya no están dispuestos a trabajar en el campo en México. Es decir, no hay un proceso de reposición de la mano de obra agrícola mexicana. Así como los trabajadores legales abandonan los trabajos del campo en Estados Unidos, los migrantes de origen campesino abandonan el trabajo agrícola en su terruño. El único objetivo para seguir trabajando en el medio agrícola en Estados Unidos es, precisamente, la esperanza de que los hijos puedan salir de ese medio.

Como quiera, es un hecho indiscutible que la mano de obra agrícola estadounidense está en franco proceso de mexicanización. Incluso en lugares como Florida y la costa este, donde concurrían tradicionalmente trabajadores caribeños y afroamericanos.

En efecto, la presencia mayoritaria de mexicanos en la agricultura no es un fenómeno nuevo ni espontáneo; es un proceso largo y cuidadoso de conformación de un tipo especial de mano de obra que se ajusta a los requerimientos específicos de este mercado. La hegemonía del trabajador mexicano en el campo estadounidense ha significado el desplazamiento de otros sectores de la población que trabajaban en la agricultura.

En California, por ejemplo, a comienzos del siglo XX no era evidente la preponderancia de la mano de obra mexicana. Según Taylor (1932), en el Valle Imperial predominaban los trabajadores blancos y había muy pocos mexicanos. Luego llegaron japoneses, chinos, filipinos, hindúes, negros e indios americanos. Todos estos grupos salieron del valle en la década del veinte y sólo se quedaron los mexicanos.

Durante la crisis del 29 y los años siguientes los desplazados de la agricultura fueron los mexicanos; cerca de medio millón de personas fueron deportadas, entre ellos los trabajadores del betabel (Valdés, 1982) y en el sudoeste llegaron a trabajar oleadas de blancos pobres y afroamericanos desplazados de Oklahoma, Arkansas y los estados del sur.

El tercer gran desplazamiento sucedió en la década de los cuarenta, con el Programa Bracero. En el contexto de la Segunda Guerra, los trabajadores blancos y, en menor medida, afroamericanos dejaron los campos para enrolarse en el ejército o el trabajo industrial. Después de 22 años y más de 5 millones de personas contratadas y otros 5 millones de trabajadores ilegales, una buena parte del trabajo agrícola del sudoeste estadounidense quedó supeditado a la mano de obra mexicana.

El cuarto proceso de desplazamiento ocurrió en la costa este y en la región sureña, que dependían de la mano de obra afroamericana y caribeña para el trabajo agrícola. Desde los años sesenta, los mexicanos y algunos grupos de centroamericanos (guatemaltecos y hondureños) empezaron a penetrar en este mercado agrícola y han logrado desplazar de manera casi absoluta a la mano de obra afroamericana, que hoy sólo aporta 1 por ciento en el ámbito nacional, y de manera muy significativa a la que provenía del Caribe: Jamaica, Haití y Dominicana. El proceso de mexicanización se benefició con el programa de visas H2A diseñado de manera especial, durante el Programa Bracero, para los no mexicanos. Pero a partir de IRCA (1992), paradójicamente, las visas H2 se fueron aplicando para el caso de trabajadores agrícolas mexicanos, especialmente para los trabajos del tabaco en las Carolinas y Virginia. En el año 2000 la tendencia seguía ascendiendo y se estiman en 30,200 las visas H2A otorgadas.

Por su parte, las visas H2B para el sector servicios también registraron un alza notable, y llegaron a otorgarse 45,037 visas en ese mismo año, según la Secretaría de Relaciones Exteriores.

Por último, se ha empezado a notar la presencia de mexicanos en el medio oeste, el último bastión de agricultores *farmers* de Estados Unidos. En el medio oeste se concentra la mayor proporción de trabajadores blancos en la agricultura (48 por ciento) (US. DOL., NAWS, 1989). Sin embargo, año con año aumenta el número de granjeros que contratan trabajadores mexicanos provenientes de Florida, Texas y México, que tienen que viajar más

GRÁFICA 6

TRABAJADORES TEMPORALES CON VISAS H2A SEGÚN PAÍS DE ORIGEN

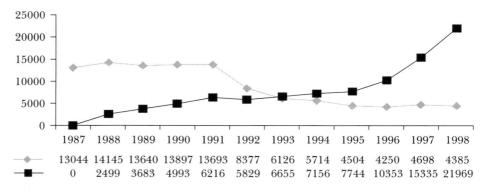

	1987	1988	1989	1990	1991	1992	1993	1994	1995	1996	1997	1998
◆	13044	14145	13640	13897	13693	8377	6126	5714	4504	4250	4698	4385
■	0	2499	3683	4993	6216	5829	6655	7156	7744	10353	15335	21969

Fuente: Estudio Binacional.

de 2,000 millas para llegar a sus lugares de trabajo. Los mexicanos no sólo están desplazando a los trabajadores locales blancos y afroamericanos, también han desplazado a los migrantes blancos procedentes de los Apalaches, que tradicionalmente llegaban a la cosecha del *blueberry* (Griffith y Kissan, 1995).

En efecto, si bien la mecanización y el desarrollo tecnológico desplazan trabajadores agrícolas, hay que señalar que el proceso de mexicanización abre oportunidades y nuevas fuentes de empleo que quedan vacantes por los sucesivos desplazamientos. Por otra parte, el incremento en la demanda de alimentos frescos y "orgánicos" en la dieta estadounidense ha generado nuevas fuentes de empleo agrícola, que son retomadas por trabajadores migrantes mexicanos.

Finalmente, la mexicanización del campo en Estados Unidos conlleva necesariamente la hispanización de las relaciones laborales. Hoy, más de 90 por ciento de los trabajadores agrícolas habla español. En consecuencia, la mayoría de los contratistas, mayordomos y mandos medios tienen que ser bilingües. El hecho de que el "idioma oficial" en el medio agrícola estadounidense sea el español limita la entrada de otros grupos que pudieran competir con los mexicanos. Como quiera, la competencia a los mexicanos se la están haciendo ellos mismos, con el ingreso, cada vez más numeroso, de trabajadores indígenas.

La indigenización

Los procesos de desplazamiento de la mano de obra en Estados Unidos tienen su contraparte en el campo mexicano. La salida de campesinos que optan por el trabajo en el extranjero ha propiciado dos procesos paralelos: la feminización del trabajo agrícola, en el caso de ejidatarios y pequeños propietarios, y la indigenización de la labor del jornalero agrícola, en el caso de las plantaciones. Las mujeres del medio rural y los indígenas son las dos únicas reservas laborales agrícolas de las que México todavía dispone.

A diferencia de lo que sucedía en el tiempo de los braceros, cuando se implementó un proceso de selectividad genérica y sólo se contrataban hombres, en la actualidad en la agricultura estadounidense 20 por ciento de la mano de obra es femenina. Este proceso es mucho más agudo en la agricultura mexicana, donde cada vez es más notoria la participación de la mujer. Por otra parte, en la agricultura de plantación de productos comerciales y de exportación, que requiere mano de obra intensiva en los tiempos de cosecha, se han desarrollado los dos procesos de manera conjunta; por una parte, la feminización y, por otra, la indigenización.

De hecho, el sistema de plantación en México, particularmente en Sinaloa, Sonora y Baja California, desde hace mucho tiempo ha dependido de los trabajadores "golondrinos", en su mayoría de extracción indígena. Pero la migración indígena, a diferencia de la de los jornaleros agrícolas, de origen campesino, suele ser una migración familiar, ya que toda la unidad doméstica está comprometida en el trabajo, incluyendo mujeres, ancianos y niños.

A partir de esta dinámica, los migrantes indígenas de Oaxaca y Guerrero empezaron a llegar a Baja California, donde asentaron sus reales: las mujeres en el comercio y los hombres en la agricultura. Una forma tradicional de división del trabajo en la sociedad indígena (Arias, 1994) es el caso paradigmático del asentamiento mixteco y zapoteco en el valle de San Quintín, Baja California. Una vez asentados en la franja fronteriza, los indígenas empezaron a pasar al otro lado a finales de la década de los setenta y comienzos de la de los ochenta, hasta convertirse en una comunidad estable y numerosa. La ruta de la migración interna hacia las plantaciones del norte de México condujo a los indígenas hacia California.

Sin embargo, su inexperiencia y arribo tardío no les permitió aprovechar la coyuntura de IRCA para legalizar su situación. La tasa de participación de los migrantes provenientes de Oaxaca en el programa de legalización fue mínima (0.90 por ciento) (IRCA, 1992). Lo cual los colocó en una situación de vulnerabilidad, y los ha obligado a participar de manera prioritaria en el mercado de mano de obra agrícola.

Es difícil estimar el grado de indigenización de la mano de obra agrícola en Estados Unidos, pero cada vez es más perceptible la participación de migrantes de la región central, en especial de Oaxaca, Puebla e Hidalgo. Al respecto, en una investigación realizada en Salinas, California, se percibió claramente la predominancia de la región histórica de origen, en especial de los estados de Michoacán (27.59 por ciento) y Guanajuato (24.14 por ciento); pero también empieza a ser significativa la región central de origen, en especial los estados de Oaxaca (20.7 por ciento) e Hidalgo (10.3 por ciento), ambos con población predominantemente indígena (IFE, Salinas, 1998). Como quiera, se trata de un nicho laboral en que se concentran los más pobres, lo que coincide con la extracción de origen indígena. Dos terceras partes de los trabajadores agrícolas viven en la pobreza, según los índices establecidos en Estados Unidos (Calavita, 1992a).

La migración de indígenas a Estados Unidos no es fenómeno nuevo. Se dice que los primeros braceros fueron indios de Baja California, que conducidos por fray Junípero Serra a la villa Los Ángeles en el siglo XVI (*Rural Migration News*, 1999). Posteriormente, a comienzos del siglo XX, se impor-

taron indios cocopas para los trabajos de nivelación de terrenos y construcción de canales para el proyecto de irrigación del Valle Imperial (Taylor,
1932). Es conocida también la emigración de indios yaquis a Phoenix, Arizona, que huían de la guerra en tiempos porfirianos (Durand, 1994). Se conoce también la tradición migratoria de indios michoacanos de la meseta
purépecha (Beals, 1946; Durand, 1994) y del entorno del lago de Pátzcuaro (Taylor, 1981; Pietri, 1976).

Pero todos estos casos son ejemplos aislados. Quizá la migración de carácter indígena más sistemática haya sido la michoacana, pero siempre se
la ha considerado una migración de tipo mestizo, incorporada en la migración de la región histórica. En cambio, en la actualidad, la presencia de
mixtecos, zapotecos, triquis, chinantecos y otras etnias de Puebla, Oaxaca,
Hidalgo y Guerrero parece ser un fenómeno mucho más generalizado. En
Nueva Jersey, por ejemplo, en el poblado de Bridgeton, 60 por ciento de
la población proviene del estado de Oaxaca y trabaja en la agricultura.

En el caso oaxaqueño se puede afirmar que la mayoría de los migrantes tiene un origen agrícola. Sin embargo, se han producido cambios importantes en el colectivo oaxaqueño. Los primeros migrantes llegaron en el
tiempo de los braceros provenientes del Distrito Federal, donde eran contratados, y de los valles centrales de Oaxaca. Luego se interrumpió este
proceso e inició la migración interna hacia Sonora y Baja California; de ahí
saltaron a Estados Unidos. Fueron los zapotecos los primeros en arribar y,
por tanto, en salir de la agricultura, hacia actividades urbanas. Han sido
reemplazados por mixtecos y triquis, que llegaron más tarde; son más pobres y siguen entrampados en el trabajo agrícola.

A la presencia indígena mexicana hay que sumar pequeños grupos de
indígenas guatemaltecos, principalmente kanjobal y chuj, que llegaron a California y Florida a finales de los setenta. En el caso de Florida, la mayoría
son indocumentados (43 por ciento), los restantes son asilados (33 por ciento) y legalizados según LAW o SAW (24 por ciento). Es importante destacar que
una parte de los migrantes provenía de los campos de refugiados guatemaltecos en Chiapas, México. La presencia guatemalteca, sumada a la mexicana y a la caribeña, fue interpretada por Griffith (2000) como un proceso de
"latinización". Pero, en realidad, las cifras globales evidencian el predominio
de los mexicanos y la presencia apenas significativa de centroamericanos. En
Salinas, por ejemplo, 2 por ciento de los trabajadores agrícolas son centroamericanos.

La indigenización del campo en Estados Unidos es, a su vez, una consecuencia directa del la indigenización del trabajo agrícola en México. El
problema para México, y también para Estados Unidos, es que esta reserva

constituye el último grupo dispuesto y capaz de trabajar en la agricultura, bajo las condiciones actuales. La suerte está echada; si en realidad se ha llegado al tope mínimo de reducción de la mano de obra agrícola, los reemplazos del futuro serán cada vez más de población indígena. La escasez de trabajadores en el campo mexicano, problema cada vez más acuciante, se ha resuelto con el enganche de mano de obra indígena nacional, como en el caso de Sayula, en Jalisco, y con la importación informal de mano de obra indígena guatemalteca, como sucede en Chiapas.

En algunas zonas, como en los altos de Jalmich, por ejemplo, los peones agrícolas ganan dos o tres salarios mínimos, lo que ha generado la llegada de trabajadores del estado de Hidalgo. La gente de la región prefiere trabajar en las fábricas de productos lácteos, en la forestal o en las nuevas labores generadas por el turismo de montaña. Pero ya muy pocos quieren trabajar como peones en el campo; si ese es el caso, prefieren hacerlo en Estados Unidos.

Conclusiones

El proceso de mecanización, además de desplazar a la mano de obra sobrante, ha tenido la virtud de operar como un medio de disuasión. Las máquinas siguen siendo una amenaza para los trabajadores agrícolas, quienes, además de enfrentar el hambre, la sed, el calor, el dolor de espalda y el mal dormir, se enfrentan al miedo de que si se sindicalizan serán deportados y si piden aumento de salario no les quedará otra salida a los productores que mecanizar totalmente la producción.

Ante la propuesta de un nuevo programa de trabajadores agrícolas, las voces a favor de la mecanización han vuelto a alzarse, aún entre las filas de los estudiosos de la migración. Phill Martin, por ejemplo, opina que es técnicamente factible la mecanización de varias cosechas, entre ellas la uva y la manzana, pero que no se concluye con el proceso de mecanización porque sigue siendo más barato contratar mexicanos. Por su parte, Mark Krikorian opina que es un error grave volver a realizar un programa de trabajadores agrícolas, dado que son pobres, tienen índices muy bajos de escolaridad y utilizan un alto porcentaje de programas federales de apoyo (*welfare*). Lo que debe hacer el gobierno es apoyar la investigación privada y universitaria para producir cosechadoras de productos hortícolas y frutícolas y así reducir la dependencia que existe de mano de obra mexicana (*The Idaho Stateman*, 22 de julio de 2001).

Como quiera, la agricultura ha dejado de ser el principal mercado de trabajo al que acuden los mexicanos, pero a su vez la agricultura se ha convertido en un mercado de trabajo exclusivo para mexicanos. Lo que fuera una dinámica de corte regional, localizada en el sudoeste, es ahora un proceso de dimensión nacional que está afectando de manera notoria a poblaciones menores del medio oeste y la costa este.

Hay una relación de dependencia entre la agricultura estadounidense y la mano de obra mexicana. De ahí que el proceso de mexicanización refleje de manera incipiente los procesos que se están desenvolviendo en México: feminización de la agricultura, mayor presencia de trabajadores indígenas y escasez de mano de obra en algunas regiones.

La mecanización de la agricultura no resuelve el problema de la emigración de trabajadores a Estados Unidos. Pero la agricultura sí puede ser un medio en que se experimente una política de trabajadores huéspedes. Y si en el medio agrícola sólo trabajan mexicanos, es obvio que este tema debe tratarse de manera bilateral. Es un mercado de trabajo acotado, de tipo temporal y con requerimientos específicos de mano de obra que permiten definir con precisión los tiempos y movimientos y el perfil de los trabajadores. Normalmente se supone que un país dependiente está en situación de desventaja, aspecto que podría ser utilizado a favor de los migrantes.

Si durante el Programa Bracero se movilizaron hasta medio millón de personas en un año, hoy podría hacerse otro tanto. Por otra parte, si se encara esta situación directamente, se resolverá uno de los problemas más acuciantes de estos momentos en cuanto a condiciones laborales, salarios, salud, vivienda y cruce fronterizo.

Finalmente, hay que señalar que la mexicanización del trabajo agrícola en Estados Unidos no significa una amenaza y menos aún la mexicanización de la sociedad estadounidense. Los trabajadores agrícolas son los menos visibles de todos los migrantes. Para verlos hay que salir a los campos y pasear los fines de semana en los pueblos enclavados en áreas agrícolas. Es propiamente la mexicanización de un nicho laboral; proceso que ocurre en otras áreas como la hotelería y el servicio doméstico, donde los migrantes son mucho más visibles y establecen un contacto diario y visual con la sociedad estadounidense.

Capítulo 6

Una nueva fase migratoria

EL SIGLO XXI empezó con noticias alarmantes de que la frontera sur de Estados Unidos se había salido, nuevamente, de control. En Arizona, algunos rancheros armados tomaban la justicia en sus manos y capturaban a decenas de indocumentados que cruzaban por sus propiedades. Pero la noticia no tuvo el mismo impacto que en 1986, cuando el presidente Reagan afirmó, de manera alarmista, que se había perdido el control de la frontera sur.

En aquella ocasión, a mediados de los ochenta, los migrantes esperaban la oscuridad de la noche en la Mesa de Otay, también conocido como *soccer field*, para luego correr hacia San Isidro, de ahí enrumbar a San Diego y después a Los Ángeles. Algo similar sucedía en El Paso, Texas, con la diferencia de que había que cruzar el Río Bravo. En esa época, las principales quejas de los vecinos que se veían afectados directamente por el cruce de los indocumentados se referían a lo molesto que era verlos pasar corriendo por detrás de su casa, esconderse en el jardín o entrar a tomar agua. Curiosamente, en Arizona, 15 años después, se esgrimió el mismo tipo de argumentos: "dejan basura tirada", "no respetan mi propiedad", "provocan inseguridad". En otras palabras, los migrantes indocumentados son sucios, no respetan las tradiciones y costumbres y son posibles criminales.

Sin embargo, la molestia de algunos es el alivio de muchos otros. Los empleadores ven llegar a los trabajadores mexicanos como una bendición o, al menos, una solución, porque saben que podrán levantar la cosecha, arreglar el jardín, tendrán a alguien para que se encargue de lavar los platos, arreglar el techo, pasear al perro.

La historia se repite una y otra vez. Y es que el fenómeno migratorio sigue comportándose de manera muy semejante, aunque pasen las décadas y los siglos: los migrantes se concentran en alguna ciudad, luego las redes de relaciones se encargan de incrementar y facilitar el flujo, posteriormente la segunda generación tiene ciertas dificultades para adaptarse y la tercera generación suele estar integrada de manera casi normal en la estructura económica, social y racial del país de acogida. En este fenómeno social bastante estable y pautado, los cambios drásticos provienen de la esfera política, de las políticas migratorias de cada país. La ley de exclusión china de 1882, por ejemplo, significó un punto de quiebre para el flujo que llegaba de oriente a Estados Unidos. Del mismo modo que la apertura de Ellis Island, en el mismo año, en la bahía de Nueva York, marcó el inicio de una política de puertas abiertas a la migración europea.

El ritmo y la magnitud del flujo migratorio, en el siglo XIX y comienzos del siglo XX, solía estar marcado por la disponibilidad de tierras y los proyectos de colonización. Luego sería la oferta y la demanda de mano de obra la encargada de marcar el ritmo y magnitud del flujo. Pero las características básicas del fenómeno –edad, sexo, escolaridad, raza, nacionalidad, calidad migratoria– se definen en la esfera de la política migratoria.

De ahí que los grandes cambios en el proceso migratorio hayan ocurrido a partir de legislaciones migratorias. Durante el siglo XX, sólo hubo dos grandes momentos de ruptura, de cambio radical del modelo migratorio: el Programa Bracero (1942-1964) y la Immigration Reform and Control Act (IRCA) (1992).

Los acuerdos braceros significaron el paso de la deportación masiva a la contratación masiva; de la acción unilateral al acuerdo bilateral; de la migración desregulada a la migración programada. La migración espontánea, familiar, desordenada y promovida por contratistas privados –enganchadores– se convirtió en un proceso pautado, legal, exclusivamente masculino, preponderantemente agrícola y controlado por la burocracia de ambos países.

Luego vino un ligero viraje en 1964, cuando se anunció el fin del Programa Bracero. En 1965 se publicó la Immigration and Nationality Act, que abolía el sistema anterior de cuotas discriminatorias y unificó en un sistema a todos los países. México perdió su trato preferencial, y la migración mexicana quedó incorporada en la legislación general, de 20,000 visas por país. Ya no importaba el tamaño ni la población del país, México y Guatemala tenían la misma cuota.

En la práctica, los trabajadores seguían pasando la frontera, y los empleadores, en vez de braceros, contrataban mojados. No obstante, una enmienda legal, conocida como *The Texas Proviso*, eximió a los empleadores de ser procesados si contrataban indocumentados. El cambio se verificó en la relación bilateral y en el dejar que fuera la oferta y la demanda la que regulara el proceso, con ayuda ocasional de la patrulla fronteriza, pero no cambió el modelo migratorio de migración temporal. Siguió siendo una migración temporal de ida y vuelta.

La segunda gran ruptura sucedió en 1986 al implementarse la ley de amnistía, conocida como IRCA (Immigration Reform and Control Act). Por segunda ocasión, el proceso migratorio se transformó de manera radical. La migración temporal, de ida y vuelta, masculina, de origen rural, primero legal y luego indocumentada, se transformó en una migración establecida, legal, sin retorno, de carácter familiar y de origen rural y urbano. El patrón migratorio aplicado a lo largo de casi medio siglo (1942-1986) dejó de existir y dio paso a una nueva era.

Pero antes de pasar a la descripción y el análisis de la nueva faz del fenómeno migratorio entre México y Estados Unidos, es necesario definir las categorías que se utilizarán para el análisis.

Modelo, política y patrón migratorio

Por *modelo migratorio* se entiende una proposición de tipo teórico que, por una parte, analiza la realidad existente, la caracteriza y, por otra parte, propone un modelo alternativo, una especie de tipo ideal, de "deber ser". El modelo migratorio de la época de los braceros reaccionaba en contra de la migración de tipo familiar y, por tanto, pretendía acuñar un migrante masculino de tipo temporal. Como característica secundaria debía ser de origen rural y, por consecuencia, dedicarse al trabajo en la agricultura.

Pero para llevar a cabo este modelo se requiere un marco legal, una *política migratoria*; en el caso del Programa Bracero se trató de un acuerdo bilateral entre ambos países en que se fijaron los términos del contrato: por una parte, examen médico, desinfección, masculinidad, origen rural y trámite burocrático; por otra, salario, transporte, seguro, hospedaje y duración del contrato. Medidas de seguridad y control, por un lado, y condiciones laborales, por otro.

El *patrón migratorio* es el resultado de la aplicación de una política migratoria, de una ley, que pretende llevar a cabo un modelo teórico. En el caso de los braceros, la aplicación del modelo fue bastante exitosa: los migrantes iban y venían todos los años. Lo que no resultó como se esperaba es que iban más migrantes de los previstos. Es decir, la política migratoria generó un patrón migratorio que se caracterizó por tener un proceso paralelo de migración indocumentada semejante en magnitud al que existía por la vía legal de las contrataciones.

De ahí que, 22 años después, Estados Unidos optara, de manera unilateral, por el fin del Programa Bracero, sin proponer una nueva política migratoria específica para el caso mexicano. El resultado fue el mismo; la corriente migratoria siguió su curso, con la salvedad de que los trabajadores migrantes serían indocumentados. Con esta decisión se obtuvieron los mismos resultados de acuerdo con el modelo previsto, pero sin tanto trámite, gasto, discusión y papeleo. De hecho se ponía en práctica la teoría texana que se había opuesto inicialmente al Programa Bracero. Para los texanos la mano de obra nunca había sido problema, los trabajadores estaban al alcance, disponibles para el momento en que se les necesitase, y cuando se terminaba el trabajo se terminaba la relación.

Cuando esta fase de la migración indocumentada llegó a su límite, o mejor dicho, fue cuestionada por los políticos como riesgosa para la seguridad nacional, se tuvo que diseñar un nuevo modelo.

En el caso de IRCA (1992) se partía de un modelo teórico que enfatizaba "la pérdida del control de la frontera". El cruce, más o menos fácil, de la frontera se había convertido en un problema de seguridad nacional. Se tenía que acabar con el cruce subrepticio, pero al mismo tiempo se tenía que reconocer a los trabajadores que ya habían cruzado la frontera y a los que finalmente fueran necesarios para mantener la marcha de la economía. Se trata de un modelo que rayaba en la esquizofrenia; por un lado, se cerraba la puerta y, por otro, se les daba plena acogida a los indocumentados que crearon el problema.

Por tanto, ya no se buscaba a un migrante temporal, de ida y vuelta que fuera a trabajar únicamente en la agricultura. Se trataba de admitir a todos aquellos que fueran necesarios para los diferentes sectores de la economía, principalmente para el dinámico sector de los servicios. Tanto el país como los empleadores tenían necesidad de esos trabajadores. Por tanto, se procedería a dar una amnistía amplia a los trabajadores indocumentados, pero a su vez se debería cerrar la puerta y evitar el ingreso de nuevos indocumentados.

Como quiera, la ingenuidad del planteamiento radicaba en la presunción de que el fenómeno migratorio indocumentado podía ser detenido por medio de un instrumento legal. En el mundo en que vivimos, los trabajadores y los empleadores no suelen respetar este tipo de leyes, porque primero está la ley natural de la sobrevivencia. El hambre para unos y la quiebra para otros es una prioridad que no se puede soslayar.

Los movimientos de población son muy diferentes, en este sentido, a los del capital que pueden entrar o salir de un país sin mayor dificultad. Los gobiernos pueden congelar cuentas bancarias con una orden judicial, pero no tienen la capacidad real para detener un proceso social con más de un siglo de antigüedad, de dimensión masiva y en un contexto de vecindad geográfica.

El argumento determinante para el cambio del modelo migratorio fue de tipo político y concernía al ámbito de la seguridad nacional. Se afirmaba que Estados Unidos había perdido el control de la frontera sur y eso resultaba inaceptable. La claridad de la propuesta en el plano teórico-lógico se complementaba con la aparente facilidad con que podría llevarse a la práctica un programa de esta naturaleza: promover una amnistía amplia, con algunos filtros para evitar la legalización de personas indeseables y, al mismo tiempo, cerrar la frontera e impedir, por medio de sanciones, la contratación de indocumentados. Este doble mecanismo debía operar de manera simultánea para ser efectivo; se trataba de movimiento de pinzas. Por un lado, reforzar la frontera; por el otro, cerrar el mercado interno de mano de obra migrante. Con gran lucidez, el modelo tomaba en cuenta tanto la oferta como la demanda.

La política migratoria que se desprende de IRCA se puede descomponer en cuatro instrumentos legales: el primero fue una amnistía amplia para migrantes con experiencia migratoria de varios años (LAW); el segundo, una amnistía restringida para trabajadores agrícolas (SAW); el tercero, un refuerzo sustancial de las medidas de control fronterizo, y finalmente un conjunto de medidas y sanciones a empleadores que contratasen indocumentados. La ley, es decir, la política migratoria se ajustaba perfectamente al modelo teórico y al análisis de la situación sustentado en el planteamiento de la pérdida de control de la frontera sur. Por último, todo el andamiaje se sostenía en el supuesto inalterable de que la ley debía ser respetada y ejecutada.

El proceso de legalización fue un éxito rotundo. El proceso de amnistía (LAW) benefició a más de un millón de mexicanos que pudieron cumplir con los requisitos que marcaba la ley: demostrar que habían trabajado en Estados Unidos por 5 años, es decir, desde 1982.

La amnistía restringida, conocida como el Programa de Trabajadores Agrícolas Especiales (SAW), también fue un éxito. Cientos de miles de trabajadores pudieron demostrar, con cartas de sus empleadores, que habían trabajado en la agricultura, al menos 90 días, durante 1985.

No contentos con este triunfo, el *lobby* de agricultores en Washington logró que se implementara otro programa: el Replenishment Agricultural Workers (RAW); no fuera que algunos dejaran el trabajo agrícola y no hubiera cómo reemplazarlos (al parecer, este programa no ha podido funcionar). Por si fuera poco, lograron que el programa de trabajadores huéspedes, conocido como visas H2A, fuera extensivo a los mexicanos, que originalmente habían quedado excluidos, ya que el programa se diseñó para los trabajadores caribeños que iban a trabajar a la costa este.

En lo que respecta al tercer punto, el refuerzo del control fronterizo, se hicieron notables avances. El presupuesto de SIN se triplicó; se construyeron vallas metálicas, se compraron helicópteros, camionetas y motocicletas; se mejoró sensiblemente todo el apoyo tecnológico y logístico. Por añadidura se aplicaron los programas Bloqueo en Texas y Guardián en California. El cruce de indocumentados fue detenido con éxito en Tijuana y El Paso, principales lugares de cruce, pero la corriente se trasladó a sitios menos protegidos en la frontera de California, Arizona y Texas. Las medidas tuvieron éxito en el ámbito escenográfico. El paisaje cambió radicalmente, sobre todo en Tijuana, donde las bardas dejaron marcado con planchas de hierro y púas lo que antes había sido una línea imaginaria. Pero la nueva línea *maginot* peca de ingenuidad como su antecesora; si no se puede cruzar una línea defensiva es mejor rodearla.

Finalmente, en lo que concierne a las sanciones a los empleadores por contratar indocumentados, no ha habido mayor avance. En primer término, la ley no obligaba al empleador a comprobar la veracidad de los documentos. En segundo lugar, se otorgó un tiempo de gracia para que los empleadores se adecuaran a la nueva situación. Ambos factores, el resquicio legal y la falta de presión política para hacer cumplir la ley, motivaron que esta medida no funcionara correctamente. Por otra parte, el aumento del presupuesto del SIN estaba condicionado para ser usado en la frontera, no en el interior, que es donde puede afectar directamente a los empleadores y a la planta productiva. Sólo 2 por ciento del presupuesto se utilizó para reforzar la presión en el interior de Estados Unidos. En la actualidad se están poniendo correctivos a este problema, como el programa Basic Pilot, firmado por algunas empresas para verificar el Social Security Number o la forma migratoria A9 de las personas contratadas (*Rural Migration News*, octubre de 1997). Pero no ha habido resultados notorios.

En síntesis, los empleadores y el gobierno estadounidense lograron su objetivo de contar con mano de obra barata, abundante y eficiente. Fueron notablemente exitosos los dos programas de amnistía y, se espera que culmine de manera exitosa un tercer programa de "amnistía tardía".

Donde hubo poco éxito fue en las medidas de control fronterizo y las sanciones a la contratación de indocumentados. Hoy es más difícil, complicado, costoso y riesgoso pasar la frontera subrepticiamente, pero esto no significa que el flujo se haya detenido. Ahora puede resultar molesto contratar indocumentados, pero esto no significa que no se contraten. O lo que es peor, se ha encontrado una manera indirecta de hacerlo, por medio del sistema de subcontratación.

El patrón migratorio actual es el resultado de los éxitos y los fracasos de la política migratoria de IRCA y sus arreglos y ajustes posteriores como la Ley de Reforma a la Asistencia Social y la Ley migratoria de 1996. Por lo pronto, la legalización de más de 2.3 millones de trabajadores mexicanos indocumentados ha generado un nuevo perfil migratorio y una nueva era en la historia de la migración entre México y Estados Unidos.

Un nuevo perfil

A comienzos de la década de los ochenta se podía definir el perfil de un migrante promedio con cuatro rasgos básicos: temporal, joven, masculino e indocumentado. Hoy se requiere una docena de rasgos y una gama de colores y matices para delinear un perfil que se aproxime a la realidad: ha cambiado la composición legal, la duración de la estancia, la distribución por sexo y edad, el origen social y cultural, la distribución geográfica de origen y destino, los puntos de cruce fronterizo, el mercado de trabajo, la participación política de la comunidad mexicana en ambos países, los principios de nacionalidad y los patrones de naturalización.

Antes de IRCA, trabajador migrante era sinónimo de indocumentado. El término se utilizaba indistintamente, aunque una cuarta parte del flujo total fueran migrantes legales (Alba, 1976; Bustamante, 1979; Morales, 1982; Corona, 1987). Algo similar sucedió en la década de los treinta, durante las deportaciones, cuando se suponía que todos los mexicanos e hijos de mexicanos eran sujetos de deportación, y en realidad una buena parte de ellos –niños y jóvenes– eran estadounidenses de nacimiento.

Este tipo de reduccionismo es muy común al referirse al fenómeno migratorio. En general, se suele enfatizar un sólo factor y se engloba a toda la población bajo un solo rasgo distintivo. Este problema se percibe también como una tendencia al hacer el análisis en que un factor –económico, social, político o psicológico, dependiendo de autores o disciplinas– suele aparecer como hegemónico o como el único elemento en la explicación (Massey *et al.*, 1998). Hoy se recomienda la complementariedad de enfoques para el análisis, del mismo modo que ha empezado a ser costumbre entre los académicos, que no entre los políticos y periodistas, hacer distinciones entre diferentes grupos o tipos de población. No es lo mismo la comunidad méxico-americana que la comunidad migrante.

Como quiera, IRCA provocó un vuelco total en cuanto a la situación legal. La mayoría, dos terceras partes de la población migrante, pasó a ser documentada. El proceso de cambio puede apreciarse al analizar la información del Mexican Migration Project. En 1983, 3 años antes de IRCA, dos terceras partes de la población migrante figuraban como indocumentada. En 1987 empezó a cambiar la situación, y se apreciaba un número semejante de migrantes legales e indocumentados. En 1992 el cambio llegó a su límite máximo, dos terceras partes figuraban como documentados, y en los años siguientes la proporción empezó a descender de manera progresiva.

El factor documentación de hecho ha operado como una variable independiente y ha generado una serie de cambios y transformaciones en el patrón migratorio. Fue el elemento crucial del nuevo modelo migratorio y de la política migratoria de IRCA, por tanto, era de esperarse que fuera un factor decisivo en el proceso de conformación del patrón migratorio y de un migrante con nuevo perfil. Hoy ya no es posible generalizar sobre la situación legal de los trabajadores mexicanos en Estados Unidos y calificarlos apresuradamente como indocumentados.

Como es obvio, los migrantes legales optaron, en su mayoría, por quedarse a residir en Estados Unidos. Para una buena cantidad de migrantes legales el retorno al terruño se ha convertido en una actividad vacacional. Van y vienen, pero residen la mayor parte del año en Estados Unidos. De este modo la estancia promedio del migrante se ha alargado notablemente. Por lo pronto, no sabemos si esa generación de migrantes amnistiados, conocida popularmente como los "rodinos", volverá al terruño. Muy posiblemente una mayoría se quede definitivamente, como ha sido la tendencia general entre los migrantes legales.

Algo similar ha sucedido en el caso de los migrantes indocumentados que han alargado su estancia, pero debido al férreo control fronterizo. Los migrantes que pasaron la frontera como ilegales no quieren repetir la aventura. Prefieren quedarse unos años a trabajar y finalmente volver, o esperar hasta que la "migra" los atrape. Otros esperan pacientemente un nuevo proceso de legalización. En la fase anterior, el cruce fronterizo no significaba mayor costo y tenía muy pocos riesgos. Hoy en día los riesgos y los costos han aumentado.

En efecto, el cambio de rutas migratorias se debe obviamente al refuerzo de la frontera en puntos estratégicos, como las ciudades de San Diego y El Paso. Antes de IRCA, allí se concentraba la mayor parte del tráfico indocumentado (Bustamante, 1989), pero ahora todo ha cambiado. La frontera opera como un sistema de vasos comunicantes; si el flujo encuentra una entrada clausurada o demasiado estrecha, se dirige hacia otra que ofrezca mayores posibilidades, y así indefinidamente, a lo largo de los 3,000 kilómetros de la línea divisoria.

De manera paralela al cambio de ruta y al incremento en el riesgo, se han disparado los costos en vidas y en dinero. El costo en vidas ha sido una nota constante en la prensa, y el tema ha sido retomado y analizado en el medio académico. La patrulla fronteriza dobló su presupuesto y dobló el número de miembros entre 1993 y 1997 (Singer y Massey, 1998).

Las bardas se multiplicaron. En 1997 se había bardado un total de 31.7 millas y se tenía planeado bardar otro tanto. En algunos casos, como en Tijuana, se trata de un sistema triple de bardas, que teóricamente encajona al migrante indocumentado. El número de muertos, en 1999, ascendió a uno por día, en promedio. (Eschbach *et al.*, 1999). Hoy, la línea divisoria entre México y Estados Unidos se ha convertido en una de las fronteras más peligrosas del mundo.

El costo también se ha multiplicado por tres o cuatro. Antes de IRCA se podía pasar la frontera con coyote pagando 200 dólares, pero a comienzos del siglo XXI se requieren entre 800 y 1,500 dólares, dependiendo de lugar de destino y la modalidad de cruce. La distancia que tiene que recorrer el migrante también ha aumentado, en ambos lados de la frontera. El migrante de Jalisco que quiere ir a California, por ejemplo, se tiene que dirigir a Nogales o Agua Prieta, y de allí remontar hacia el oeste.

Otro cambio fundamental en el perfil del migrante ocurrió en su composición de acuerdo con el sexo. El Programa Bracero fue exitoso en su proyecto de selectividad genérica masculina. Luego, durante el periodo indocumentado, empezó a difundirse la migración femenina, pero fue a partir de IRCA cuando ésta cobró realmente importancia. IRCA legalizó a 43 por ciento de mujeres en el programa (LAW) y, por primera vez, incorporó una proporción de mujeres (15 por ciento) en un programa de trabajadores agrícolas (SAW) (Durand, Massey y Parrado, 1999).

El incremento de la migración femenina continuó después de IRCA bajo la modalidad de procesos de reunificación familiar por la vía legal y bajo la modalidad indocumentada. Como se sabe, la migración legal de algún miembro de la familia suele atraer nuevas migraciones, y este caso no fue la excepción (Massey y Espinosa, 1992). Bajo esta misma modalidad también se incrementó la migración de niños y personas adultas. Hoy la población migrante se distingue por su diversidad en cuanto a sexo y edad. Se puede decir que se trata de una migración de carácter familiar.

En cuanto al promedio general de escolaridad de la población migrante, no ha habido cambios significativos. Antes de IRCA se estimaba la media en 5.8 años y después de IRCA en 6.3 años (MPP71); en ambos casos la moda es de 6 años, lo que significa que la población migrante tiene en promedio los estudios primarios. Este aparente equilibrio no es una buena señal; todo lo contrario. En México el promedio nacional de escolaridad es de 7.2 años.[30]

No ha habido mejora en el indicador de escolaridad entre la población migrante, y esto tiene varias razones. En primer lugar, con el SAW se fomentó la migración de trabajadores agrícolas, que suelen tener bajos índices de instrucción escolar. En México, el promedio de escolaridad en las poblaciones rurales con menos de 15,000 habitantes es de 5 años, mientras que en las ciudades con más de 15,000 habitantes es de 8.5 años.

---

[30] El MMP recoge datos de personas del sector popular y clase media baja, de ahí que pueda haber un sesgo en la comparación, ya que el censo se refiere a toda la población.

Por otra parte, IRCA fomentó la migración femenina, que en muchos casos suele tener menores oportunidades educativas. En el caso de San Luis Potosí, por ejemplo, un estado con amplia tradición migratoria, se constata que la población femenina tiene un grado de analfabetismo de 17.53 por ciento, y la masculina de 12.16 por ciento (Durand, Arias y Peña, 1999).

Por último, la migración de indígenas, que ha sido particularmente importante en las últimas décadas (Velasco, 1999; Zabin, 1992), también influye negativamente en el promedio de escolaridad general, dado su tradicional rezago educativo.

A diferencia de otras migraciones latinoamericanas, constituidas por sectores medios y medios bajos, la mexicana se distingue por su componente popular, obrero y campesino. De ahí que los índices de educación de la población migrante mexicana sean comparativamente bajos respecto a la de Perú, Colombia, Argentina, Ecuador.

En efecto, la migración mexicana ha empezado a transformarse en cuanto a su fenotipo racial y su origen cultural. La migración tradicional, de origen criollo y mestizo proveniente de la región histórica, ha dejado de ser exclusiva y ahora incluye a diversos pueblos indígenas. Este rasgo es un efecto directo de la incorporación de la región central de origen en la dinámica migratoria, particularmente de los migrantes provenientes de la región mixteca, que comparte territorios de Oaxaca, Puebla y Guerrero, de la región zapoteca, y en menor medida de las diferentes etnias del centro de México. Pero este cambio también es un efecto indirecto de IRCA, ya que aproximadamente 150,000 migrantes originarios de estos tres estados obtuvieron visas de trabajo con los programas de amnistía. La migración mexicana al área de Nueva York y Nueva Jersey procedente, en 80 por ciento, de la región central (Consulado Mexicano en Nueva York, 2000) fue motivada, según Sassen y Smith (1992), por los cambios y el incentivo a la migración generado a partir de IRCA.

Al hablar de población de origen indígena, generalmente se hace referencia a la población de origen rural, lo que permite confirmar la persistencia de la emigración de áreas rurales mexicanas a Estados Unidos. Sin embargo, un rasgo importante de la nueva era es también el origen urbano de un sector muy significativo de la población migrante, aspecto que ha sido señalado hace ya un bien tiempo (Massey *et al.*, 1987).

No obstante, sobre este particular se ha caído nuevamente en el tradicional problema del reduccionismo. Antes se enfatizaba el origen rural de la migración mexicana y su orientación laboral eminentemente agrícola. Hoy se afirma que la migración mexicana se ha "urbanizado" y que ya no es relevante el trabajo en la agricultura, lo cual en parte es cierto. Ahora sólo una quinta parte de la población migrante trabaja en la agricultura, pero este sigue siendo un nicho importante para la mano de obra mexicana, sobre todo porque no tiene competencia ni reemplazo posible.

Por otra parte, la migración de origen rural sigue su curso, aunque no se puede negar que en las últimas décadas la población mexicana en su conjunto se ha urbanizado y, consecuentemente, el flujo migratorio también se ha urbanizado. Es el caso de Arandas, por ejemplo, estudiado por Taylor en 1931. En aquella época era un pueblo, hoy es una ciudad media con más de 50,000 habitantes. Sin embargo, la tradición migratoria, los circuitos y las redes siguen siendo los mismos. Es más, en buena parte la urbanización de Arandas se debe a la migración, a la inversión de migradólares en vivienda, servicios, transporte y pequeños negocios. Por el simple hecho de comprar una camioneta un ranchero puede vivir en la ciudad y trasladar a su familia del rancho a la cabecera municipal.

Otro rasgo del perfil migratorio actual que ha cambiado en los últimos años corresponde a la distribución de la población mexicana en el país de destino. Aspecto que ha sido abordado anteriormente (Durand, Massey y Chravet, 2000; Hernández y Zúñiga, 2000; Griffith, 1995) y que fue tratado de manera extensa en un capítulo anterior. En realidad, IRCA generó dos dinámicas opuestas; por una parte, fijó a un sector de la población en su lugar de destino original y, por otra, facilitó el desplazamiento de otros grupos hacia nuevas regiones y lugares de destino.

Quienes se quedaron tuvieron que adaptarse a un proyecto de vida distinto, donde el retorno dejó de desempeñar un papel central, y consecuentemente había que cambiar la orientación de las remesas. Los ahorros, en vez de invertirlos en México, se invirtieron en Estados Unidos, particularmente en la compra de vivienda, fenómeno que provocó un verdadero *boom* inmobiliario en algunas ciudades de Estados Unidos, como Chicago y Los Ángeles.

Quienes optaron por cambiar de lugar de residencia lo hacían por diversos motivos, pero en muchos casos se trataba de huir de los problemas de las grandes ciudades, evitar los barrios problemáticos y mejorar económicamente. El tradicional inmovilismo del migrante indocumentado, que no se movía porque cada movimiento le implicaba el riesgo de ser atrapado por la "migra", se transformó en un verdadero flujo de migración interna hacia la zona de expansión de la región sudoeste (Oregon, Washington, Idaho y Nevada); hacia la región de los grandes planos (Arkansas, Colorado, Oklahoma y Nebraska) y hacia la región de la costa este (Florida, Georgia, Nueva Jersey y Nueva York).

Mientras que en 1990 84.7 por ciento de los mexicanos que llegaban a Estados Unidos se ubicaban en los cuatro estados fronterizos, Arizona, California, Nuevo México y Texas, en 1995 el porcentaje bajó a 62. Pero el reacomodo de población tuvo mayor impacto en el área de Los Ángeles, la capital migratoria mexicana y en el estado de California, que a partir de IRCA empezaron a perder población migrante en términos relativos. En 1980 empezó a estabilizarse el crecimiento de California, entre 1980 y 1990 sólo creció 0.61 por ciento. Y para 2000 California perdió 15 puntos porcentuales.

Por otra parte, antes de IRCA, eran mínimas las diferencias entre trabajadores legales e indocumentados, en el medio laboral. El contraste se notaba, más bien, en las expectativas de retorno, la inseguridad ante la migra y la falta de movilidad de los migrantes indocumentados.

Pero a partir de la amnistía la situación de los documentados mejoró sensiblemente y la de los indocumentados empeoró de manera muy notoria. Los indocumentados tuvieron que resignarse a realizar los trabajos más pesados, peor pagados, y acostumbrarse a vivir como migrantes clandestinos, con documentos falsos.

En la práctica se ha consolidado un mercado informal de trabajo, un mercado negro, que demanda cada día más trabajadores, pero donde no existen condiciones de estabilidad, seguridad social y salario mínimo. Los procesos de relocalización industrial y de segmentación del proceso de producción tienen el objetivo primordial de reducir costos de mano de obra, evadir controles y finiquitar arreglos sindicales (Stull *et al.*, 1995). En este contexto, la mano de obra migrante resulta ideal: es barata, trabajadora, dócil, desechable y de fácil reposición.

Pero, incluso en la base del mercado laboral secundario, los migrantes han sido afectados por el impulso que ha cobrado el sistema de subcontratación, otra forma de evadir la responsabilidad de contratar indocumentados y eliminar el trámite y papeleo que supone contratar directamente al personal.

Por medio del contratista, el empleador se libera de la responsabilidad de tratar directamente con los trabajadores, evita riesgos legales y evade trabajo burocrático (Durand, 1998). El sistema de subcontratación cobró impulso con IRCA, en especial en la agricultura, la construcción y el servicio doméstico. Antes de IRCA el porcentaje de subcontratación era de 4.9, y en 1990 prácticamente se dobló a 9.2 (Durand, Massey y Parrado, 1999; Massey, Durand y Malone, 2002). Según el Departamento del Trabajo (NAWS, 2000), en la agricultura el subcontratismo, en 1999, alcanzó a una quinta parte de los trabajadores agrícolas (19 por ciento).

Además de favorecer a los empleadores y perjudicar a los sindicatos, el sistema de subcontratación ha beneficiado a los intermediarios y a los traficantes de indocumentados que los proveen de personal. Quienes han salido perdiendo son los trabajadores que reciben menos salario y están sujetos a una serie de condiciones que imponen los contratistas para poder trabajar con ellos.

La mejor opción es emplearse con las grandes compañías, donde tienen trabajo seguro y los beneficios de estar sindicalizados. En la agricultura, un trabajador sindicalizado puede ganar el doble de lo que gana uno que trabaja por su cuenta, realizando el mismo trabajo. La diferencia la hace la condición legal.

Por su parte, en la industria de la construcción el subcontratismo ha logrado bajar sensiblemente los costos de mano de obra. Este tipo de trabajo era realizado por grandes compañías que pagaban buenos salarios (entre 15 y 25 dólares la hora). Pero ahora las compañías prefieren que sus empleados o mayordomos formen empresas propias y se encarguen de realizar las tareas. Es el caso de un migrante de Jalisco, que por 20 años trabajó construyendo albercas para una compañía y finalmente aceptó la sugerencia de renunciar a su trabajo y formar su propia empresa. La misma compañía lo contrata por obra, con la ventaja de no tener responsabilidades en la contratación de personal, conocer directamente al que va a responsabilizarse del trabajo y confiar en su capacidad para realizarlo. Por su parte, el nuevo empresario pone a trabajar a todos los miembros de su familia y contrata a algunos indocumentados para que lo apoyen en las labores más pesadas.[31]

En el trabajo doméstico, la explotación es aún mayor. El contratista forma una empresa de servicios, que consta de un teléfono y un medio de transporte. Consigue contratos de limpieza de casas particulares u oficinas, y se dedica a transportar o supervisar a las mujeres que realizan el trabajo de una casa a otra. El salario que paga es considerablemente menor al obtenido por una empleada doméstica que se contrata directamente (Chávez, 1992). Con este sistema, además de la discriminación por la situación legal, las mujeres son discriminadas salarialmente por su condición genérica.[32]

---

[31] Entrevista realizada en Los Ángeles, 1987.

[32] Por este medio algunos funcionarios públicos evaden la contratación directa de personal de servicio doméstico, que suele ser indocumentado, y mantienen limpio su récord. En el pasado, algunos funcionarios públicos perdieron estupendas oportunidades por haber contratado en alguna ocasión a un trabajador doméstico indocumentado. El mismo Pete Wilson, quien fue gobernador de California y artífice de la Proposición 187, reconoció que su primera mujer había contratado a una trabajadora doméstica indocumentada, a quien luego le arreglaron los papeles. En este caso la ley no pudo aplicar retroactivamente.

Esta segmentación del mercado laboral entre trabajadores legales e indocumentados afectó directamente a la comunidad mexicana y al núcleo familiar. En una familia de Ameca, Jalisco, por ejemplo, el migrante legal gana 28 dólares la hora por realizar un trabajo especializado de colocación de pisos de madera (duela) en canchas de *basketball*. En cambio, su hermano menor, que vive en la misma casa y que es ilegal, tiene que ir todos los días al estacionamiento de un Seven Eleven, donde se contratan los trabajadores por día. Según este informante, la persona que los contrata pregunta por la condición legal del trabajador y los discrimina salarialmente, a los ilegales les paga 4.50 dólares y a los legales 5.50 dólares. Él resolvió el asunto comprando papeles falsos (SSN).[33] Como quiera, la situación es incómoda para ambos, y el migrante legal tiene que subsidiar a su hermano asumiendo el pago de la renta, comida y servicios.

La discriminación fue mucho más allá. En California, el gobernador Pete Wilson desató una agresiva campaña antiinmigrante, para ganar la reelección que culminó con el voto a favor de la Proposición 187, que limitaba los servicios de salud y educación a los indocumentados, y se obligaba al personal que trabajaba en el gobierno a denunciarlos. Si bien la ley no pudo aplicarse por ser anticonstitucional, lo que sí se logró fue movilizar y politizar a ciertos sectores de la comunidad mexicana. Los latinos fueron el único grupo que votó en contra de la proposición 187 (54 por ciento *versus* 35 por ciento), (*Rural Migration News*, mayo de 1995).

Los problemas no se limitaron a California. En 1996 se publicaron la Ley de Inmigración de 1996 y la ley de Reforma a la Asistencia Social, de aplicación federal. Ambas operaban como correctivo de varios de los efectos no deseados de IRCA. La nueva ley de migración dificultó el asilo, limitó el ingreso de familiares de inmigrantes residentes y penalizó tanto la migración indocumentada como la prolongación de la estadía en el caso de tener visa. La Ley de Reforma a la Seguridad Social afectó también las prestaciones sociales de los residentes al llegar la hora del retiro (Massey, Durand y Malone, 2002).

La ley pretendía crear una nueva segmentación en la comunidad migrante: entre residentes con derechos limitados y ciudadanos con derechos totales. El resultado fue obvio para todos, menos para los políticos que promovieron las reformas. Los migrantes residentes empezaron a optar por la naturalización para hacer valer sus derechos.

[33] Entrevista realizada en Concord, California, en 1997.

Tradicionalmente, los mexicanos residentes en Estados Unidos desdeñaban la oportunidad de naturalizarse. Lo único que les interesaba era poder cruzar la frontera y trabajar sin problemas. Consecuentemente los índices de naturalización eran muy bajos. Según una estimación, de la cohorte de inmigrantes legalizados en 1973, sólo 13 por ciento se había naturalizado en 1979. De hecho, la comunidad mexicana era la que tenía mayor número de migrantes legales que no eran ciudadanos: 3.3 millones, en 1990.

Pero después de resistir la agresión de la Proposición 187 en California y la promulgación de las leyes de 1996, las cosas cambiaron. Los mexicanos empezaron a naturalizarse en masa. Entre 1990 y 1995 el número de mexicanos que quería naturalizarse se incrementó 383 por ciento. El cambio había sido profundo y había llegado a la médula de un comportamiento cultural acuñado a lo largo todo un siglo. México podía perder a varios millones de ciudadanos. La alarma llegó al senado de la República Mexicana, donde se discutió la pertinencia de realizar una reforma constitucional que permitiera la doble nacionalidad. El proyecto finalmente fue aprobado bajo la fórmula de "no renuncia a la nacionalidad", con lo cual se salvaba el escollo y se dejaba la decisión, como un acto de tipo unilateral. A partir de 1996, los mexicanos podrían tener dos nacionalidades, y quienes la habían perdido, por haber tenido que renunciar en años anteriores, tendrían la posibilidad de recuperarla.

La reforma constitucional mexicana incentivó aún más la tendencia a la naturalización. De este modo, los migrantes mexicanos naturalizados mantienen sus derechos en ambos países. Este triunfo de la comunidad mexicana en Estados Unidos no pudo completarse con la oportunidad de votar en las elecciones de 2000. Sin embargo, ya es casi seguro que los mexicanos residentes en Estados Unidos podrán votar en 2006. Como quiera, se ha despertado una verdadera pasión política en ambos lados de la frontera.

La comisión de especialistas del Instituto Federal Electoral que estudió las modalidades del voto de los mexicanos en el exterior estableció con claridad que técnicamente era factible realizar el voto en las elecciones de 2000. Una cuarta parte de los mexicanos se concentraba en el condado de Los Ángeles (22 por ciento); la mitad, en sólo ocho condados, y tres cuartas partes, en 33 condados. La peculiar distribución geográfica de la migración mexicana facilitaba la logística de una elección que *a priori* se había considerado muy complicada. Más aún, la comisión señaló que una quinta parte de la población se concentraba en los condados fronterizos, lo que facilitaba la operación y reducía los costos (Durand, 1998).

La comunidad mexicana ha madurado políticamente, y ya se empiezan a cosechar los primeros triunfos. La discusión sobre el voto en el exterior se debe en buena parte a la presión y cabildeo de diferentes grupos de migrantes (Ross, 1999). Incluso han ido más allá de la demanda del voto para Presidente, y algunos miembros de las comunidades mexicanas exigen tener sus propios representantes en el Congreso y, por tanto, votar en las elecciones de 2003.

La politización no sólo ha ocurrido en el campo de la política mexicana; algunos activistas están trabajando con la comunidad apoyando la naturalización y fomentando el voto. En 1996, el representante republicano Robert Dornan, que siempre manifestó una postura conservadora y antiinmigrante, fue derrotado por el voto latino, en el que participaron los recién naturalizados. De este modo Loretta Sánchez pudo llegar al Congreso representando al condado de Orange.

En las elecciones de 2001, para la alcaldía de la ciudad de Los Ángeles, el candidato de origen mexicano Esparragoza estuvo muy cerca de ganar la elección. Y antes del atentado del 11 de septiembre se decía que el voto latino, particularmente el mexicano, sería definitivo para la reelección del presidente Bush. De ahí las medidas que ha tomado para llevar a cabo un programa de regularización de indocumentados y ampliar el programa de trabajadores huéspedes (*New York Times*, 15 de julio de 2001).

El impacto político de la votación latina es cada vez más fuerte, y quienes propugnaron la ley de 1996 ahora pretenden poner frenos a los procesos de naturalización. Por lo pronto, el aparato burocrático ha sido desbordado y el retraso en la resolución de expedientes es enorme.

Conclusiones

A diferencia de los convenios braceros, IRCA fue una ley de aplicación general. Sin embargo, la motivación de la ley (la pérdida del control de la frontera sur) y la práctica señalaban que se trataba de un programa específico para el caso mexicano: 70 por ciento de los amnistiados por el LAW fueron mexicanos; 80 por ciento de los legalizados por el campo (SAW) fueron mexicanos, y 95 por ciento de los aprehendidos por la patrulla fronteriza en esos años eran de origen mexicano. Es de suponerse, entonces, que se trataba de detener y dificultar la migración mexicana indocumentada. Sin embargo, la ley en vez de detener el flujo lo incrementó, tanto por la vía legal, de la reunificación familiar, como por la vía tradicional, de carácter indocumentado.

No sólo eso; se ha demostrado que era falsa la premisa de que se había "perdido el control de la frontera", pues no tiene ningún sustento en los datos disponibles (Massey, Durand y Malone, 2002). De ahí que todo el sistema, la maquinaria implementada por IRCA, haya generado fenómenos no previstos ni deseados. No se trata de un problema de aplicación de la ley, sino de una falla general del modelo migratorio, que parte de premisas falsas, de una retórica política que nada tenía que ver con la realidad.

Entre 1987 y 1995 fueron admitidos como residentes 2.7 millones de mexicanos de diversos sexos, edades y orígenes geográficos. Por otra parte, esta cantidad impresionante de personas, en buena parte jóvenes, procreará un número semejante de infantes en las próximas décadas. De este modo, la comunidad mexicana no sólo ha sido potenciada en cuanto a su crecimiento migratorio de tipo legal, sino también en cuanto a su crecimiento natural. Hijos de mexicanos que a su vez tendrán derecho a optar por la doble nacionalidad.

Por su parte, el Programa de Trabajadores Agrícolas Especiales preveía que una buena parte de ellos iba a dejar la actividad agrícola. De ahí la creación del programa paralelo de reemplazo (RAW) y la extensión del programa de visas H2A a mexicanos, que ahora acaparan 83 por ciento de las visas de este programa. Se estima que cerca de medio millón de migrantes que lograron la *green card* por el campo (SAW) abandonaron la actividad agrícola, y han sido reemplazados por nuevos migrantes, en su mayoría indocumentados.

Como quiera, la comunidad migrante mexicana ha demostrado que tiene capacidad para aprovechar las coyunturas que se le ofrecen, para cambiar su condición legal y para manejar las leyes y los resquicios legales a su favor. La comunidad mexicana está cada día más organizada y los medios de comunicación, organizaciones de base, coaliciones, fundaciones, institutos políticos, agrupaciones gremiales e iglesias se han encargado de difundir los cambios, analizar las reformas y responder en la arena política, el *lobby* parlamentario, el campo electoral y el activismo político cotidiano.

La ley migratoria de 1986 (IRCA) transformó totalmente el patrón migratorio entre México y Estados Unidos desde el punto de vista sociológico y demográfico. Las leyes de 1996 transformaron el contexto legal de la migración y la seguridad social de una manera radical y profunda. Si la comunidad mexicana logra dar la batalla legal y ganar posiciones electoralmente, significa que habrá entrado definitivamente en el espacio político del país de acogida. Por lo pronto, ha empezado a cambiar su perfil, de ser un fenómeno regional en el país de origen, empieza a jugar en la dimensión nacional. La migración mexicana ya no es un tema o problema de la región histórica, ni es exclusivo del sudoeste americano.

Según el censo de 2000, la comunidad hispana o la etnia latina pasó a ser la primera minoría en Estados Unidos (12.5 por ciento), desplazando a los afroamericanos al segundo lugar (12.3 por ciento). Pero los que se identificaron como mexicanos constituyen la amplia mayoría de la comunidad latina, 58.5 por ciento del total.

Conclusiones

LA MIGRACIÓN es por naturaleza un fenómeno cambiante. Sin embargo, mantiene una estructura básica que se repite, prácticamente, en todos los casos: migración en bloque, formación de redes sociales, participación en el mercado de trabajo secundario.

Pero, además de los cambios connaturales al fenómeno, tienen lugar transformaciones radicales que suelen estar motivadas por la definición de nuevas políticas migratorias. Al cambiar el modelo migratorio se diseñan nuevas políticas migratorias (leyes) que dan como resultado cambios en el patrón migratorio.

En el caso mexicano, el Programa Bracero y posteriormente IRCA fueron los dos factores que alteraron de manera definitiva el patrón migratorio. El modelo de migración temporal masculina, de ida y vuelta, acuñado durante el Programa Bracero, dejó su lugar a un nuevo modelo, acuñado por IRCA, de migración definitiva o de larga duración, en el caso de los legalizados, y de migración denegada y clandestina, en el caso de nuevos migrantes indocumentados.

IRCA fue una especie de solución salomónica, por no decir esquizofrénica: absoluta tolerancia para los indocumentados que estuvieran trabajando en el país durante 5 años antes de 1986, y cero tolerancia para aquellos que pretendieran cruzar la frontera y trabajar de manera irregular después de 1986. Y, como se sabe, las soluciones salomónicas no suelen funcionar. No se puede partir en dos un proceso lleno de vida y en pleno desarrollo.

Sin duda, a partir de IRCA la comunidad migrante mexicana aumentó sensiblemente su índice de legalidad, lo que ha abierto múltiples oportunidades. Pero mientras la legalidad ha jugado a favor de una mejor y mayor inserción de un amplio sector de mexicanos en la sociedad estadounidense, otros procesos paralelos han jugado en contra, entre ellos la creciente migración indocumentada y una serie de leyes y actitudes represivas y discriminatorias en contra de la población migrante. La migración legal suele acompañarse de un proceso paralelo de migración indocumentada, así sucedió en la época de los braceros y así ha ocurrido en el caso de IRCA.

El modelo migratorio que daba sustento a IRCA se basaba en el supuesto de que la legalidad (de ahí el término de amnistía) debiera operar como un elemento catalizador para la integración de los migrantes que ya radicaban en Estados Unidos. Como complemento, la legalidad debía imponerse en la frontera y en los centros de trabajo. La fuerza de la ley debía impedir el paso de nuevos indocumentados y, a su vez, controlar y penalizar a los empleadores que contrataran indocumentados. En teoría el modelo era perfecto.

La realidad fue otra; el proceso de legalización fue un completo éxito, pero las políticas de control fronterizo y penalización a los empleadores de indocumentados fueron un rotundo fracaso. Las medidas disuasivas implementadas en la frontera fracasaron a pesar de contar con todo el apoyo económico, tecnológico y político de la Federación y los gobiernos estatales. Ciertamente es más difícil, caro y riesgoso cruzar la frontera en la actualidad, pero la gente lo sigue haciendo. Las medidas fracasaron, simplemente, porque la ley y la fuerza no suelen operar de manera eficiente en procesos migratorios consolidados históricamente, de escala masiva y entre países vecinos.

Por su parte, las medidas de control impuestas a los empleadores fracasaron por los resquicios que tenía la ley y por la falta de apoyo federal y estatal. Es más, IRCA dinamizó la falsificación masiva de documentos, con lo cual los empleadores cumplían con la formalidad de la ley y los trabajadores conseguían trabajo. En efecto, su limitada aplicación fue un reconocimiento tácito de que era prácticamente imposible aplicar la ley. Si el gobierno hubiera puesto el mismo empeño que puso en la frontera, en castigar a los empleadores, se hubiera encontrado con un problema irresoluble, ya que afectaría los intereses de su comunidad y la economía del país.

En la frontera, por el contrario, parece que los afectados son México y sus trabajadores indocumentados. Obviamente, resulta más rentable, en términos políticos, trabajar en la frontera que en el interior. De ahí la inmensidad de recursos invertidos en las medidas de control fronterizo y lo poco que se ha hecho respecto a la otra medida, a la que se ha dedicado 2 por ciento del presupuesto.

En síntesis, IRCA generó tres procesos que resultan problemáticos: en primer lugar, la amnistía y el programa de trabajadores agrícolas temporales (SAW) provocaron mayor inmigración legal e indocumentada. En segundo término, el control fronterizo generó gastos económicos cuantiosos, con un desempeño ineficiente, un costo en vidas humanas irreparable y el crecimiento desproporcionado de mafias que trafican con migrantes. Por último, la penalización a los empleadores que contrataran indocumentados provocó el crecimiento del sistema de subcontratación y dinamizó, como nunca antes, el crimen organizado y las mafias dedicadas a la falsificación de documentos.

Como quiera, la vida sigue su curso y de manera paralela al incremento del control fronterizo y las tímidas medidas de control a los empleadores, el fenómeno migratorio siguió su proceso de adecuación a nuevos nichos en el mercado laboral y a nuevos lugares de destino.

Se adaptaron también a las nuevas exigencias burocráticas, como la presentación de papeles que acreditan su estancia legal en el país. En la actualidad todos los migrantes tienen papeles, sean estos falsos o legítimos. La legalidad se ha convertido en una especie de fenómeno nobiliario, en donde el estatus o la calidad migratoria se puede comprar con unos cuantos billetes. Más que indocumentado, el trabajador migrante del siglo XXI, con papeles falsos o irregulares, ha pasado a ser un migrante clandestino.

El caso de los trabajadores migrantes clandestinos en Jackson Hole, Wyoning, es un buen ejemplo de cómo se ha ido conformando este nuevo patrón migratorio. A comienzos de los noventa, un grupo de nuevos migrantes de la región central, proveniente de dos pueblos de Tlaxcala, empezó a trabajar en la cosecha de papas en el estado de Idaho. Pero pronto se dieron cuenta de que había trabajo muy cerca de allí, en los hoteles y moteles de Jackson Hole, en el estado de Wyoming. Se trataba de empleos un poco mejor pagados, pero sobre todo, permanentes y en lugares con calefacción. En muy pocos años estas dos comunidades empezaron a abastecer mano de obra, clandestina, masculina y femenina, a casi todos los hoteles, moteles y restaurantes de la localidad. Y se volvieron visibles al mismo tiempo que indispensables.

La visibilidad trajo consecuencias. En las llanuras de Idaho nadie se preocupa por la presencia de mexicanos, pero sí en uno de los lugares más tradicionales del turismo norteamericano. Su visibilidad llamó la atención de "la migra", que hizo una gran redada. Varios cientos de trabajadores mexicanos fueron capturados, trasladados en vagones para ganado y deportados. La operación fue un éxito total. Pero fue la primera y la última. La manera en que procedió "la migra" fue cuestionada; nunca había sucedido algo igual en una comunidad tranquila y pacífica. Del mismo modo se cuestionó la forma en que fueron trasladados los migrantes, como si fueran animales, ya que utilizaron camiones de transporte de ganado para trasladarlos.

Los hoteles se quedaron sin gente para hacer las camas, barrer los patios, aspirar los cuartos, lavar la ropa; los restaurantes no tenían gente

para limpiar las mesas, picar lechuga o lavar los platos. La migra había
afectado directamente los intereses económicos de la comunidad, y los representantes políticos se encargaron de impedir nuevas redadas. Los migrantes deportados regresaron al poco tiempo y fueron recibidos con los
brazos abiertos.

Las operaciones Guardián y Bloqueo no impidieron el paso de los migrantes tlaxcaltecas. Tampoco las disposiciones legales de IRCA pudieron
impedir que los hoteleros contrataran y recontrataran a trabajadores clandestinos, con documentos falsos. Un nuevo lugar de destino se ha abierto
para la migración en bloque, proveniente, a su vez, de una nueva región de
origen. Esta nueva generación de migrantes parece tener un ritmo mucho
más dinámico que las anteriores; pasan de la agricultura al trabajo urbano
en muy poco tiempo. Asimismo, han logrado conformar una comunidad
dispersa y un nuevo nicho laboral donde se han vuelto indispensables.

Por el contrario, en Florida, considerada también un nuevo lugar de
destino, ha ocurrido un proceso totalmente distinto. Los migrantes mexicanos provenientes de la región histórica y de la central (Michoacán y
Oaxaca) siguen laborando desde hace más de 2 décadas en la agricultura,
y no han podido saltar al medio hotelero circunvecino, donde resienten la
competencia de la añeja migración caribeña y sudamericana. Tampoco han
podido desarrollar núcleos de comunidades dispersas. Sólo unos cuantos
han logrado conseguir trabajos de baja calificación en la construcción y en
el cuidado de jardines.

En dos lugares alejados, pero en contextos parecidos, se han dado
soluciones totalmente diferentes. Lo que pone en evidencia una de las características fundamentales del nuevo patrón migratorio, la diversidad de
opciones laborales y los nuevos contextos geográficos y sociales que la migración mexicana tiene que enfrentar. Como diría el Gatopardo, está cambiando todo, pero todo sigue igual.

Bibliografía

ABU-LUGHOD, Janet L. (1999), *New York, Chicago, Los Angeles, America's global cities,* Mineapolis, University of Minnesota Press.

ACKERMAN, Sune (1976), "Theories and methods of migration research", en Harald Runblom y Hans Norman (eds.), *From Sweden to America*, Minneapolis, University of Minnesota Press, pp. 19-75.

ALARCÓN, Rafael (1998), "El proceso de norteñización: impacto de la migración internacional en Chavinda, Michoacán", en Thomas Calvo y Gustavo López (coords.), *Movimientos de población en el Occidente de México,* México, CEMCA, El Colegio de Michoacán, pp. 337-359.

——— (1992), "Norteñización: self-perpetuating migration from a Mexican town", en Jorge Bustamante, Clark Reynolds y Raúl Hinojosa (eds.), *U.S.-Mexico Relations: Labor Market Interdependence*, Stanford, Stanford University Press, pp. 302-18.

———(2000), "Skilled immigrants and cerebreros foreign-born engineers and scientists in the higt Technology industry of Silicon Valley" en Nancy Foner *et al.,* Editors. *Immigration research for a New Century*. Nueva York, Russell Sage Foundation. pp. 301-322.

——— ALBA, Francisco (1976), "Éxodo silencioso: la emigración de trabajadores indocumentados a Estados Unidos", en *Foro Internacional*, vol. 17, 2, México, CEI, El Colegio de México, pp. 152-179.

ALEGRÍA, Tito (1989), "La ciudad y los procesos trasfronterizos entre México y Estados Unidos", *Frontera Norte*, vol. 1, núm. 2, julio-diciembre, Tijuana, El Colegio de la Frontera Norte.

ANDREAS, Peter (2002), "La redefinición de las fronteras estadounidenses después del 11 de septiembre", *Foreign Affairs*, ITAM, vol. 2, núm. 1, primavera.

——— (2000), *Border Games. Policing the US-México Divide*, Ithaca, Cornell University Press.

ANGUIANO TÉLLEZ, María Eugenia (1995), *Agricultura y migración en el valle de Mexicali*, Tijuana, Baja California, México, El Colegio de la Frontera Norte.

ARIAS, Patricia (1992), "Dos nociones en torno al campo", en *Ajuste estructural, mercados laborales y TLC,* México, El Colegio de México, Fundación Friedrich Ebert, El Colegio de la Frontera Norte, pp. 229-242.

———— (1995), "La migración femenina en dos modelos de desarrollo (1940-1970; 1980-1992)", en Soledad González y Vania Salles (comps.), *Relaciones de género y transformaciones agrarias,* México, El Colegio de México, PIEM, pp. 223-253.

———— (1999), "Las migrantes de ayer y hoy", en Dalia Barrera Bassols y Cristina Oehmichen Bazán (eds.), *Migración y relaciones de género en México,* México, Gimtrap-UNAM/IIA, pp. 185-202.

———— (1992), *Nueva rusticidad mexicana,* México, Conaculta.

———— (1994), "Three microhistories of Women's work in rural México", en Heather Fowler Salamini and Mary Kay Vaughan (eds.), *Women of the Mexican Coutryside, 1850-1990,* Arizona, The University of Arizona Press, pp. 159-174.

ARREOLA, Mario (1980), *El programa mexicano de maquiladoras. Una respuesta a las necesidades de la industria norteamericana,* Guadalajara, Universidad de Guadalajara.

ARREOLA, Daniel y James R. Curtis (1993), *The mexican border cities,* Tucson, The University of Arizona Press.

ARROYO, Jesús *et al.,* (2002) (comp.), *El norte de todos.* Guadalajara, Juan Pablos editor.

BACH, R.L. y Brill Howard (1990), "Shifting the Burden: The Impats of IRCA on US Labor Markets", Interim Report to the Division of Immigration Policy and Research, U.S. Departament of Labor, febrero, manuscrito.

BAIN, David (1999), *Empire express. Building the first transcontinental railroad,* Nueva York, Viking.

BALAN, Jorge, Harley L. Browinng y Elizabeth Jelin (1973), *Migración, Estructura Ocupacional y Movilidad Social. El Caso Monterrey,* México, UNAM, IIS.

BARAN, Paul A. (1975), *The Political Economy of Growth,* Berkeley, University of California Press.

———— (1973), "On the political economy of backwardness", en K. Wilber (ed.), *The Political Economy of Development and Underdevelopment,* Nueva York, Random House, pp. 82-93.

BASSOLS, Ángel (1999), *La gran Frontera. Franjas fronterizas México Estados Unidos. Transformaciones y problemas de ayer y hoy,* México, UNAM.

———— (1992), *México formación de regiones económicas.* México, UNAM.

BATAILLON, Claude (1986), *Las regiones geográficas en México,* México, Siglo XXI.

————— y Helène Riviere D'Arc (1979), *La ciudad de México*, México, Sep-Setentas.

BEALS, Ralph (1946), *Cherán: A Sierra Tarascan Village*, Washington, Smithsonian Institution, Institute of Social Anthropology, 4.

BEAN, Frank, Allan G. King y Jeffrey S. Passel (1983), "The number of illegal migrants of mexican origin in the United States: sex ratio-based estimates for 1980", en *Demography*, 20, pp. 99-109.

————— y Rodolfo Corona, Rodolfo Tuirán y Karen A. Woodrow-Lafield (1998), "The quantification of migration between Mexico and the United States", en *Comisión Binacional*, Estudio Binacional México-Estados Unidos sobre migración, tomo I, Austin, Morgan Printing, pp. 1-90.

BÖHNING, Wolf R. (1972), *The Migration of Workers in the United Kingdom and the European Community*, Oxford, Oxford University Press.

BORJAS, George J. (1989), "Economic theory and international migration", *International Migration Review*, 23: 457-85.

————— (1990), *Friends or Strangers: The Impact of Immigrants on the U.S. Economy*, Nueva York, Basic Books.

BORUCHOFF, Judith (1999), "Creating continuity across borders: Reconfiguring the spaces of community, state and culture in Guerrero, México, and Chicago", Tesis de Doctorado, Universidad de Chicago.

BOURDIEU, Pierre (1986), "The forms of capital", en John G. Richardson (ed.), *Handbook of Theory and Research for the Sociology of Education*, Nueva York, Greenwood Press, pp. 241-58.

————— y Loic Wacquant (1992), *An Invitation to Reflexive Sociology*, Chicago, University of Chicago Press.

BRAUDEL, Fernand (1981), *The Structures of Everyday Life: Civilization and Capitalism 15th-18th Century*, vol. 1, Nueva York, Harper & Row.

————— (1982), *The Wheels of Commerce: Civilization and Capitalism 15th-18th Century*, vol. 2, Nueva York, Harper & Row.

BRETTELL, Caroline (1979), "Emigrar para voltar: a Portuguese ideology of return migration", *Papers in Anthropology*, 20, 21-38.

BUSTAMANTE, Jorge (1979), "Las propuestas de política migratoria en los Estados Unidos y sus repercusiones en México", en *Indocumentados. Mitos y Realidades*, México, Centro de Estudios Internacionales, El Colegio de México, pp. 197-208.

————— (1987), "La migración de indocumentados", en *El Cotidiano*, Número Especial 1, México, UAM. pp. 13-29.

————— (1989), "Frontera México-Estados Unidos; reflexiones para un marco teórico", *Frontera Norte*, vol. 1, pp. 7-24, enero-junio.

————— y Jerónimo Martínez (1980), "La emigración a la frontera norte del país y a los Estados Unidos", en *Migraciones Internacionales en las Américas*, vol. I, 1, Caracas, CEPAM, pp. 195-218.

CALAVITA, Kitty (1992a), *California's "Employer sanctions": the case of the disappearing law,* San Diego, Center for U.S., Mexican Studies.

————— (1992b), *Inside the Stae,* Nueva York, Routledge.

CAMPBELL, H. (1972), *Bracero Migration and the Mexican Economy 1951-1964*, Tesis de doctorado en The American University.

CARDOSO, Lawrence (1980), *Mexican Emigration to the United States 1897-1931*, Tucson, University of Arizona Press.

CARDOSO, Fernando H. y Enzo Faletto (1969), *Dependencia y desarrollo en América Latina*, México, Siglo XXI.

————— (1979), *Dependency and Development in Latin America*, Berkeley, University of California Press.

CARRERAS, Mercedes (l974), *Los mexicanos que devolvió la crisis l929-l932*, México, Secretaría de Relaciones Exteriores.

CASARRUBIAS, Daniel (1956), *El problema del éxodo de braceros en México y sus consecuencias*, México, Editorial Injumex.

CASTELLS, Manuel (1989), *The Informational City: Information Technology, Economic Restructuring and the Urban-Regional Process*, Oxford, Basil Blackwell.

————— (1999), "Frontera e identidad: la versión nacional y la versión de los dos Laredos, a finales del siglo XIX", Ponencia presentada en la X Reunión de Historiadores Mexicanos y Norteamericanos, Dallas, Texas, 19-22 de noviembre.

CERRUTTI, Mario y Manuel González Quiroga (comps.) (1993), *Frontera e historia económica*, México, Instituto Mora y UAM.

CHÁVEZ, Leo R. (1992), *Shadowed Lives*, California, Stanford University Press.

CHAYANOV, Alexander V. (1966), *Theory of Peasant Economy*, Homewood, Ill., Richard D. Irwin.

CHOLDIN, Harvey M. (1973), "Kinship networks in the migration process", *International Migration Review*, 7, 163-76.

CHRISTALLER, Walter (1966), *Central places in southern Germany,* Nueva Jersey, Prentice-Hall.

CHRISTIANSEN, Drew (1996), "Movement, asylum, borders: Christian perspectives", *International Migration Review*, 30, 7-17.

CENSUS BUREAU (2001), "The Hispanic Population". Census 2000, Brief. U.S. Department of Commerce.

CLARK, Víctor (1908), "Mexican Labor in the United States", *Bulletin of the Bureau of labor*, núm. 78, Washington, Government Printing Office.

CLARK ALFARO, Víctor (1982), *Los mixtecos en la frontera*, Cuadernos de Ciencias Sociales, núm. 10, serie 4, Tijuana, Universidad Autónoma de Baja California.

COLEMAN, James S. (1988), "Social capital in the creation of human capital", *American Journal of Sociology*, 94S, S95-S120.

————— (1990), *Foundations of Social Theory*, Cambridge, Harvard University Press.

Comisión Intersecretarial para el estudio de los problemas derivados de la corriente migratoria de trabajadores subrepticios mexicanos a Estados Unidos (1974), México. Mecanoescrito.

COMISIÓN BINACIONAL (1998), *Estudio Binacional México-Estados Unidos sobre migración*, tomos I, II y III, Austin, Texas, Morgan Printing.

CONAPO (1986), *Encuesta en la frontera norte a trabajadores indocumentados devueltos por las autoridades de Estados Unidos de América*, México.

CORNELIUS, Wayne (1992), "From sojourners to settlers", en Jorge Bustamante, Clark W. Reynolds y Raúl A. Hinojosa Ojeda (eds.), *U.S.-México Relations. Labor Market interdependence*, Stanford, Stanford University Press, pp. 155-195.

————— (1990), *Labor Migration to the United States: Development Outcomes and Alternatives in Mexican Sending Communities*, Final report to the U.S. Commission for the Study of International Migration and Cooperative Economic Development, San Diego, Center for U.S. Mexican Studies, University of California.

—————, Philip L. Martin y James F. Hollifield (1994), "Introduction: the ambivalent quest for immigration control", en Wayne A. Cornelius, Philip L. Martin y James F. Hollifield (eds.), *Controlling Immigration: A Global Perspective*, Stanford, Stanford University Press, pp. 3-41.

CORONA, Rodolfo (1999), "Mediciones de la migración de mexicanos a Estados Unidos en la década 1990-2000", Ponencia presentada en el Foro Población y Sociedad en el México del siglo XXI, SEP, CONACYT, octubre 13 y 14.

————— (1987), *Estimación del número de indocumentados a nivel estatal y municipal*. México, Centro de Estudios sobre Identidad Nacional en zonas fronterizas, UNAM.

COSÍO VILLEGAS, Daniel (1955), *Historia moderna de México*, México, Hermes.

DAE YOUNG, Kim (1999), "Beyond co-ethnic solidarity: Mexican and Ecuatorian employment in Korean-owned businesses in New York City", *Ethnic and Racial Studies*, vol. 22, núm. 3, pp. 581-603, mayo.

DAGODAG, Tim (1975), "Source Regions and compositions of ilegal Mexican Immigration to California", *International Migration Review*, vol. 9, Winter, pp. 499-510.

DE ALBA, Pedro (1954), *Siete artículos sobre el problema de los braceros*, México, edición del autor.

DELGADO WISE, Raul *et al.*, (2000), "Migración internacional, divisas y desarrollo regional en Zacatecas", en Rodolfo García Zamora, *Agricultura, migración y desarrollo regional* . Zacatecas, Universidad de Zacatecas, pp. 95-109.

DEPARTMENT OF AGRICULTURE (1908), *Progress of the beet-sugar industry in the United States in 1907*, Washington, Government Printing Office.

DIB, George (1988), "Laws governing migration in some Arab countries", en Reginald T. Appleyard (ed.), *International Migration Today*, vol. I, Trends and Prospects, University of Western Australia for the United Nations Educational, Scientific, and Cultural Organization, Perth, pp. 168-79.

DÍEZ CANEDO, Juan (1984), *La Migración Indocumentada de México a los Estados Unidos*, México, FCE.

DINERMAN, Ina (1988), "El impacto agrario de la migración en Huecorio", *Relaciones*, vol. IV, 15, Zamora, El Colegio de Michoacán, pp. 29-52.

DE LA TORRE, Nemesia (1988), *Juzguenme*, Guadalajara, Impresos González.

DONATO, Katharine M. (1991), "Understanding U.S. immigration: why some countries send women and others men", en Donn R. Gabaccia (ed.), *Seeking Common Ground: Women Immigrants to the United States*, Nueva York, Greenwood Press, pp. 159-84.

———— (1993), "Current Trends and Patterns of Female Migration: Evidence from México", *International Migration Review*, vol. I, XXVII, núm. 4, pp. 748-769.

————, Douglas S. Massey y Jorge Durand (1993), "Stemming The Tide? Assessing the Deterrent Effects of the Immigration Reform and Control Act", *Demography*, vol. 29, núm. 12, marzo, pp. 139-157.

DRISCOLL, Bárbara (1985), *El Programa de Braceros Ferrroviarios*, Tijuana, Cuadernos del CEFNOMEX.

DURAND, Jorge (1994), *Más allá de la línea*, México, CONACULTA.

———— (1985), *Los obreros de Río Grande*, Zamora, El Colegio de Michoacán.

———— (1986), "Circuitos migratorios en el occidente de México", *Revue Europeenne des Migrations Internationales*, vol. 2, 2, París, pp. 49-68.

———— (1998), *Política, modelo y patrón migratorios. El trabajo y los trabajadores mexicanos en Estados Unidos*, San Luis Potosí, El Colegio de San Luis, Serie Cuadernos del Centro.

———— (1998), "Nuevas regiones migratorias", en René M. Zenteno (coord.), *Población, desarrollo y globalización. V Reunión de Investigación*

Socio-Demográfica en México, Sociedad Mexicana de Demografía-El Colegio de la Frontera Norte, México, vol. 2, pp. 101-115.

—————— y Patricia Arias (2000), *La experiencia migrante*, Guadalajara, Universidad de Guadalajara.

—————— (1997), "De enganchadores a contratistas: la difusión de un nuevo sistema de contratación de mano de obra mexicana", Ponencia presentada en Latin American Studies Association. XX International Congress (LASA), Guadalajara, Guadalajara Plaza Expo Hotel, 19 de abril.

—————— y Douglas S. Massey y Emilio A. Parrado (1999), "The New Era of Mexican Migration to the United States", *Journal of American History*, vol. 86, núm. 2, septiembre, pp. 518-536.

—————— y Douglas S. Massey y Fernando Charvet (2000), "The Changing Geography of Mexican Inmigration to the United States: 1910-1996", *Social Science Quarterly*, vol. 81, núm. 1, marzo, pp. 1-15.

—————— y Patricia Arias y Emma Peña (1999), *Balance sociodemográfico del estado de San Luis Potosí*, San Luis Potosí, El Colegio de San Luis.

—————— y Douglas S. Massey (1992), "Mexican migration to the United States: a critical review", *Latin American Research Review*, 27, 3-42.

—————— (2000), "Un punto de partida. Los trabajos de Paul S. Taylor sobre la migración mexicana a Estados Unidos", *Frontera Norte*, vol. 12, enero-junio, Tijuana, El Colegio de la Frontera Norte, pp. 51-64.

——————, Douglas S. Massey y René Zenteno (2001), "Mexican Inmigration to the United States: Continuities and Changes", *Latin American Research Review*, vol. 36, núm. 1, pp. 107-127.

EMIF, COLEF, CONAPO, STPS (1997), *Encuesta sobre Migración en la Frontera Norte. Síntesis ejecutiva*, Tijuana, versión mecanoescrita.

ENADID (1994), *Encuesta Nacional de la Dinámica Demográfica. Metodología y Tabulados*, México, INEGI.

ESCOBAR LATAPÍ, Agustín, Frank D. Bean, Sidney Weintraub (1999), *La dinámica de la emigración mexicana*, México, Centro de Investigaciones y Estudios Superiores en Antropología Social, Porrúa.

ESCOBAR, Agustín y Mercedes González de la Rocha (1990), "La ley de migración internacional: el impacto de la «Simpson-Rodino» en una comunidad de los Altos de Jalisco, *Estudios Sociológicos*, vol. VIII, 24, México, El Colegio de México, pp. 517-546.

ESCHBACH, Karl *et al.* (1999), "Dead at the border", *International Migration Review*, vol. 33, núm. 2, pp. 430- 455.

ESPINOSA, Víctor (1998), *El dilema del retorno*, Zamora, El Colegio de Michoacán.

ETIDEU (1986), *Encuesta a Trabajadores indocumentados deportados de Estados Unidos*, México, CONAPO.

FERNÁNDEZ DEL CAMPO, Luis (1946), *Los Braceros*, México, Secretaría del Trabajo y Previsión Social.

FONSECA, Omar y Lilia Moreno (1984), *Jaripo, pueblo de migrantes*, Jiquilpan, Centro de Estudios de la Revolución Mexicana Lázaro Cárdenas.

FOERSTER, Robert (1925), *The racial problems involved in immigration from Latin American and the West Indies to the United States*, Washington, Govt. print. off.

FURTADO, Celso (1965), *Development and Underdevelopment*, Berkeley, University of California Press.

————— (1970), *Economic Development of Latin America*, Cambridge, Cambridge University Press.

FUNKHOUSER, Edward (2000), "Changes in the geographic concentration and location of residence of Immigrants", *Interntational Migration Review*, vol. 34, verano, pp. 489-510.

FUSSELL, Elisabeth (2002), "The effect or Tijuana's Bi-National Economy on Migration to the United States", Ponencia presentada en la III Conferencia Internacional del Mexican Migration Project, Puerto Vallarta, febrero.

GABARROT, Mariana (1998), "Las ciudades flotantes. Estudio de los flujos migratorios hacia los Estados Unidos en Nuevo Laredo y Reynosa, Tamaulipas, México", Tesis de maestría en Ciencias Sociales, FLACSO.

GALLETO, Valeria (1999), *Aguacate y migradólares. Un estudio sobre la migración a Estados Unidos y la transformación de la economía agrícola de San Juanico, Michoacán*, Tesis de Maestría en Antropología Social, Universidad Iberoamericana.

GAMIO, Manuel (1930a), *Número, procedencia y distribución de los emigrantes mexicanos en los Estados Unidos*, México, Talleres Gráficos Editorial y Diario Oficial.

————— (1930b), *Mexican immigration to the United States*, Illinois, The Univesity of Chicago Press.

————— (1969), *El inmigrante mexicano. La historia de su vida*, México, UNAM.

————— (1971), *The mexican inmigrant, his life history. Autobiographic documents collected by Manuel Gamio*, Chicago, University of Chicago Press.

GANSTER, Paul (1999), "The U.S.-Mexican Border Region", San Diego State University, borderpact.org/paper/ganster.htm

GARCÍA ZAMORA, Rodolfo (2000), *Agricultura, migración y desarrollo regional*, Zacatecas, Universidad de Zacatecas.

GARCILAZO, Jeffrey Marcos (1995), "Traqueros Mexican railroad workers in the United States, 1870 to 1930", Tesis de doctorado, Universidad de California, Santa Bárbara.

GENDREAU, Mónica y Gilberto Jiménez (2002), "La migración internacional desde una perspectiva sociocultural: estudio en comunidades tradicionales del centro de México", *Migraciones Internacionales*, vol. I, núm. 2, enero-julio, pp. 147-178.

GIDDENS, Anthony (1990), "Structuration theory and sociological analysis", en J. Clark, C. Modgil y S. Modgil (eds.), *Anthony Giddens: Consensus and Controversy*, Nueva York, Falmer Press, pp. 297-315.

GLICK SCHILLER, Nina *et al.* (eds.) (1992), "Transnationalism: A New Analytic Framework for Understanding Migration", en Glick Schiller, Nina *et al.* (eds.), *Towards a Transnational perspective on migration*, Nueva York, The New York Academy of Sciences, pp. 1-24.

GOLDRING, Luin (1990), "Development and Migration: A Comparative Analysis of Two Mexican Migrant Circuits", en *Commission for the Study of International Migration and Cooperative Economic Development Working Paper*, 37. Washington, Commission for the Study of International Migration and Cooperative Economic Development.

———— (1996), "Blurring borders: constructing transnational community in the process of Mexico-U.S. Migration", *Research in Community Sociology*, 6, 69-104.

GONZÁLEZ NAVARRO, Moisés (1974), *Población y Sociedad en México. (1900-1970)*, México, UNAM.

GONZÁLEZ QUIROGA, Miguel (1993), "La puerta de México: los comerciantes texanos y el noreste mexicano, 1850-1880", *Estudios Sociológicos*, núm. 31, México, El Colegio de México, pp. 209-236.

GOSS, Jon D. y Bruce Lindquist (1995), "Conceptualizing international labor migration: a structuration perspective", *International Migration Review*, 29, 317-351.

GRIFFITH, David (1995), "Hay trabajo. Poultry processing, rural industrialization and the latinization of low-wage labor", en Donald D. Stull, Michael J. Broadway y David Griffith, *Any Way You Cut It. Meat Processing and Small Town America*, Kansas City, University Press of Kansas, pp. 129-151.

———— (2000), "Work and immigration. Winter vegetable production in South Florida", en Richard Tardanico y Mark B. Rosemberg (eds.), *Poverty and development*, Nueva York, Routledge, pp. 139-178.

———— y Ed Kissan (1995), *Working poor. Farmworkers in the United States*, Philadelphia, Temple University Press.

GREENWOOD, Michael J. (1981), *Migration and Economic Growth in the United States*, Nueva York, Academic Press.

————— (1985), "Human migration: theory, models, and empirical evidence", *Journal of Regional Science*, 25, 521-44.

————— y Gary L. Hunt , John M. McDowell (1987), "Migration and employment change: empirical evidence on the spatial and temporal dimensions of the linkage", *Journal of Regional Science*, 26, 223-34.

GREGORY, Peter (1986), *The Myth of Market Failure: Employment and the Labor Market in Mexico*, Baltimore, Johns Hopkins University Press.

GUNDER FRANK, Andre (1969), *Capitalism and Underdevelopment in Latin America*, Nueva York, Monthly Review Press.

GUZMÁN, Ralph (1979), "La repatriación forzosa como solución política concluyente al problema de la emigración ilegal. Una perspectiva histórica", en *Indocumentados. Mitos y Realidades*, México, Centro de Estudios Internacionales, El Colegio de México.

HAGAN, Jacqueline M. y Susan González Baker (1993), "Implementing the U.S. legalization program: the influence of immigrant communities and local agencies on immigration policy reform", *International Migration Review*, 27, 513-36.

HAGGETT, Peter (1994), *Geografía. Una síntesis moderna*, Barcelona, Ediciones Omega.

HALL, Linda y Don M. Coerver (1995), *Revolución en la frontera*, México, CONACULTA.

HANCOCK, Richard (1959), *The Role of the Bracero in the Economic and Cultural Dinamics in Mexico. A Case Study of Chihuahua*, Stanford, Hispanic American Society.

HARKER, Richard, Cheleen Mahar y Chris Wilkes (1990), *An Introduction to the Work of Pierre Bourdieu: The Practice of Theory*, Londres, MacMillan.

HATTON, Timothy J. y Jeffrey G. Williamson (1994a), "What drove the mass migrations from Europe in the late nineteenth century?", *Population and Development Review*, 20, 533-60.

————— (1994b), "International migration 1850-1939: an economic survey", in Timothy J. Hatton y Jeffrey G. Williamson (eds.), *Migration and the International Labor Market: 1850-1939*, Londres, Routledge, pp. 3-32.

HERNÁNDEZ M., Miguel J. (2000), "El proceso de convertirse en creyentes. Identidades de familias Testigos de Jehová en un contexto de migración transnacional", *Relaciones*, vol. XXI, núm. 83, El Colegio de Michoacán.

HERNÁNDEZ, Rubén (1997), "El circuito migratorio Monterrey-Houston", *Ciudades*, núm. 35, Universidad de Puebla, pp. 26-33.

————— y Víctor Zúñiga (2000), "Making Carpet City by de Mile. The emergence of a Mexican immigrant community in an industrial Region of the U.S. historic South", *Social Science Quarterly*, vol. 81, núm. 1, marzo, pp. 49-65.

HUGO, Graeme J. (1981), "Village-community ties, village norms, and ethnic and social networks: a review of evidence from the Third World", en Gordon F. De Jong and Robert W. Gardner (eds.), *Migration Decision Making: Multidisciplinary Approaches to Microlevel Studies in Developed and Developing Countries*, Nueva York, Pergamon Press, pp. 186-224.

HUTCHINSON, Edward P. (1981), *Legislative History of American Immigration Policy: 1798-1965*, Philadelphia, University of Pennsylvania Press.

IFE, Salinas (1998), *Encuesta realizada en Salinas, California,* por Jorge Durand y Víctor Zúñiga, como parte de los trabajos de la Comisión de Especialistas del Instituto Federal Electoral para el estudio de las modalidades del voto de los mexicanos en el exterior.

IRCA, U.S. Inmigration and Naturalization Service (1992), *Immigration Reform and Control Act: Report on the Legalized Alien Population. Tabulations prepared from the Legalized Population Survey, U.S. Department of Labor*, Washington, D.C., Government Printing Office.

ITZIGSOHN, José *et al.* (1999), "Mapping dominicana transnacionalism: narrow and broad transnational practices", *Etnic and Racial Studies*, vol. 22, núm. 2, marzo, pp. 316-339.

JASSO, Guillermina y Mark R. Rosenzweig (1990), *The New Chosen People: Immigrants in the United States*, Nueva York, Russell Sage.

JÁUREGUI, Severiano (1981), *El Libro de los Talentos*, Los Ángeles, Difusora Cultural Los Talentos Inc.

JONES, Anita (1928), *Conditions surrounding mexicans in Chicago*, Chicago, The University of Chicago, Disertation.

JONES, Robert C. (1946), *Los braceros mexicanos en los Estados Unidos durante el periodo bélico*, Washington, Unión Panamericana.

KANDEL, William y Douglas S. Massey (2002), "The Culture of Mexican Migration: A Theoretical and Empirical Analysis", *Social Forces*, 80: 981-1004.

KEARNEY, Michael (1986), "Integration of the Mixteca and the Western US-México Region Via Migratory Wage Labor", en Rossenthal Urey, *Regional Impacts of US Mexican Relations*, Monograph series, núm. 16, San Diego, Center for US-Mexican Studies, University of California, pp. 71-102.

KUBAT, Daniel (1979), "Canada", en Daniel Kubat (ed.), *The Politics of Migration Policies*, Nueva York, Center for Migration Studies, Staten Island, pp. 19-36.

LATIN AMERICAN MIGRATION PROJECT (LAMP), Base de datos, Univesidades de Pennsylvania y Guadalajara, http://www.pop.upenn.edu/lamp/

LEE, Everett S. (1966), "A theory of migration", *Demography*, 3: 47-57.

LEVY, Mildred B y Walter J. Wadycki. (1973), "The influence of family and friends on Geographic labor mobility: An intercensal Comparison", en *Review of economics and statistics* 55: 198-203.

LESTAGE, Fracoise (2001), "Migrations indiennes et réseaux transnationaux: la communauté villageoise et le mouvement pan-ethnique oaxaqueño", en Marie France Prévot Schapira y Hélene Riviere D'Arc, *Les territoires de l'etat-nation en Amérique Latine*, París, IEHAL. pp. 214-230.

LIZÁRRAGA HERNÁNDEZ, Arturo (2002), "Me agarró la ventolera... El proceso de la migración rural al extranjero en Sinaloa. Los casos de Cosalá, San Ignacio y El Verde", Tesis de Doctorado en Ciencias Sociales, Guadalajara, CIESAS-Universidad de Guadalajara.

LOGAN, John R., Richard D. Alba y Thomas L. McNulty (1994), "Ethnic economies in metropolitan regions: Miami and beyond", *Social Forces*, 72: 691-724.

LÓPEZ, Gustavo (1986), *La Casa Dividida*, Zamora, El Colegio de Michoacán.

LOURY, Glenn C. (1977). "A Dynamic Theory of Racial Income Differences", en Women *Minorities, and Employment Discrimination*, edited by Phyllis A. Wallace y Anette M. LaMond (153-86), Lexington, Mass., Heath.

LOZANO, Fernando (2000), "Continuidad y cambio en la migración temporal entre México y Estados Unidos", en Manuel Ángel Castillo *et al.* (coords.), *Migración y Fronteras*, México, El Colegio de México, pp. 329-346.

MACDONALD, John S. y Leatrice D. MacDonald (1974), "Chain migration, ethnic neighborhood formation, and social networks", en Charles Tilly (ed.), *An Urban World*, Boston, Little Brown, pp. 226-36.

MACÍAS GAMBOA, Saúl y Fernando Herrera Lima (coords.) (1997), *Migración laboral internacional: transnacionalidad del espacio social*, Puebla, Benemerita Universidad Autónoma de Puebla, Facultad de Economía, Programa de Estudios de Economía Internacional, Dirección General de Fomento Editorial.

MALKIN, Victoria (1999), "La reproducción de las relaciones de género en la comunidad de migrantes mexicanos en New Rochelle, Nueva York", en Gail Mummert, *Fronteras Fragmentadas*, México, El Colegio de Michoacán.

MARTIN, Philip L. y J. Edward Taylor (1996), "The anatomy of a migration hump", en J. Edward Taylor (ed.), *Development Strategy, employment, and Migration: Insights from Models, Organization for Economic Cooperation and Development*, Paris, Development Center, pp. 43-62.

MARTÍNEZ, Enrique (2003), *Hasta que la Green Card nos separe*, Guadalajara, Universidad de Guadalajara.

MCWILLIAMS, Carey (1972), *Al Norte de México*, México, Siglo XXI.

MASSEY, Douglas S. (1986), "The settlement process among Mexican migrants to the United States", *American Sociological Review*, 51: 670-85.

——————— (1988), "International migration and economic development in comparative perspective", *Population and Development Review*, 14, 383-414.

———————, S, Rafael Alarcón, Jorge Durand y Humberto González (1987), *Return to Aztlan: The Social Process of International Migration from Western Mexico*, Berkeley, University of California Press.

———————, Rafael Alarcón, Jorge Durand y Humberto González (1991), *Los ausentes. El proceso social de la migración internacional en el occidente de México*, México, Alianza Editorial.

———————,S. Joaquín Arango, Ali Koucouci, Adela Pelligrino y J. Edward Taylor (1993), "Theories of international migration: review and appraisal", *Population and Development Review*, 18: 431-66.

———————, Joaquín Arango, Graeme Hugo, Ali Kouaouci, Adela Pellegrino y J. Edward Taylor (1998), *World in motion*, Nueva York, Clarendon Press Oxford.

———————, Luin P. Goldring y Jorge Durand (1994), "Continuities in transnational migration: an analysis of 19 Mexican communities", *American Journal of Sociology*, 99: 1492-1533.

——————— *et al.* (1998), *Worlds in Motion: Understanding International Migration at Century's End*, Oxford, Oxford University Press.

——————— y Kristin E. Espinosa (1992), "What's driving Mexico-U.S. migration? A theoretical, empirical, and policy analysis", *American Journal of Sociology*, 102: 939-999.

——————— y René Zenteno (1998), "A Validation of the Ethnosurvey: The Case of Mexico-U.S. Migration", Working Paper, Population Studies Center, University of Pennslvania.

——————— y Nancy Denton (1993), *American Apartheid segregation and the making of the underclass*, Cambridge, Harvard University Press.

———————, Jorge Durand y Nolan Malone (2002), *Beyond smoke and mirrors*. Nueva York, Russell Sage Foundation.

MEXICAN MIGRATION PROJECT (MMP) (2002), Population Studies Center. Philadelphia, Universidad de Pennsylvania, productor y distribuidor, http://lexis.pop.upenn.edu/mexmig/

MEYERS, Eytan (1995), "The Political Economy of International Immigration Policie, Unpublished Ph.D. Dissertation, Department of Political Science, University of Chicago, Chicago,.

MINES, Richard (1981), *Developing a Community Tradition of Migration: a Field Study in Rural Zacatecas, México and California Settlement Areas*, San Diego, Monographs in U.S. Mexican Studies, 3.

————— (1984), "Network migration and Mexican rural development: a case study", en Richard C. Jones (ed.), *Patterns of Undocumented Migration: Mexico and the United States*, Totowa, N.J., Rowman and Allanheld, pp. 136-58.

————— y Jeffrey Avina (1992), "Immigrants and labor standars: the case of California janitors", en Jorge Bustamante, Clark W. Reynolds y Raúl A. Hinojosa Ojeda (eds.), *U.S.-México Relations. Labor Market interdependence*, California, Stanford University Press, pp. 429-448.

—————y Douglas S. Massey (1985), "Patterns of migration to the United States from two Mexican communitiesen", *Latin American Research Review*, 20: 444-454.

MOCTEZUMA, Miguel (2000), "Redes sociales. Comunidades filiales y clubes de migrantes. El circuito migratorio Saín Alto Zacatecas-Oackland", Tesis de doctorado en Ciencias Sociales, El Colegio de la Frontera Norte.

MORALES, Patricia (1982), *Indocumentados Mexicanos*, México, Grijalbo.

MORAWSKA, Ewa (1990), "The sociology and historiography of immigration", en Virginia Yans-McLaughlin (ed.), *Immigration Reconsidered: History, Sociology, and Politics*, Nueva York, Oxford University Press, pp. 187-240.

MONROY, María Isabel (1999), "Historia de una mirada hacia el porvenir. La migración potosina a Chicago, 1880-1935", México, Maestría en Historia, Universidad Iberoamericana y Centro de Estudios Históricos de San Luis Potosí.

MULLER, Thomas (1992), "The demand for Hispanic workers in Urban Areas of the United States", en Jorge Bustamante, Clark W. Reynolds y Raúl A, Hinojosa Ojeda (eds.), *U.S.-México Relations. Labor Market interdependence*, California, Stanford University Press, pp. 353-371.

MUMMERT, Gail (1986), "Mujeres migrantes y mujeres de migrantes en Michoacán: nuevos papeles para las que se quedan y las que se van", en Thomas Calvo y Gustavo López Castro (coords.), *Movimientos de población en el centro-occidente de México*, México, Centro de Estudios Mexicanos y Centroamericanos, El Colegio de Michoacán, pp. 281-290.

MURRA, John (1980), *The economic organization of the Inka State Greenwich*, Conn., JAI Press.

MYRDAL, Gunnar (1957), *Rich Lands and Poor*, Nueva York, Harper and Row.

PALERM, Ángel (1979), *Antropología y Marxismo*, México, Editorial Nueva Imagen.

PAPDEMETRIOU, Demetrios G. (1996), *Coming Together or Pulling Apart? The European Union's Struggle with Immigration and Asylum*, Washington, D.C., Carnegie Endowment for International Peace.

PÉREZ, Mario (2000), "Miradas y esperanzas puestas en el norte: migración del centro de Veracruz a los Estados Unidos", *Cuadernos Agrarios*, núms. 19 y 20, México, pp. 68-80.

————— (2001), "Buscando el Norte: la nueva migración de veracruzanos a Estados Unidos", *El Cotidiano*, año 18, julio-agosto, pp. 9-21.

PETRAS, Elizabeth M. (1981), "The global labor market in the modern world-economy", en Mary M. Kritz, Charles B. Keely y Silvano M. Tomasi (eds.), *Global Trends in Migration: Theory and Research on International Population Movements*, Nueva York, Center for Migration Studies, pp. 44-63.

PIETRI, Anne Lise y René, *Empleo y Migración en la Región de Pátzcuaro*, México, Sep. INI, 1976.

PIMENTEL, Arturo (2000), "Problemática de los indígenas migrantes y la lucha por el reconocimiento y el ejercicio de sus derechos", en Primitivo Rodríguez y Jorge Durand, México, Fundación Rockefeller.

PIORE, Michael (1979), *Bird of Passage*, Cambridge, Cambridge University Press.

PORTES Alejandro y Alex Stepick (1993), *City on the edge*, Berkeley, University of California Press.

————— y Robert L. Bach (1985), *Latin Journey: Cuban and Mexican Immigrants in the United States*, Berkeley, University of California Press.

————— y Robert D. Manning (1986), "The immigrant enclave: theory and empirical examples", in Susan Olzak y Joane Nagel (eds.), *Competitive Ethnic Relations*, Orlando, Fla., Academic Press, pp. 47-68.

————— y Rubén G. Rumbaut (1990), *Immigrant America: A Portrait*, Berkeley, University of California Press.

————— y Julia Sensenbrenner (1993), "Embeddedness and immigration: notes on the social determinants of economic action", *American Journal of Sociology*, 98: 1320-351.

————— y John Walton (1981), *Labor, Class, and the International System*, Nueva York, Academic Press.

RANGEL, J. Walter (1995), "La migración en México, 1985-1990", en *Notas censales*, núm. 13, Aguascalientes, INEGI, pp. 3-8.

Rees, Martha y Jennifer Nettles (2000), "Los hogares internacionales: migrantes mexicanos a Atlanta Georgia", en Sara Poggio y Ofelia Woo (eds.), *La migración femenina hacia los Estados Unidos*, México, Edumex.

Reichert, Joshua (1981), "The migrant syndrome: seasonal U.S. wage labor rural development in Central México", *Human Organization*, 40: 56-66.

————— (1982), "Social stratification in a Mexican sending community: the effect of migration to the United States", *Social Problems*, 29: 422-33.

Reimers, David M. (1985), *Still the golden door. The third world comes to America*, Nueva York, Columbia University Press.

Reyes, Rafael *et al.*, (2001) "El papel de las remesas en el desarrollo de comunidades transnacionales de los Valles Centrales de Oaxaca". Ponencia presentada en la tercera conferencia binacional sobre Migración México-Estados Unidos. Vallarta marzo 15-16.

Rhoades, Robert E. (1978), "Intra-European return migration and rural development: lessons from the Spanish case", *Human Organization*, 37: 136-47.

Rionda, Luis Miguel (1992), *Y jalaron pal Norte*, México, INAH.

Rivera, Gaspar (1999), "Migration and political Activism. Mexican Transnational Indigenous Communities in a Comparative Perspective", Tesis de Doctorado, Santa Cruz, Universidad de California.

Roberts, Kenneth (1982), "Agrarian structure and labor mobility in rural México", *Population and Development Review*, 8, 2, junio.

Rodríguez, María (1989), "Unión de Tula, Jalisco, pueblo de migrantes", Ponencia en el Seminario sobre Migración Internacional en México, Cocoyoc, CONAPO, 5-6 de septiembre.

Rodríguez, Néstor (1997), "The social construction of the U.S.-México border", en Juan F. Verea, *Immigrants Out*, Nueva York, NYU Press, pp. 223-243.

Rosenbaum, Robert (1981), *Mexicano Resistance in the Southwest*, Austin, Texas, University of Texas Press.

Ross, Raul (1999), *Los mexicanos y el voto sin fronteras, Cuiliacán, Universidad de Sinaloa*.

Samora, Julián (1971), *Los mojados, the wetback story*, Notre Dame, University of Notre Dame.

Sassen, Saskia (1999), *Guests and Aliens*, Nueva York, The New York Press.

————— (1988), *The Mobility of Labor and Capital: A Study in International Investment and Labor Flow*, Cambridge, Cambridge University Press.

————— (1991), *The Global City: New York, London, Tokyo*, Princeton, Princeton University Press.

——————— y Robert Smith (1992), "Post industrial growth and economical regionalization", en Jorge Bustamante, Clark W. Reynolds y Raúl A. Hinojosa Ojeda (eds.), *U.S.-México Relations. Labor Market interdependence*, California, Stanford University Press.

SAUNDERS, Lyle y Leonard Olen (1952), "The wetback in the Lower Río Grande Valley f Texas", Inter-american Education-Occasional Paper VII. Austin, University of Texas

SCHAFFAUSER, Phillippe (1991), "Indígenas en México: reflexión acerca de la Migración y de la identidad en Tarecuato, Michoacán", Ponencia presentada en el XIV Coloquio de Antropología e Historia Regionales, El Colegio de Michoacán.

SCHMEIDL, Susanne (1997), "Exploring the causes of forced migration: a pooled time-series analysis, 1971-1990", *Social Science Quarterly*, 78: 284-308.

SCHMIDLEY, Dianne y Joseph Costanzo (1999), "Profile of the Foreign-Born Population of the United States, 1997", *United States Department of Comerce News*, octubre 15.

Señoras of Yesteryear (1987), *Mexican American Harbor Lights (Pictorial History) Indiana, Ill.*

SHMITH, Michael (1990), "The mexican immigrant press beyond the borderlands. The case of El Cosmopolita", en *Great Plains Quarterly*, vol. 10, núm. 2, pp. 71-84.

——————— y Jorge Durand (2001), "*El Cosmopolita* de Kansas City (1914-1918). Un periódico para mexicanos", *Frontera Norte*, vol. 13, núm. 26, julio-diciembre, Tijuana, El Colegio de la Frontera Norte, pp. 7-30.

SLOLNISKI, Christian (1998), "In the shadow of the Silicon Valley: Mexican Immigrant Workers in low income barrio in San José", Tesis de doctorado. Universidad de California, Santa Bárbara.

SIMMONS, Alan B. (1989), "World system-linkages and international migration: new directions in theory and method with an application to Canada", en *International Population Conference*, Nueva Delhi, vol. 2, International Union for the Scientific Study of Population, Lige, pp. 159-72.

SINGER, Paul (1971), "Dinámica de la población y desarrollo", en *El papel del crecimiento demográfico en el desarrollo económico*, México, Siglo XXI, pp. 21-66.

——————— (1977), *Economía Política de la Urbanización*, México, Siglo XXI.

SINGER, Audriey y Doglas S. Massey (1998), "The social process of Undocumented Border Crossing", *Intertational MIgration Review*, 32: 561- 92.

SJAASTAD, Larry A. (1962), "The costs and returns of human migration", *Journal of Political Economy*, 70: 80-93.

SMITH, Robert (1993), "Los ausentes siempre presentes: The imagining, making and politics of a transnational community between New York city and Ticuani, Puebla", *Working Papers on Latin America*, Institute for Latin American and Iberian Studies, Columbia University.

SMITHSONIAN INSTITUTION (1958), *Annual Report of the Board of Regents. Publication 4314*, Washington.

STARK, Oded (1991), *The Migration of Labor*, Cambridge, Basil Blackwell.

————— y David E. Bloom (1985), "The new economics of labor migration", *American Economic Review*, 75: 173-78.

————— y J. Edward Taylor (1989), "Relative deprivation and internatio- nal migration", *Demography*, 26: 1-14.

STERN, Claudio (1988), "Some methodological notes on the study of human migration", en Charles W. Stahl (ed.), *Interantional Migration Today*, vol. 2, Emerging Issues, University of Western Australia for the United Na- tions Economic, Social and Cultural Organization, Perth, pp. 28-33.

STULL, Donald, D., Michael J. Broadway y David Griffith (1995), *Any Way You Cut It. Meat Processing and Small Town America*, Kansas, University Press of Kansas.

TAYLOR, S. Paul (1929), *Mexican Labor in the United States: Migration Statictis*, vol. VI, 3, Berkeley, University of California Press.

————— (1973), "California Social Scientist", vol. I, Berkeley, Regional Oral History Office, The Bancroft Library, University of California.

————— (1931), "Mexicans North of the Río Grande", *Survey-Graphic*, mayo.

————— (1932), *Mexican Labor in the United States*, vol. I, 2, Berkeley, Uni- vesity of California Press.

————— (1934), *An American-Mexican Frontier*, Nueces County, Texas, Cha- pel Hill, The University of North Carolina Press.

————— (1930), *Mexican Labor un the United States, Dimmit County, Winter Garden District South Texas*, vol. VI, 5, Berkeley, University of California Press.

————— (1983), *On the ground in the thirties*, Salt Lake City, Peregrine Smith Books.

————— (1928), *Mexican Labor un the United States,Imperial Valley.* vol. VII, 2, Berkeley, University of California Press.

————— (1930), *Mexican Labor un the United States, Chicago and the Caluimet Region*, vol. VII, 2, Berkeley, University of California Press.

————— (1931), *Mexican Labor in the United States Bethelhem, Pennsylvania*, vol. VII, 1, Berkeley, University of California Press.

————— (1933), *A Spanish-Mexican Peasant Community. Arandas in Jalisco, México.* Berkeley, University of California Press.

———— (1981), *Labor on the Land. Collected Writings 1930-1970*, Nueva York, Arno Press.

TAYLOR, J. Edward (1986), "Differential migration, networks, information and risk", en Oded Stark (ed.), *Migration Theory, Human Capital and Development*, Greenwich, Conn., JAI Press, pp. 147-71.

———— (1987), "Undocumented Mexico-U.S. migration and the returns to households in rural Mexico", *American Journal of Agricultural Economics*, 69: 626-38.

———— (1992), "Remittances and inequality reconsidered: direct, indirect, and intertemporal effects", *Journal of Policy Modeling*, 14: 187-208.

———— Joaquin Arango, Ali Koucouci, Adela Pelligrino y Douglas S. Massey (1996a), "International migration and national development", *Population Index*, 62: 181-212.

THOMAS, William I. y Florian Znaniecki (1918), *The Polish Peasant in Europe and America*, Boston, William Badger.

TODARO, Michael P. (1969), "A model of labor migration and urban unemployment in less-developed countries", *The American Economic Review*, 59: 138-48.

———— (1976), *Internal Migration in Developing Countries*, Geneva, International Labor Office.

———— (1989), *Economic Development in the Third World*, Nueva York, Longman.

———— y L. Maruszko (1987), "Illegal migration and U.S. immigration reform: a conceptual framework", *Population and Development Review*, 13: 101-14.

TRABIS, Roland (1985), *Industrie et Politique à la Frontière Mexique-U.S.A. Le Cas de Nuevo Laredo, 1966-1984*, París, Editions du CNRS.

TUIRÁN, Rodolfo (2000), "Monto y uso de las remesas en México", en *Migraciones México-Estados Unidos. Opciones de política*, México, Secretaría de Gobernación, CONAPO, Secretaría de Relaciones Exteriores, pp. 167-190.

U.S. DEPARTMENT OF LABOR (1996), *Characteristics and Labor Market Behavior of the Legalized Population. Five Years Following Legalization*, Washington.

———— (1991), *Findings from the National Agricultural Workers Survey* (NAWS), Research Report number 2, noviembre.

———— (2000), Findings from the National Agricultural Workers Survey (NAWS), Research Report number 8, marzo.

UNIKEL, Luis (1978), *El Desarrollo Urbano en México*, México, El Colegio de México.

VALDÉS, D. Nodin (1982), *El pueblo mexicano en Detroit y Michigan: a social history*, Michigan, Wayne State University.

————— (1991), *Al norte. Agricultural in the Great Lakes Region, 1917-1970*, Austin, University of Texas Press.

————— (2000), *Barrios Norteños. St. Paul and Midwestern Mexican Communities in the Twentieth Century*, Austin, University of Texas Press.

VALENZUELA, Basilia (1993), "Los pequeños negocios de jaliscienses y michoacanos en New Rochelle, New York", en Jesús Arroyo Alejandre y David Lorey, *Impactos regionales de la apertura comercial*, México, Universidad de Guadalajara-UCLA, pp. 275-303.

VARGAS Y CAMPOS, Gloria (1964), *El problema del bracero mexicano*, México, Tesis de Economía, UNAM.

VELASCO, Laura (1995), "Migración femenina y estrategias de sobrevivencia de la unidad doméstica: un caso de estudio de mujeres mixtecas en Tijuana", en Soledad González *et al.* (comps.), *Mujeres, migración y maquila en la frontera norte*, México, El Colegio de la Frontera Norte, El Colegio de México, pp. 37-64.

————— (1999), "Comunidades transnacionales y conciencia étnica: indígenas migrantes en la frontera México-Estados Unidos", Tesis de Doctorado en Sociología, El Colegio de México.

————— (2002), *El regreso de la comunidad: migración indígena y agentes étnicos. Los mixtecos en la frontera México-Estados Unidos*, Tijuana, El Colegio de la Frontera Norte.

VERDUZCO, Gustavo (1998), "La geografía de la migración mexicana a los Estados Unidos", Informe de la Comisión de Especialistas del Instituto Federal Electoral, para el Estudio de las Modalidades del Voto de Mexicanos en el Exterior, México.

VILA, Pablo (2000), *Reinforcing borders*, Austin, University of Texas Press.

WALLERSTEIN, Immanuel (1974), *The Modern World System I: Capitalist Agriculture and the Origins of the European World Economy in the Sixteenth Century*, Nueva York, Academic Press.

————— (1980), *The Modern World System II: Mercantilism and the Consolidation of the European World-Economy, 1600-1750*, Nueva York, Academic Press.

WIEST, Raymond E. (1984), "External dependency and the perpetuation of temporary migration to the United States", en Richard C. Jones (ed.), *Patterns of Undocumented Migration: Mexico and the United States*, Totowa, N.J., Rowman and Allanheld, pp. 110-35.

————— (1983), "La dependencia externa y la perpetuación de la migración temporal a los Estados Unidos, *Relaciones*, vol. IV, 15, Zamora, El Colegio de Michoacán, pp. 53-87.

WILSON, Kenneth y W. Allen Martin (1982), "Ethnic enclaves: a comparison of the Cuban and black economies in Miami", *American Journal of Sociology*, 88: 135-60.

WOO, Ofelia (1995), "Mujeres mexicanas indocumentadas en la migración internacional y la movilidad trasfronteriza", en Soledad González *et al.* (comps.), *Mujeres, migración y maquila en la frontera norte*, México, El Colegio de la Frontera Norte, El Colegio de México, pp. 65-88.

————— (2000), *Las mujeres también migramos*, México, Universidad de Guadalajara.

WOODMAN, Catherine (1998), "Return Migration from Canada and the United States: its effects in the Mixteca Alta of Oaxaca, México", Phd Thesis in Anthropology, Vanderbilt University, Nashville, Tennessee.

WORLD ALMANAC (2000), *The World Almanac and book of facts 2000*, Nueva Jersey, World Almanac Books.

ZABIN, Carol (1992), *Migración oaxaqueña a los campos agrícolas de California*, San Diego, Cal., Center for US-Mexican Studies.

ZAHNISER, Steven S. (1999), *Mexican Migration to the United States: The Role of Migration Networks and Human Capital Accumulation*, Nueva York, Garland Publishing, Inc.

ZENTENO, René (1993), *Migración hacia la frontera norte de México: Tijuana, Baja California*, Tijuana, COLEF.

ZLOLNISKI, Christian (2000), "Subcontratación de mano de obra y pobreza: trabajadores inmigrantes mexicanos en San José, California", en Primitivo Rodríguez y Jorge Durand (eds,), *Migración México Estados Unidos: la familia transnacional*, México, Fundación Rockefeller.

ZÚÑIGA, Víctor (1998), "Nations and borders: romantic nationalism and the project of modernity", en David Spencer y Kathleen Staudt (eds.), *The U.S.-México Border: trascending divisions, contesting identities*, Colorado, Lynne Reinner Publishers, pp 35-55.

Periódicos

El Cosmopolita, 1915-1917.
La Jornada, 2000, 2001, 2002.
El Universal, 2002.
The New York Times, 1999-2002.
The Washington Post, 1999-2002.
The Idaho Stateman, 2001.
Migrationworld, 1999-2002.
Rural Migration News, http://migration.ucdavis.edu/mn, 1996-2002.

Índice

INTRODUCCIÓN 5

Capítulo 1
LOS ENFOQUES TEÓRICOS: UNA SÍNTESIS 11

La economía neoclásica 14
La nueva economía de la migración 15
La teoría de los mercados laborales segmentados 17
La teoría de los sistemas mundiales 24
La teoría del capital social 31
La teoría de la causalidad acumulada 34
La teoría migratoria reconsiderada 38

Capítulo 2
EL NÚCLEO BÁSICO DE LA MIGRACIÓN. MÉXICO-ESTADOS UNIDOS.
PREMISAS PARA ENTENDER Y EXPLICAR EL PROCESO 45

Historicidad 45
Vecindad 50
Masividad 56
Conclusiones 60

Capítulo 3
REGIONES DE ORIGEN 63

Un problema de fuentes 64
Regiones migratorias 70
Región histórica 72
Región fronteriza 78

Región central 81
Región sureste 87
Impacto regional y balance demográfico 92
Conclusiones 94

Capítulo 4
REGIONES DE DESTINO 97

Patrones de distribución geográfica .98
Patrones de concentración 100
Patrones de dispersión 104
Viejas y nuevas regiones de destino 108
Región de los grandes lagos 117
Región de las grandes planicies 121
Región costa este 125
Grandes etapas de concentración y dispersión 136
Migración en bloque 139
Conclusiones 145

Capítulo 5
EL IMPERIO DEPENDIENTE.
    MANO DE OBRA AGRÍCOLA EN ESTADOS UNIDOS 147

La mecanización 148
La mexicanización 153
La indigenización 159
Conclusiones 162

Capítulo 6
UNA NUEVA FASE MIGRATORIA 165

Modelo, política y patrón migratorio 167
Un nuevo perfil 171
Conclusiones 180

CONCLUSIONES 183

BIBLIOGRAFÍA 187

América Latina y el Nuevo Orden Mundial
Director: Raúl Delgado Wise

Títulos publicados

CONTROVERSIAS SOBRE SUSTENTABILIDAD.
LA COEVOLUCIÓN SOCIEDAD-NATURALEZA
Guillermo Foladori

EL MÉXICO DE HOY. SUS GRANDES PROBLEMAS
Y QUÉ HACER FRENTE A ELLOS
Alonso Aguilar Monteverde • Fernando Carmona[†]
Guadalupe Barajas Zedillo • Rodolfo Barona Soriano
Agustín González • Jesús Hernández Garibay
Cecilia Madero Muñoz • Héctor Magaña Vargas
Ana I. Mariño • Gastón Martínez • Ana Francisca Palomera
Sofía Lorena Rodiles Hernández • Héctor Roldán Pérez

COLAPSO Y REFORMA. LA INTEGRACIÓN DEL SISTEMA BANCARIO
EN EL MÉXICO REVOLUCIONARIO, 1913-1932
Luis Anaya Merchant

MÉXICO EN EL PRIMER AÑO DE GOBIERNO DE VICENTE FOX
Raúl Delgado Wise • Carmen Galindo • Luis González Souza
Arturo Guillén • José Merced González • Josefina Morales
Ana García-Fuentes • Isaac Palacios • Juan José Dávalos
Fernando Paz Sánchez • Héctor Díaz Polanco

LA TRANSFORMACIÓN DE LA UNIVERSIDAD MEXICANA.
DIEZ ESTUDIOS DE CASO EN LA TRANSICIÓN
Axel Didriksson T. • Alma Herrera M.
(Coordinadores)

ENFRENTANDO LA GLOBALIZACIÓN. RESPUESTAS SOCIALES
A LA INTEGRACIÓN ECONÓMICA DE MÉXICO
Laura Carlsen • Tim Wise • Hilda Salazar
(Coordinadores)

EN CONTRA DEL NEOLIBERALISMO:
EL DESARROLLO BASADO EN LA COMUNIDAD
Henry Veltmeyer • Athony O'Malley

LA GLOBALIZACIÓN DESENMASCARADA:
EL IMPERIALISMO EN EL SIGLO XXI
James Petras • Henry Veltmeyer

HACIA UNA POLÍTICA DE ESTADO PARA
LA EDUCACIÓN SUPERIOR EN MÉXICO
Daniel Cazés Menache • Raúl Delgado Wise
(Coordinadores)

DEL SIGLO AMERICANO AL SIGLO DE LA GENTE.
LATINOAMÉRICA EN EL VÓRTICE DE LA HISTORIA
Jesús Hernández Garibay

Clandestinos. Migración México-Estados Unidos en los albores del siglo XXI, se terminó de imprimir en la ciudad de México durante el mes de octubre del año 2003. La edición, en papel de 75 gramos, consta de 1,000 ejemplares más sobrantes para reposición y estuvo al cuidado de la oficina litotipográfica de la casa editora.

ISBN 970-701-403-2
MAP: 390115-01